珍藏本·增订本
纪念版

汉译世界学术名著丛书

公有法典

〔法〕泰·德萨米 著

黄建华 姜亚洲 译

商务印书馆
SINCE 1897
The Commercial Press

Théodore Dézamy

CODE de la COMMUNAUTÉ

Edition d'Histoire Sociale

Paris 1967

根据巴黎社会历史出版社 1967 年版译出

汉译世界学术名著丛书
(120 年纪念版·珍藏本)
增订本出版说明

2017 年 10 月，为纪念商务印书馆创立 120 周年，本馆推出“汉译世界学术名著丛书”(120 年纪念版·珍藏本)，计七百种。近五六年来，仰赖学界同人倾力支持，订正旧译，增补新译，拓展新著，积累日多。为满足读者需要，本馆在七百种的基础上，继续推出“汉译世界学术名著丛书”(120 年纪念版·珍藏本·增订本)三百种。至此，“汉译世界学术名著丛书”累计出版已达千种。

今后，本馆将继续推进丛书的翻译出版工作，在积累单本名著的基础上陆续分辑刊行，汇印出版。为促进中外文明互鉴、推动我国学术发展，使“汉译世界学术名著丛书”这项对我国学术文化有基本建设意义的重大工程发挥更大作用，诚望海内外学术界、翻译界继续给予支持，帮助我们把这套丛书出得更好。

商务印书馆编辑部

2024 年 2 月

汉译世界学术名著丛书
（120年纪念版·珍藏本）
出 版 说 明

2017年2月11日，商务印书馆迎来120岁的生日。120年前，商务印书馆前贤怀揣文化救国的理想，抱持"昌明教育，开启民智"的使命，立足本土，放眼寰宇，以出版为津梁，沟通中西，为中国、为世界提供最富智慧的思想文化成果。无论世事白云苍狗，潮流左右激荡，甚至战火硝烟弥漫，始终践行学术报国之志，无改初心。

逐译世界各国学术名著，即其一端。早在20世纪初年便出版《原富》《天演论》等影响至今的代表性著作，1950年代后更致力于外国哲学和社会科学经典的译介，及至1980年代，辑为"汉译世界学术名著丛书"，汇涓为流，蔚为大观。丛书自1981年开始出版，历时三十余年，迄今已推出七百种，是我国现代出版史上规模最大、最为重要的学术翻译工程。

丛书所选之书，立场观点不囿于一派，学科领域不限于一门，皆为文明开启以来，各时代、各国家、各民族的思想与文化精粹，代表着人类已经到达过的精神境界。丛书系统译介世界学术经典，引领时代思想，为本土原创学术的发展提供丰富的文化滋养，为推动中国现代学术和现代化进程做出了突出的贡献。

为纪念商务印书馆成立120周年，我们整体推出“汉译世界学术名著丛书”120年纪念版的珍藏本，寄望既利于文化积累，又便于研读查考，同时向长期支持丛书出版的译者、编者和读者致以敬意。

两甲子后的今天，商务印书馆又站在了一个新的历史时间节点上。我们不仅要铭记先辈的身影和足迹，更须让我们的步伐充满新的时代精神。这是商务人代代相传的事业，更是与国家和民族的命运始终紧密相连的事业。我们责无旁贷，必须做好我们这代人的传承与创造，让我们的努力和成果不仅凝聚成民族文化的记忆，还能成为后来人可以接续的事业。唯此，才能不负前贤，无愧来者。

商务印书馆编辑部

2017年10月

中译本序

十九世纪四十年代，是空想共产主义思想在法国影响最大、传播最广的时代。十八世纪末随着法国空想共产主义者巴贝夫被处决，一度销声匿迹的巴贝夫主义在这一个时期又公开出现，它甚至具有了比在巴贝夫时代更加广泛的社会运动的性质。泰·德萨米就是当时这一思潮最著名的代表人物。

德萨米的一生是短促而又紧张的一生，他的个人生活的编年史是同他的革命活动史分不开的，而他的个人的传记，也就是他的政治活动的传记。《公有法典》是德萨米唯一的一本重要著作。在这本著作中，他尖锐地批判了资本主义制度的社会秩序和政治秩序，同时也极其详尽地阐述了关于建设未来理想社会的一些基本原理。

自从法国资产阶级大革命摧毁了封建制度并为本国的资本主义的发展开辟了广阔的天地后，到了十九世纪三十至四十年代中，法国现代化的工业有了迅猛的发展。当时法国共有十二万四千家大中企业和一百五十四万八千家小企业。在生产集中的北方省份，有十二家大工厂，每家雇佣的工人均超过了四百人以上。但是，工业的发展不但没有给法国劳动人民带来幸福，相反地，却使他们的生活越来越陷入苦难的深渊。而工人阶级队伍的不断壮大，又使得工人同资本家之间的斗争，逐渐从日常的经济斗争演变为尖锐的政治斗争。1831 年 11 月和 1834 年 4 月，里昂纺织工人两度举行武装起义，就是这一斗争的集中表现。

德萨米作为一个敏锐的思想家，预感到了“七月王朝”的日子已经屈指可数，并且倾听到了革命的暴风雨日益临近的声音，洞察到了“大厦将倾，四海欲乱”的革命形势。他的这种感受都反映在他用四年顽强的劳动写出的《公有法典》这本著作中。不过，他声明自己写这本书，绝不是要作为一个“预报灾祸的预言家”，而是要作为“一个热心的社会秩序的建筑师”，以便向自己的同胞提供一些建造未来宫殿即理想社会所必需的材料。

德萨米在他的著作的序言中，首先把他那个时代说成是充满了灾难和痛苦的时代：工业成了人们之间进行血腥搏斗的舞台，机器违背了自然的规律成了大多数人的真正灾难；商业方面盛行着欺诈和投机倒把的风气；工人阶级肩负着沉重的劳动担子，却遭受着资本家的残酷无情的剥削，而广大的人民群众则生活在赤贫之中。接着，他一针见血地把这一切混乱的、丑恶的现象，都归咎于资本主义私有制。

问题的症结既然在所有制上，那么像当时某些资产阶级思想家那样只主张进行政治改革，如确立所谓主权、实行普选权等等这一类治标办法，只能是“隔靴搔痒”，不会产生任何实际的结果。德萨米认为，如果人民得不到面包和教育，所谓人民主权不过是一种辛辣的讽刺而已；在保持社会地位不平等的条件下，选举权越是普遍，人民身上的镣铐只会越加沉重。德萨米这一番精彩的见解，在时隔一百多年后的今天，对于资本主义社会说来，依然具有普遍的现实意义。因此，德萨米不赞成上面那些政治改良的办法而主张直接诉诸社会革命，以便建立人与人之间社会地位的平等。正如恩格斯所说，“那时平等的要求，已经不再限于政治的权利，而扩大到每一个人的社会地位；证明了应该消灭的不仅是阶级的特权，而且是阶级区别的本身”。[①] 德萨米的思想可以说是最鲜明地反映出当时这种社会平等的要求。德萨米认为实行财产公有制，就是达到社会平等的可靠保证。

根据德萨米的设想，在公有制度下，除了人们日常所使用的必需品外，一切财产都应当属于公共所有；大地上的一切产品都应当为所有的人共同享用。社会是一个团结一致的联合体，在这个联合体中，人们利害相同，祸福与共，应该经常互相服务。人们的智力生来是平等的，即便由于后天的条件造成了这方面悬殊的现象，那也绝对不应该影响到人的社会地位的平等。人们都是自由的，而这种自由永远不会蜕化为利己主义和无政府状态，它将受到科学和理性的约束。在公有制度下，既然人人都可以享受别人的劳动产品，那么，除了老人、孩子和体弱多病的人而外，任何一个人也就有义务参加劳动，哪怕是出类拔萃的科学家和艺术家，都不能有什么例外。在这里，我们可以看到德萨米的人人普遍劳动的思想，要比早期空想社会主义者莫尔和康帕内拉这方面的见解远为彻底。

在德萨米看来，公有制度中包括着自由、平等、博爱和统一。因此，它是一种最符合人的本性和最符合科学和理性的要求的制

① 恩格斯：《社会主义从空想到科学的发展》，人民出版社 1963 年版，第 38 页。

度。他大声疾呼道:“公有制!公有制!所有可能达到的善和美都概括在这一个名词之中了。”[1]在这一点上,我们也可以看出德萨米思想上深受摩莱里等人的唯理论影响的烙印。因为这些人在评价一个社会制度的优劣时,不是看它是否符合生产力发展的水平,是否符合广大劳动人民和无产阶级的利益,而是以它能否符合所谓人的追求幸福的本性和永恒不变的唯心主义的理性为转移。

在未来的社会中,应该采取哪一种分配方式为好呢?对于这一个问题,当时的空想社会主义者和空想共产主义者各持不同的看法。圣西门及其门徒主张应采用“按能力计报酬,按工效定能力”的原则,而巴贝夫和巴贝夫主义者则赞成采取绝对平均主义的办法。德萨米认为,圣西门的原则仿佛是要确认以能力和工效为基础的新型的不平等,亦即承认新的精神贵族。他断言,不论是财富上的不平等或者是精神上的不平等,归根结蒂只会产生种种罪恶和堕落。而巴贝夫等人所主张的绝对平均主义的分配原则,在德萨米看来也是行不通的,因为人的爱好和要求千差万别,难以强求一律;如果实行平均主义的分配,要是分配的份额是中等的话,它只能满足一般人的需要,却不能够满足要求特别高的那一部分人的需要;反之,分配的份额是很多的话,那么,对于要求不高的人来说,又将成为一种负担和苦恼,同时也会造成物质上的浪费。

根据德萨米的看法,最好的分配方式应该是所谓按比例的平

① 本书第25页。

等或相称的平等。在这里，德萨米一字不易地重复了摩莱里下面的话："[人]本着自己的能力、知识、需要和特长参加共同劳动，并同时按照自己的全部需要来享用共同的产品，享受共同的快乐。"[①]德萨米举出公共食堂是最能体现这种平等的精神的。他说，在这种公共餐桌上摆着丰盛的酒肴，它们"都是属于大家的，适应每个人食欲的大小，而且适合每个人的口味。……就让皮埃尔只吃一个鸡蛋，让保罗去吃一头公牛好了，(请原谅我过甚其词!)没有人会对此提出非议的，因为谁都不会对这种事情感兴趣"。[②]德萨米说，这就像一个走到泉水边去解渴的旅客，绝不会嫉妒那比他更渴的人大口大口地畅饮清泉，因为这种东西是大自然慷慨地赋予每一个人的。德萨米这种按比例平等的思想，无疑是对共产主义理论的一个重要的贡献，它不但包括着"各尽所能，按需分配"的思想萌芽，而且还隐约地指出了实行这种分配必须要有一个前提，那就是社会的物资要丰富得像那取之不尽、用之不竭的喷涌趵突的泉水一样，才能在分配时不致遇到困难。

如果说德萨米在分配问题上是接受摩莱里的思想的话，那么，他在关于未来社会的结构、劳动组织和生活安排等等方面，便是接受傅立叶的学说的影响。如同傅立叶一样，德萨米也认为未来的共和国应该由统一的、协作的经济单位组成。所不同的是，这种协作的经济单位在傅立叶那里称为"法郎吉"，而在德萨米这里则称为"公社"而已。这种公社将集中城市和乡村的一切特点，它既从

① 本书第 16 页。

② 本书第 47 页。

事农业又从事工业，而在土壤不适宜种植农作物的地方，则因地制宜把重点放在手工业上。每个公社平均有一万个社员，都设有供自己社员活动的公社宫。公社宫建筑在中央地区，而耕地、果园和牧场等则分布在公社宫的四周。公社里也成立公共食堂，以便消除由于一家一户开伙所造成的人力和物力上的浪费。所有的社员都于规定的时间内在公共食堂进餐。每个公民都有自己舒适的个人宿舍，而且房子的格式和布置几乎完全相同。

公社的劳动是引人入胜的，它是按照社员的天然爱好来分配的，所以能够使每个人都感到满意。劳动的过程分得很细，并且经常变化；每个劳动者在一天之内可以接连不断地改变工种，这样就可以满足人对于多样化的爱好，而不至于感到单调和厌倦。在农业劳动上，将采取各种各样的劳动保护措施，如设置既保暖而又通风的活动帐篷等等，以便社员在劳动时不致受到严寒和风雨的侵袭。

但是也必须指出，德萨米只是在关于未来社会的一些具体措施上接受傅立叶的影响，而在一些带有原则性的问题上则和傅立叶的主张根本对立的。例如，“傅立叶主义还有一个而且是非常重要的一个不彻底的地方，就是它不主张废除私有制。在傅立叶主义的法伦斯泰尔即协作社中，有富人和穷人，有资本家和工人。全体社员的财产构成股份基金，法伦斯泰尔经营商业、农业和工业，所得的收入按以下的方式分给社员：一部分作为劳动报酬，另一部分作为对技艺和才能的报酬，再一部分作为资本的利润。原来在关于协作和自由劳动的一切漂亮理论后面，在慷慨激昂地反对经商、反对自私和反对竞争的连篇累牍的长篇言论后面，实际上还是旧的经过改良的竞争制度，比较开明的囚禁穷人的巴士底狱！”[①]在德萨米的“公社”中，则全部财产都是公有的，人人都是“公社”的平等的一员，人人都有义务参加劳动，同时也有同等的权利来享受自己的劳动产品和一切的生活福利。这就是德萨米的“公社”同傅立叶的“法郎吉”根本区别的所在。

德萨米还在科学和艺术的问题上同法国十八世纪启蒙思想家卢梭持相反的见解。卢梭认为，科学和艺术的进步只会败坏社会的淳朴风气，并且使得人类堕落。德萨米虽然也承认在资本主义制度下，科学和艺术曾经教导人们粉饰和崇拜种种罪恶的行为。但是，他坚决认为这种过错是在私有制度方面，而不在科学和艺术本身，所以，不能因此就贸然铲除科学和艺术，如同不能因为某些医生把病人治死就取缔整个医学一样。只要废除了私有制，“那时，将再没有竞争、争吵和战争；科学和艺术将不是不公平和堕落行为的帮凶，而是获得持久的幸福、真正而完善的文明的又一种手段”[②]。

德萨米生活在法国工人运动汹涌澎湃的十九世纪三十年代至四十年代。他不但孜孜不倦地宣传共产主义思想，创办报刊杂志和组织共产主义聚餐会，而且还积极参加了空想社会主义者布朗基所领导的“四季社”和“中央共和社”，从事实际的革命活动。因此，他和以前的空想社会主义者有一个显著不同的地方，就是他不是超然地站在阶级斗争之外，代表各个不同阶级的利益，而是开始

① 恩格斯：《大陆上社会改革运动的进展》，《马克思恩格斯全集》第 1 卷，人民出版社 1956 年版，第 579 页。

② 本书第 202 页。

脚踏实地投入到工人运动之中，为无产阶级立言。他在自己的著作中把实现共产主义的希望寄托在“无产者”身上。他大声疾呼道：“无产者们，各国人民谋求复兴的机会有时在一个世纪内只出现片刻！当这个时刻来到时，务请你们当心，不要因为争吵和分裂而错过了它！”[①]诚然，他所理解的无产阶级还不是真正的工业无产阶级，而是包括着城市小手工业者和乡村贫苦农民的广大劳动者阶级。但是，他这种依靠无产者的想法，比起三大空想家一味期望王公大臣和权贵人物来实现社会主义的幻想，毕竟要切实得多。

我们知道，在空想社会主义者的学说中虽然也不乏一些真知灼见，但是整个而论，无非都是个人的脱离当时阶级斗争和现实的一些主观臆想。斯大林指出空想社会主义者“没有阐明社会生活的法则，只是飞翔在实际生活的上空”[②]。而德萨米却与此不同，他“把唯物主义学说当做现实的人道主义学说和共产主义的逻辑基础加以发展”。[③]《公有法典》一书中所反映出来关于人性本善和人的智力平等，关于经验、习惯、教育万能，关于外部环境对人的影响，关于工业的重大意义，关于享乐的合理性等等思想，都是属于唯物主义学说。马克思认为，唯物主义学说“同共产主义和社会主义之间有着必然的联系”。[④] 因为既然承认人性本善，承认人的性格的恶劣倾向都是外部环境影响所造成的，那就自然会得出改造外部

① 本书第 242 页。

② 斯大林：《俄国社会民主党及其当前任务》，《斯大林全集》第 1 卷，人民出版社 1953 年版，第 9 页。

③ 马克思：《神圣家族》，《马克思恩格斯全集》第 2 卷，第 167—168 页。

④ 同上书，第 166 页。

环境以适合人的本性的结论。因此，马克思把德萨米叫做“比较有科学根据的法国共产主义者”。

我们指出德萨米在自己的学说中发展了唯物主义的同时，也应该着重指出，他的唯物主义是十八世纪法国旧的机械唯物主义。这种唯物主义缺乏辩证法，把一切的物质运动只看作是机械的运动，把世界只“看作是一种具有自己的齿轮、传动带、滑轮、发条和重锤的灵巧的机器”。① 此外，德萨米还用这种唯物主义来解释社会生活的各种现象，因而在某些问题上得出了唯心主义的结论。例如，德萨米把人性看作是一种脱离人的阶级性和具体历史条件的抽象的、永恒不变的东西；把共产主义看作是自然界所固有不变的基本规律。德萨米认为，共产主义者和社会主义者的任务，就是探索和公布这一基本规律或根本法，使现在的人为的法律来服从这一根本法。当这一目的达到后，人类便不再是不幸的和丑恶的了。就这几点而论，德萨米的学说显然又同空想社会主义者的历史唯心主义体系是一致的。

德萨米在自己的著作中，虽然也严厉批判了资本主义的生产方式，但是他由于受到了当时客观条件的限制，还不能阐明这种生产方式的本质，因之也就不能去克服它。他对工人阶级的苦难深表同情，对无产阶级的受剥削的现象十分愤慨，他把这种剥削叫做“谋害行为”。可是，他不能说明这种剥削的内容，以及这种剥削是如何产生的。特别是德萨米还不能够从法国当时激烈的阶级斗争中得出阶级斗争是历史发展的动力的结论，也不能够从社会地位

① 本书第 246 页。

上发现无产阶级是创造新社会的力量。

正因为存在着上述的历史的局限性和个人认识的局限性，所以尽管德萨米的学说在某些方面比起其他空想社会主义者有了重大的发展，但是它依然没有越出空想的范畴。把社会主义从空想变成科学这一伟大而艰巨的任务，只是在《公有法典》出版后五年，才由马克思和恩格斯在《共产党宣言》中光辉地加以完成。

《公有法典》的中译本在 1959 年和 1964 年曾分别由三联书店和商务印书馆各出过一版，是根据苏联科学院出版社出版的俄译本转译的。这次出版的新译本系直接根据法国巴黎社会历史出版社 1967 年法文版重新翻译的。除了补充和纠正俄译本中少数漏译和误译之处外，还补译了俄译本中所没有收入的第十二章的全文。在这一章中，德萨米对于资本主义工业所造成的对环境的污染和危害性揭露得淋漓尽致，使生活在一百多年后的资本主义社会中的当代人，读了德萨米这一方面的文章，不能不对他当时的远见卓识感到由衷的敬佩。

郭 一 民

1964 年 1 月写

1982 年 4 月修改

目　　录

序　　言 …… 3
第 一 章　本书的计划 …… 7
第 二 章　根本法 …… 12
第 三 章　分配法和经济法 …… 29
第 四 章　共同用膳 …… 41
第 五 章　工业法和农业法 …… 52
第 五 章　（续） …… 68
第 六 章　关于贸易 …… 77
第 七 章　分散制度和公有制度的比较 …… 90
第 八 章　哲学 …… 98
第 九 章　关于婚姻、父子关系和家庭 …… 118
第 十 章　教育 …… 133
第十一章　劳动大军 …… 149
第十二章　气候的恢复 …… 156
第十三章　卫生法 …… 163
第十四章　警察法 …… 184
第十五章　科学和艺术 …… 196
第十六章　卢梭错误的真正原因 …… 214

第十七章　政治法………………………………………………… 223
第十八章　几条基本真理…………………………………………… 245
第十九章　关于过渡性制度的对话………………………………… 271

附录(一)　德萨米著作中曾经被马克思标出过的各段……… 284
附录(二)　德萨米的空想共产主义　………　维·彼·沃尔金 290
泰奥多尔·德萨米传略　………　B.C.阿列克谢耶夫·波波夫 319
德萨米的著作……………………………………………………… 324
有关德萨米的参考书……………………………………………… 326
主要人名对照表…………………………………………………… 328

泰·德萨米

公 有 法 典

在公有制度下，道德来自于物而非来自于人：我们为别人服务反过来变成为我们自己服务；只有在共同幸福中才能得到自己个人的最大幸福。

——霍布斯

这次革命将是最后的一次革命，因为此后社会的组织将直接有利于进步。

1843年·巴黎

这部著作已经写完。全书不超过十四到十五个印张。然而，我却要向读者提供一个完整的体系。我抱定以不超出这一数字为准则。这是一个硬性的准则：我只有用顽强的劳动才能把这本法典压缩成这样一个不很大的篇幅。这样，读者便可以得到时间上和金钱上的双重节约。

本书将用光纸于每星期日以一个印张的篇幅分册刊行。预订者，每册出版后均按户送递。

另有印刷精美的封面，将随最后一个分册附送。

序　　言

让人类消除对未来的恐惧吧！

——马布利

古谚说：贫困和不安全是两个十分坚硬的枕头。

如果有无可争辩的真理的话，这一条便是。如果曾有过这两种灾难都不幸地经常存在的时代的话，那就是当代。

哎！既然单是不安全就足以破坏我们强烈的欢乐，戕害我们整个生存，那么，贫困与不安全的致命结合又该产生多少灾难！多少焦虑和苦恼！多少困惑和忧伤！带来多少个不眠之夜啊！……这是悬在我们头上的达摩克利斯之剑[①]！这是西绪福斯[②]和丹塔尔[③]的悬崖峭壁！这是丹瑙的女儿们的一只无底桶[④]，任你竭尽全

① 根据希腊传说，纪元前四世纪时叙拉古王迪奥尼西阿斯于饮宴时，在他的廷臣达摩克利斯的头顶上，用一根马鬃悬挂着一把宝剑。这个典故用以表示千钧一发，岌岌可危的意思。

② 西绪福斯(Sysiphe)是希腊神话中的科林斯王，因侮辱天神被贬冥界罚作搬运巨石上山的苦役。山势陡峭，他刚把石头搬上山去，石头便又滚入深渊中。喻徒劳无益、永远不能完结的苦役。

③ 丹塔尔(Tantale)是希腊神话中的吕底亚国王，被罚冥界历劫。他立在齐颈的湖水中，头上悬有熟透的果子，待渴而欲饮，湖水便从唇边退去，饥而欲摘食悬于头上的果实，果实即上升，备受折磨。

④ 希腊神话中，埃哥斯国王丹瑙有五十个女儿，她们受父亲的教唆而杀死了各自的丈夫，因此均被投入地狱，罚在无底桶内注水。喻永远完不成的苦役。

力也休想把它灌满！

的确，谁能算得出，人类过去和现在每天给这个恶魔吞噬了多少智慧和精神的力量！

因此，哪一个名副其实的人不深深感到分裂、不和、敌对和战争等种种可怕的后果呢？只要一想到自己有一天也可能遭受由于盲目的偶然事件而带来的不测苦难，谁的心不会由于忧虑和痛楚而紧缩起来呢？

而且，谁能够夸耀自己可以逃脱这种危险呢？

千百万各类的劳动者不断默默地饱尝最剧烈的痛苦！

整个工业不过成了经常的搏斗场所，成了狭窄的、血腥的竞技场。在这个竞技场上，人数越来越多，越来越拥挤；千百万激烈的敌手相扑、互撞、彼此压榨、互相扭打、无情相拼，你把我推翻，我把你压垮！

最美妙的科学发明（机器），由于严重干扰了自然规律，竟成了极大多数人的真正灾难，并且像那需要有牺牲和唱哀歌的战绩一样，为了它要造就的每一个幸运儿，竟至断送成千上万人的生命！

劳动、积极性、才智、俭朴、纪律性、谨慎、节约——总之，最模范的品行都不能确保任何一个人不受可怕的贫困之打击！

我们看到，像埃西浦·莫罗[①]（新的吉尔贝）这样的人，在物产丰富的地区，竟尝到了饥饿的种种折磨，在受尽了穷困和绝望的苦难之后，而死于收容所之中。

不幸的布瓦耶亲手点燃的火炉还在冒烟！

---

① 埃西浦·莫罗（Hégésippe Moreau，1810—1838 年），法国印刷工人出身的革命诗人，曾参加过 1830 年 7 月革命。后来因受失业、穷困和饥饿的摧残，于 1838 年死于收容所。

投机倒把的魔鬼控制了一切人的心灵，每天都在亵渎着一切，直到司法的神圣殿堂！

可恶的破产不断地威胁着每一个人，使前一夜的富豪第二天陷于最可怕的赤贫境地！

连那些屡次迫使帝王的权杖屈服在他们的保险柜前的腰缠万贯的银行家们，也经常堕入偶然变故的深渊之中！

昨天塞纳河上还漂浮着一具巨贾的尸体。他是证券经纪人，交易所经纪会议的常务理事。由于一度(也许只有一天)也想去碰碰运气，以致弄得声名狼藉，不得不葬身于波涛之中……因为，必须承认，我们这个时代，自杀已成为一切失望、一切痛苦、一切幻灭、一切不道德行为的共同出路！

怎么？难道自然注定要让我们经受如此多灾多难的折磨、如此猛烈的打击、如此可怕的挫折吗？

事实上，一看事物的变化情况，人们就会对此发生怀疑。

的确，我们的道德家和哲学家的徒劳无益的科学，这许多世纪以来又取得了什么结果呢？他们的备受夸赞的体系给人类带来了什么宽慰呢？……他们似乎已经用尽一切办法，他们只注重于政治形式，在不平等与垄断、奴役与专制的恶性循环中不断兜圈子！

至目前为止，只有极少数的人[①]敢于去锄掉罪恶之树的老根。

① 在这些勇敢的革新者当中，应该特别指出摩莱里(Morelly)和爱尔维修(Helvétius)。后者仅仅因为获得强有力的庇护才免于活活被烧死。至于摩莱里，只不过是个平民出身的人，一个贫苦的小学教师而已。因此，人们拒绝把声望赋予他的著作。当时的资产阶级民主制度要比贵族更热心布置沉默的阴谋去反对《自然法典》，于是该《法典》便被人们置诸脑后了。我担心，我这本《法典》也会在某种程度上遭受同样的命运。——原注

因此，它绿叶成荫，日益浓密，把大量的灾难和罪恶投向人间，这一切又有什么可以奇怪的呢？

然而，问题已接近解决的阶段了。我要指出的是，目前在人民群众中激发出来的这种磅礴而壮丽的理性高涨，便是证明！

我相信，为了促成问题的解决，一切具有善良意愿的人的通力协作不会是多余的。正因为如此，我才敢于命笔。

因此，我所进行的工作，绝不单纯是一种破坏性的工作，而主要是一种建设性的劳动。我不是一个灾祸的预言家，只报灾害、风暴、崩溃、覆亡！相反，正因为我感到暴风雨行将来临，正因为我已听到这幢破旧的大厦正发出彻底倒塌的崩裂声，我作为一个热心社会秩序的建筑师，才从今天起把自己的一得之见献给共同的家庭。我要把我所勾画的蓝图，全心全意奉献给我的同胞，让他们评议和思考。

我着手这个重大的题目，绝不是轻率从事的。我把全部思想集中于此已有四年多了。我深信，只有通过思考和试验，才能够找到建筑未来宫殿的必要的材料。

现在我的著作已告完成，我的思想已完全定型，我的信念已坚定不移了。我已对我们伟大而美妙的社会机构的所有部分一一加以分析。我曾仔细地对此逐一考察，然后又依次全部汇集起来加以思考，从而掌握其协调关系，并且可以说是听到其要随之而来的普遍的和谐的声音。最后，因为我已没有丝毫的疑惑，因为我已感到能够向所有世人指出救世宝鉴的光辉，我才以空前未有的巨大热情高呼：**公有制！公有制！**[①]

① 我在这本《法典》中所要叙述的原则，将在最后的印张中，以社会政治法律草案的形式加以归纳。——原注

第一章　本书的计划

“只要哲学家未越出真理的界限，不要责难他走得太远。他的职责是标出最终的目标，因而他必须到达这个目标。如果他还在半途，就大胆地打起旗帜，那么，这面旗帜是可能把人引入歧途的。反之，行政官的责任，是按困难的性质，安排行进，标示进度……如果哲学家不达目标，他便不知道他在何处；如果行政官看不到目标，他便不知道应该往何处去。

智慧的光辉正是从所有属于某一主题的真理的相互关系及其总和中产生的。没有这种总和，人们永远不会感到自己是个有相当教养的人，而常常会以为掌握了某一真理，可是随着进一步的思考，又不得不把它放弃。”

——西哀士

为了判断事实及其相互关系的价值，为了追溯目前行动的间接的和最初的原因，并确定未来的行动，重要的是要有一条可靠的原则，像试金石一样，人们可以经常借助于它。

我在自己的早期著作[①]中，已初步叙述我要建立的公有制所

① 《平等论》、《平等主义者》、《拉麦涅(Lamennais)自己批驳自己》。——原注

依据的原则。现在我力图把这些原则说得更明确些。

我再说一遍，我的准则，我的可靠的规则，乃是关于人类机体的科学，换句话说，乃是关于人的需要、能力和欲念的知识。

从这一观点出发，我认为下列原则是任何社会组织的基础：

一、幸福。存在着人的一切愿望、一切行动所追求的目标、终极点。这一目标、这一终极点就是我们本身自由的、正常的和全面的发展，就是我们一切需要（肉体、智力和精神的需要）的完全充分的满足。一句话，就是最符合我们本性的生活。

这就是我们称作幸福的境界。幸福的一切因素在地球上都存在着。我在描述公社的时候，以及在公共卫生的一节中，会有机会证明这一真理，并且让人能够感触它。

二、自由。人的自由在于实现他权力之内的东西。我之所以说他权力之内，那是因为，用爱尔维修的话来说，如果把我们不能像鹰那样穿越云层，像鲸鱼那样在海里游泳，或者不能成为国王、教皇，都认作是不自由，那是滑稽可笑的。

因此，自由同胡来或任性是没有丝毫共同之处的。在正常组织的社会中，它将永远适合于个人和共和国的最大利益。个人愈自由，国家就愈繁荣；反过来说，国家愈自由，个人愈幸福。因为自由就是人的一切，包含他所拥有的最重要和最神圣的东西：它是一切社会生存最强大的动力。

然而，有些人从目前状况的角度去判断未来。他们坚持必须经常提防所谓背弃自由的情况，因为——他们反驳说——不论立法者如何明智，自由总趋向于蜕化为利己主义和无政府状态。多么荒谬啊！依我们的看法，对于自由所可能有的最好的约束，是科

学和理性;科学和理性不断向我们呼吁:

不要损害别人,好让别人不损害你;

要为别人造福,好接受别人的赐福。

只有在共同的幸福中才能找到自己个人的最大幸福。

三、平等。平等是一种和谐,即完全的均衡,它支配万物,从广漠无边的世界直到最小的昆虫。这是一条规律,对于我们的社会生存以及我们个人的生活都是必要的。这条头等重要的规律是一切社会原则的基础,甚至见于最违背平等的制度之中。离开了平等,任何社会都不可能存在:那只有混乱和强制、纠纷和战争!

四、博爱。博爱是一种极其高尚的感情,它促使人们像一个家庭的成员那样生活,把他们各种不同的愿望、他们全部的个人力量都汇合于统一的利益之中。博爱是自由和平等的自然结论,是自由和平等的唯一真正保证。

五、统一。贵族用统一一词来特指君主政体。这是荒谬的滥用词语。统一和君主制,这两个词当中横隔着一道鸿沟!一个词是表示社会机体的各部分的和谐,而另一个词则意味着这些部分之一奴役其余部分。

我们的先辈于1793年就曾经本能地感到要统一,但是他们对此只具有模糊而极不完整的概念;正因为如此,所以他们未能完成自己的事业。统一乃是一切利益和一切意愿的不可分割的同一性,是一切幸福和祸害的完全充分的共有性。

六、公有制。公有制是一种最自然、最简单和最完善的协作方式。它是排除阻挠社会原则发展的一切障碍的唯一可靠的手段，因为它满足一切人的需要，让所有欲望得到合理的发展。

公有制不是别的，乃是统一和博爱在我们所赋予它的那种含义下的体现。这是一种最实际、最完全的统一：一切方面的统一——教育、语言、劳动、产业、住宅、生活、立法、政治活动等等的统一。

由此，我们看到，公有制本身包含着、而且必然在最高程度上联系到我们光荣的革命箴言的全部项目：

自由、平等、博爱、统一。

然而，特别使公有制具有高于其他一切社会制度的高度和无可争辩的优越性的是：它还包含着科学、真理和理性的一切特点；而且这个制度完全可作严格和周密的论证，它完全符合我所采取的人类机体[①]这个可靠的标准。

下面就是我在本书中要讨论的主要问题：

根本法。——分配法：公社的计划和组织，共同用膳和共同劳动。——工业法和农业法，教育与训练法。——科学会议。——卫生法。——警察法。——统一劳动创造的奇迹。——劳动大军。——气候的恢复。

政治法：公社代表会议。——省代表会议。——民族代表会议。——全人类代表会议。

过渡性的制度。——社会变革和政治变革。——立即实行财产公有。——使几乎所有人大公无私的方法。——无须向境外派

① 参看《我对拉麦涅的反驳》，第 60 页，我论证说，公有法是保持我们的健康和保存我们的生命的原则。——原注

遣三四十万以上的军队，即可削弱、战胜和粉碎所有反共产主义政府的可靠办法。——用不了十年战争即可使各族人民逐步得到普遍解放。——全人类全面的公有制。

第二章 根本法

某些法律是整个社会大厦所应据以建立的最初基础，它又是中枢，其他法律都附于其上并围绕着它而安排，这样的法律我们称之为根本法。

不要把宪法和根本法相混淆。宪法是政治的产物；它经常变化，并且是暂时性的。根本法则相反，它是永恒不变的。它先于并优于一切社会制度，因为它来源于自然本身。立法者的任务在于寻求和识别它，然后予以公布。

比洛-瓦雷纳[①]和圣鞠斯特[②]早已认识到根本法的性质，当时他们曾经如此雄辩地大声疾呼。前者说："去消除贫困吧，你们就会使贫民摆脱成为罪犯的必然性。"后者说："人民的贫困和堕落是政府的罪行。假如给人定出符合其本性和心灵的法律，他就不再是不幸和堕落的了。不应该使人民去适应法律，而应该使法律符合于人民。"再说，这些话不过是摩莱里下述深刻思想的转述而已：

"要找出人不会再堕落也不会再作恶的环境。"

可是，符合人的本性和心灵的法律，它是怎样的呢？比洛-瓦

① 比洛-瓦雷纳（Billaud-Varennes，1756—1819 年），法国政治家，雅各宾党人。

② 圣鞠斯特（Saint-Just，1767—1794 年），法国政治家，坚定的雅各宾党人，与罗伯斯比尔（Robespierre）一起上断头台。

雷纳和圣鞠斯特没有最后把这点说出来。然而，如果我们想避开那勇敢而著名的山岳党人已经触过的暗礁，那么，对于我们来说，没有比对此加以进一步的认识更为重要的了。

在对人和产品的安排中，自然表明：产品应被人所消费、利用和使用。而由于每个人都有自己的机体，产品就应供每个人使用或消费。

然而，凡是生产都以劳动为基础。因此，所有享用社会产品的人都应参加劳动。我们已经说过，由于社会是抵御一切偶然变故、一切恶劣情况的团结一致的结合，由于它要实行互相援助，并把一切意愿、一切利益、一切才能和一切努力融合在一起，因此我们说，为了遵从自然规律，为了完全实现协同一致的原则，必须首先把土地和所有产品变作巨大的统一的社会产业。

摩莱里大声疾呼道："宇宙的永恒法律就是：任何东西都不是孤立地属于个人；田地不属于耕者，果树不属于采果人，甚至在自己的工艺产品中也只有他自己使用的那部分才属于个人，其余的部分，都属于整个人类。"

他还补充说："应该把世界看作是一张大饭桌，桌上配备足够全体进餐者需要的一切，桌上的菜肴，有时属于一切人，因为大家都饥饿，有时只属于某几个人，因为其余的人已经吃饱了。"

据说，这种亲如手足的方式，俄亥俄和密西西比河沿岸的野蛮人还在实行着，野蛮人在这方面是遵从自然的淳朴意图的。

"他们那里一切公有，他们一切平等；
由于他们没有宫殿，他们也没有收容所。"

（爱尔维修）

在蜂巢中，每只蜜蜂都按自己的力量和本事热情地参加共同劳动，并依照自己的需要，消费公共财产中自己的那一份。那么，为什么人的共和国会不如蜜蜂的共和国那样完善呢?

当我们拿我们的荒诞的法典来同这些奇妙的小昆虫的巧妙智慧比较时，难道我们不该为我们的利己主义和愚昧无知而感到羞愧吗? 它们样样具备:爱、秩序、明见;而我们则听凭偶然因素去支配一切，而没有什么人努力用有效的方法来控制这种偶然!

人们喋喋不休地说，政府是仿照家庭组成的。但是，难道会有如此愚蠢的家庭、如此腐败或如此糊涂混乱的兄弟社团，竟敢于把每天连生活所最必需的东西都拿来赌博，以致让盲目的偶然使他们之中的一两个人中彩，而获胜者当其他兄弟濒于饿死的时候，却独享过分的饱足而不感到羞愧，难道这种家庭是可以想象的吗?

啊! 这种疯狂的不道德的耻辱行为可不就是我们现代社会的写照……?

请不要以为得胜者因为自己兄弟备受致命的苦恼折磨而会在幸福中又添加新的快乐。不，不会的。幸而违背自然法则总不致不担风险。凡是独占都带来操心和忧虑，以致世界上的幸运儿似乎与其说是自己享受幸福，倒不如说是阻止别人领略幸福;因为幸福在于安详而自由地享受那些令我们愉快的东西，而不必担心会一旦失掉它。

“如果你吸掉为许多人生存所必需的空气，又怎么会做到这一点呢? 所有被你剥夺生存的人还不是非得抢夺你和消灭你不可?”(费尼隆①)

① 费尼隆(Fénelon，1651—1751年)，法国作家，法国启蒙学派先驱者之一。著有著名的空想社会主义小说《特列马克历险记》。

不幸的人们啊！什么样的毒酒竟能破坏你们心灵中最高贵的自然倾向，蒙蔽你们的眼睛和耳朵而使你们感觉不到经验和理性的光辉！当你们取得了阵地，你们就大事搜刮你们虚荣心和贪欲所追求的东西，你们以为一切都已了结。可是，你们的莫大错误，你们的莫大的愚蠢也就在这里！……

古代各民族曾如此长期地把公民的自由建筑在对战败者的掠夺上，建筑在奴隶的贫困和受压迫上，他们的这种残酷的严重错误行为，尽管人们不断谴责它，但在一定程度上确实还是可以理解的。罗马人和希腊人的非正义行为至少还有一种貌似有理的借口，可以说一种可供辩解的理由，即：虽然普通公民具有特权，但是地位平庸，而且还得担心周期性的饥荒的袭击，等等。

但是当今天各种社会产品，甚至连那些专供奢侈享受的产品，都比我们的需要多得多的时候，当代的垄断者们又能提出什么理由为自己辩解呢？

有人会说，啊，怎么啦？你要践踏神圣的既得利益，你要鼓吹抢劫和掠夺吗？

不，不是的！难道我不能同博胥埃一起同声高呼："绝不存在侵犯别人权利的权利"吗？然而，有什么权利比生存的权利更为神圣呢？怎么？你们竟然因为我力图使富有的和贫穷的弟兄们了解他们真正的利益，了解他们共同的利益而加罪于我！在我看来，这才是拯救世界使之免于流血革命的最好的办法，也是唯一的办法！

如果你们觉得我表达自己思想的言辞过于偏激，那么就请听一听长期以来甚至被现在当权的人物都认作是权威的呼声吧：

"在保护所有权的词句下，可能隐藏着真正的盗窃行为，这种盗窃行为永远是罪过。我确实认为，如果没有警察，卡图什[①]在大路上的立足点就更加牢靠；难道他就会取得征收通行税的真正权利吗？假如他来得及把这种当时是十分普通的垄断权出卖，这种权利在获得者手中就会变得更受人尊重吗？为什么人们总是把恢复过去权利视作比盗窃更不公正、更无法实行的行为呢？”（西哀士：《什么是第三等级？》）

保守的人们请听着，无情的逻辑，早在五十多年前就促使这位通常维护私有制的神甫西哀士去谈论恢复过去权利了。正像今天别的许多人谈论革命、复兴和社会改造一样，而且你们自己，首先是基佐先生，你们有时也承认：人民的痛苦已达到极限，忘记这一点就是严重的错误，就有严重的危险！

那么，为什么不许我也来表述自己的思想呢？为什么不许我经常大声疾呼：补救这种严重错误和避免这种严重危险的唯一办法，就是恢复自然和理性的永恒法则，即：社会平等和绝对公有制，其首要的规律是：

“做其所能，
取其目前所需。”

（摩莱里）

或者是：

“本着自己的能力、知识、需要和特长参加共同劳动，并同时按照自己的全部需要来享用共同的产品，享受共同的快乐。”

但是在这一点上，有人又发出下流的刁难和喋喋不休的令人

① 卡图什（Cartouche，1693—1721 年），法国匪首，曾多次抢劫和凶杀，后被处死。

讨厌的高谈阔论，说什么在体力、才能、天资上，以及在献身精神上，存在自然的不平等；说什么欲望和恶习是人生来所固有的。因此，按照反共产主义的人们的说法，人总是把劳动看作是令人痛苦的疲乏，看作是一种不堪忍受的负担。至于我们的反对者们如此大方地加在我们头上的那一切可笑的和中伤性的无稽之谈，我就不必去提它了。他们说："公有制度是普罗克拉斯提斯[①]的铁床，是压制人的、荒诞不经的大杂烩，是托钵僧的大寺院！没有任何科学，没有任何艺术，没有任何父子关系，除了荒唐而丑恶的淫乱之外，就没有两性接近的任何其他的方式！"

对于所有这些可耻的攻讦，我将在适当的时间和场合给予断然的回答；现在我仅限于批驳直接关系到我们的根本法，即本章的内容的那些反对意见。而且，我高兴地承认，我即将研究的反对意见中，有些可能出自于好心肠但不习惯于思考的人之口。

反对意见——"人们在能力上是不相等的，因而，在权利上也应该是不平等的。"

答复——的确，现在，人们之间存在着巨大的差别。但是，这种不平等乃是社会状况、腐败邪恶的教育制度，以及多少世纪来压在全人类头上的长期奴役的结果。这种不平等与其说是社会不平等之母，毋宁说是它的女儿。而且，有什么东西会比能力更复杂、更难确定的呢？体格、智谋、灵巧、勇气等等——难道所有这一切不是能够有效地互相补偿的吗？人的能力，不能仅仅根据某些孤

① 普罗克拉斯提斯(Procuste)是希腊神话中的强盗，又名铁床匪。他把所俘虏的过路人绑在铁床上，如俘虏身材长过铁床则断其足，如不及铁床的则拉长其足使与床齐。

立的细节来判断，而要根据其总和，就好比在算术中有两组数字，假如每组的各个数目加起来总数是相等的，不管这两组数字所含的各个细数如何不相等，就必须认为这两组数字是相等的。同样地，如果两个人能力总的说来是相等的，那么他们就应该被认为是平等的。

但是，假如照目前的情况来看，那么对此能得出什么样的结论呢？首先，能力假如不是战争权、劫掠权和凶杀权，又是什么呢？今天的英雄，谁又能够完全保证他明天不会成为战败者呢？还有什么比这种情况更加不可容忍的呢？请问，还有什么现象比这种现象更是反社会的呢？

笨拙的诽谤平等的人们，难道你们没有看到，你们的反对意见在这方面又一次反过来针对你们自己吗？的确，人们正是为了预防危险、恐惧、劣境，预防未来的因而谁也不知道的偶然变故，每个人，总的来说，全体人当初才甘心乐意地放弃各人拥有的不可靠的利益，而共同宣布实行社会平等和政治平等的，这不是很明显的事吗？大家要知道，体力和智力的不平等愈发展，这种平等就愈是必要；因为，假如所有的人都是完全相等的话，从此社会契约不就成了几乎无用的东西了吗？

这一真理任何时候、任何场合都被一切善良的人们所承认；但是，没有谁比哲学家蒙田更懂得对它加以确切说明和通俗阐述的了：

“而的确，如果说在自然界存在某种清楚明白，无法视而不见的东西的话，那就是自然界把我们大家造就成相同的外表，仿佛是同一个模子铸出来的那样，以便我们彼此认作是伙伴，或更确切地说，相认为兄弟；如果说它赋予某些人比另外一些人更多一点的体力和智能，可它并不打算像送我们到决斗场那样把我们放到这个世界中来；它把强者和聪明人送到这里来，并不是要他们像绿林大盗那样去蹂躏弱者；倒不如应该认为，它之所以赋予一些人比另一些人更多的东西，原是想激发兄弟情谊，从而让这种感情有寄托的地方，因为有些人有能力提供帮助，而另一些人则有接受帮助的需要。接着，这位善良的母亲又把整个大地给了我们大家作为栖身之所，把我们都安置在同一大厦之中，用同一的材料塑造了我们，使每个人都能从别人身上照见自己和认识自己。她赋予我们大家发音和说话的巨大才能，使我们彼此更加接近，更加亲如手足，并通过一起互相表达思想，形成意愿的一致。”（蒙田：《哲学散记》）

反对意见——“人们在才能和天资上是不相等的。”

答复——首先我们不要把平等与同一、不平等与多样性混淆起来。是的，我们的才能绝不是同一的，而且将永远不会如此。我们的论敌们竭力为之大喊大叫的这种多样性，绝不是什么坏事；它与不平等没有丝毫共同之点，恰恰相反，却奇妙地促进着总的和谐。

有人会说：“尽管你否认社会职务等级中的优先地位，但是你总会同意，人们的才干有大小之分，人们的智慧有高低之别。有些人能同时胜任几件工作，而另一些人很勉强才完成一件；有些人在某些行业中十分出色，居于首屈一指的地位，而其大部分同事、同行、伙伴只能居于第二、第三、第四以至第十位。我们把第一种人称为优秀的人、能干的人；如果不想压抑他们的积极性和天才，就必须给予他们优越地位和特权。况且，你所说的平等，在这种场合显然是不公正的。例如，谁会想到拿一个普通的手艺匠来同爱尔维修、拉普拉斯[①]、富尔顿、沃康松[②]、居维叶相提并论呢？”

我前面已经指出过，现在我把它重述一遍：优越和低劣在自然界中不是法律的规定而是事实的存在；所有这些骇人听闻的不平等将会日益缩小，而致人们最后恢复到无论事实上和法律上都差不多完全平等为止。

这一点肯定了之后，现在我十分同意说：今天人们所具备的才能和天资是各不相同的。但是难道这可以成为在分配公共财富方面享有特权，或通过优越的政治地位，甚至纯粹的荣誉称号而带来特权的根据吗？我觉得再没有什么比这种情况更同社会原则相抵触的了。社会原则是要预防天赋的不平等所产生的后果的。何况，难道人的天资，不就是和整个人一样，是过去的产物，是人现在和过去所生活的社会环境的产物，即人的原有组织、人的教育、习俗、法律及无数的其他境遇的产物吗？

由此可见，假如某人贡献较大，那就是因为他过去的所获较多，这一点不是现在变得很清楚吗？难道我们不应该承认下述古老民间谚语是完全正确的吗？

“谁做了他所能做的一切，也就是做了他应该做的一切。”

可是，你们为什么以天才的辩护士自居呢？肯定不是天才把凌辱他自己的任务交给你们的。怎么，难道天才本身不就是一种

① 拉普拉斯(Laplace，1749—1827 年)，法国杰出的天文学家、数学家和物理学家。

② 沃康松(Vaucanson，1709—1782 年)，他发明了一些对纺织工业有价值的东西，是“自动机械”的设计者。

相当值得称羡的特权了吗？难道科学和艺术在你们的心目中就没有丝毫诱人的地方吗？难道它们不再可能成为最大愉快的源泉吗？难道你们认为对荣誉之爱和受自由人民的敬重都不算什么吗？谁胆敢主张这种异端邪说，谁就该蒙受耻辱和遭到谴责！

啊！这些卓越而渊博的哲学家多么出色地维护天才的事业和尊严，他们雄辩的笔锋写下了这样漂亮的词句：

“他们之间除了与智慧高超相联系的优越之外，没有任何优越之处，而这则是长期经验和不断劳动的结果。”（费尼隆：《贝迪克政体描述》）

“功绩除了自身的卓越之外，不需要其他优惠。”（摩莱里：《巴齐里阿达》）

“特权是不知不觉地蛀蚀自由的害虫。”（马基雅弗里）

让我们也来听一听上个世纪最著名的公民中的一位所讲的话吧。

当全科西嘉由于帕奥里十分英勇地刚把祖国从热那亚人的枷锁下永远解放出来，而授予他以祖国拯救者和国父的荣誉称号之时，

当每个人都热烈地颂扬他非凡的大公无私和廉洁的美德之时，

当全体公民感激他牺牲自己的私产以确立平等[①]，并一致欢呼授予他以新的独裁权力之时，

这位科西嘉立法者写给一位朋友的豁达而谦逊的话，同真正

① 帕奥里在科西嘉差不多完全废除了私有制。——原注

哲学家的身份不是很相称的吗？他写道：

“我并不认为我的大公无私是功劳；我晓得，我为我的祖国所耗费的钱财，我所放弃的金钱，比起我用它来建造房屋，或用来扩大我的产业，更能为自己创造良好的声誉。我希望我的后代在谈到我时，只把我当作一个具有善良意愿的人。”（帕奥里）

上述见解在我看来已经具有极大的说服力了，可是《试论特权》的作者还向我们提供了更有力的论证：

“让公众自由地表达自己的敬意吧。自然界把尊敬的真正源泉寓于人民的感情之中，因为真正的需要在于人民，而优秀人物要为之贡献自己才能的祖国也寓于人民之中；所以优秀人物所能冀求的最高奖赏也应在于此。只有人民持有对于为之服务的人表示敬意的权力；人民也只有这种手段去不断激发配得上为其服务的人。你们竟想把人民的最后的财产、最后的珍藏剥夺得一干二净，从而令他们最可贵的属性对于他们的幸福变得毫无用处吗？

“我再说一遍：让公民们凭自己的感情来表达敬意吧，由他们自己去进行这种令人愉快和鼓舞人的表达吧，他们会像得了灵感似的去做的。而这时你会从一切有力的心灵的自由赞助中，从大量实行各种各样的善事的努力中，认识公众推崇的伟大力量对于社会进步所要作出的贡献。

“然而你们的懒惰和骄傲还是宁愿与特权为伍。我看出来了：你们不是要争取受同胞们的尊敬，而是力求比自己的同胞高出一头。”（西哀士：《试论特权》）

“眼看犒赏、奢华、享乐而却享受不到，对于贫穷潦倒的人来说，这永远是苦恼和忧虑的无尽的泉源。

“一个人所得到的犒赏和特权愈多，对此的欲望也就愈大，而愈激发嫉妒和贪婪，从而产生对于黄金和权力那种荒谬的、贪得无厌的、罪恶的渴求；由此导致仇恨、暴力和凶杀等等。

“天才的努力从来都是由于热爱荣誉而致。千百万可怜的士兵为了荣誉，竟天天为残暴的统治者的逞强任性去卖命；而人们还怀疑，幸福的感受、对平等和对祖国的热爱以及英明政治的激发力量对人类心灵所能产生的奇迹吗？”（邦纳罗蒂）

由此可以得到结论：作为真正的人既无须特权也不要高位，在他们当中所能看到的只是平等者。确实，谁热心履行自己的社会职责，不论做的是什么工作，他不就配受共和国的表彰了吗？

反对意见——“您批驳社会的不平等，说它变成体力或智能的特权，就算是这样吧。但是您怎么能不承认人的献身精神是不相等的呢？谁又敢于拒绝给这一罕有的品德以崇高而公正的优异地位呢？”

答复——我十分希望人们准确地说明献身精神指的是什么，因为这个词已变得十分富于伸缩性。比歇先生以及后来的《工场》日报把献身精神称为一种超自然的感情，一种自由、自发的忘我和完全克己的行为。但不久，他们又大大自相矛盾，把献身精神变为义务，并且毫不犹豫地制起利剑以慑服不太热心者和惩办不虔诚的信徒。多么荒唐胡闹啊！自由与强制，压服与献身，这两组词不是互相排斥的吗？难道竟可以并行不悖？

依照另一些人的意见，献身是一种恬静并经过深思熟虑的美德行为，这种行为同任何欲念、任何义务和个人私利的想法、任何自尊心都是格格不入的。

那么，我就要问：这两个定义，人们采纳的是哪一个呢？献身精神又成了什么？这里说的是，它在人体组织中，无论在其欲念、动机、本能上都没有任何根源；那里说的是，它是一个死于腹中的婴儿，在萌芽状态中由于盘算精神上的酬报或害怕尘世间的惩罚而窒息。

没有谁比我更相信，必须通过我们的推崇、我们的敬重、我们的热情赞助、甚至我们的颂扬来鼓励和激发一切社会美德；但是，何必硬要赋予这些美德以不存在于本性中的动力呢？尤其是何必使用社会特权这种危险的刺激呢？

主张平等的人们！例如，你们对圣西门派道德家们有什么想法呢？他们在所谓献身精神的热情推动下，竟至要求社会用尽一切办法来激发伟大而壮丽的抱负。你们会谴责他们，对不对？而且就这点来说，你们会同意皮埃尔·勒鲁的看法，他是这个学派中仍然忠于老师的学说的唯一的社会主义者。请听一听他是以怎样的词句来试图驳斥圣西门的首要法则、即能力原则的吧。

"圣西门的原则是：按能力计报酬，按工效定能力。这仿佛是确认基于能力和工效的新的不平等，亦即承认新的贵族。然而人们怀抱的是这么一种理想，即智慧和体力的优越，与其说是产生权利，毋宁说是产生义务，而财富的分配准则是按照实际需要而不是依照能力和工效的。"(《独立杂志》，1841 年 11 月)

皮埃尔·勒鲁是完全正确的。现在，当一切形式的贵族制度正在消灭或已经死亡的时候，哪个具有常识和良心的人会想到，要在能力的名义下或在献身精神的名义下，复活贵族制度的原则呢？至于我，我深信，不平等无论以任何形式出现，归根结底，总要变成一种腐蚀人的麻风病，成为一切腐败堕落的不竭之源的。但是，你们却想来违反社会的根本法，因为你们在想象中为自己造出了幻影。你们是多么天真啊！难道你们没有认识到，如果我们都是平等的人和成为弟兄的时候，一切其他品德我们还都会具备的。让我们首先开始深入地领会我们的原则的伟大和可靠性吧，让我们赶快形成强有力的团结一致吧。那时我们就可以肯定：如果我们事业的胜利需要的话，献身精神便自然会产生出来。因为有哪一种制度会比公有制更包含潜能和力量，从而把一切美德提到议事日程上来呢？

不必担忧这种共和党人的热情只是一种虚幻的博爱。不，不会的：这种神圣的博爱每天都会进一步增长、扩展、提高和巩固。同情、友爱、公共风尚、教育，我们全部最牢固、最紧密的习惯，最后，科学的规诫，还有必要时法律的指令——所有这一切是何等强大的动力啊！由此不可避免地促使人们不仅在危难中互助和互救[①]，而且还要促使他们自发地采取最英勇最崇高的行动！

公有制！公有制！所有可能达到的善和美都概括在这一个名词之中了。要求社会秩序和完美性有更高表现，岂不就是陶醉于有害的幻想中，追求虚无缥缈的空中楼阁吗？

我再说一遍：是的，献身精神无疑是美的，但它与我们的本性

① 我认为某些人太担心这些令人悲痛的偶然变故，它们在目前情况下，是为数如此之多而且不可避免，但却绝对不是自然规律使然。为了防止这种情况，某些人就虚构出献身精神。我敢于证明，在公有制度下，仅警察法和卫生法或许在一年之内就足以预防千百万件偶然变故和灾难，而所有宗教、一切道德戒条、世界上的一切法律则用二十个世纪也绝对防避不了的。——原注

不大相符:这是一种狂热的、激烈的、不自然的状态,只能存在于危险的关头之中。

要把献身精神作为社会秩序的永恒基础,这无异于固执地从尖顶开始建造巨大的金字塔。因为,请注意,为了使献身精神成为建筑物的基础,只有几个人能献身那是不够的,必须使献身行为像多种多样的社会需要那样普通。而在这个独处、垄断、私有制和贫困的可恶的制度中,要指望这种事情是十分不明智的。因此,我们不要作这样的幻想,竟至于想在人的心灵中铲除那种如此亲切的、人们称之为个性或自爱的感情;因为这种感情是牢不可破的。许多著名的哲学家的意见,特别是马布利和卢梭的意见就是如此。

卢梭说:“一个人要装出把我的利益看得比他自己的利益还重,那是徒劳的,无论他用什么诡辩来粉饰这一谎言,我仍然肯定他是在撒谎。”

马布利说:“古代法律从未荒谬到让公民去牺牲自己,把公益看得比自己的福利更重要。古代法律仅仅是号召公民,为了总的利益,暂时忘掉自己。”

还有另外一条原因,十分有助于仔细的观察家戒备我们大部分谈论美德和献身精神的饶舌家的伪善说教,那就是:在他们当中,有一个好心肠的人,就有成千个把自己所装出的美好感情变成手艺和商品者。他们为献身和牺牲高设祭坛,那只是因为他们自己要成为祭司;让我们把话直说了吧,他们为的是从受骗者那里收罗奉献的礼物。在这方面,他们使我们联想起贝尔[①]的祭司的故

① 贝尔(Bel)是古代美索不达米亚宗教中的主神之一。

事。这些祭司一到夜间便从自己的秘密住所中出来，去偷食供献在神案前的佳肴。而这些精美菜肴就是人民出于轻信，不听那时哲学和理性的号召而供献于神像的案前的。哲学和理性号召人民说：

“不要在你们的神像的祭坛上供献珍贵的祭物，

人民啊！不要把礼物送给比你们更富有的人。”

我希望，现在再没人来和我争论社会平等的原则了。假如某些民主主义者仍然敢于这样做，那他们就别再自称是卢梭和法国革命的继承者好了。国民公会早已用下面高度简洁的格言驳斥过他们：

“人与人之间是平等的。”

西哀士在其权利宣言草案的下述段落，就曾合理地阐发了这句格言：

“两个人之间可以在能力上存在不平等，但是并不能由此得出结论说：他们可以在权利上不平等。

“社会法律的设立，绝不是为了使弱者更弱，强者更强，恰恰相反，而是为了保护弱者以抵御强者，保障他们获得全部权利。

“力量产生作用，而并不产生义务。压迫，绝不能成为压迫者的权利，受压迫也不能成为被压迫者的义务。解放永远是一种权利，甚至还是一种紧迫的义务。

“按自然状态，人没有权利加害别人，因而也没有权利拥有剩余的东西，而使别人得不到必需的东西。

“人们需要设想一种协定、一种法律上的认可，以便能够赋予所有权一词像我们在自己的政治社会中所通常给予的全部的广泛含义。”

这个问题，卢梭已经通过《社会契约论》的下述卓越的公式加以解决了。

卢梭说：“基本契约是以道德的平等[①]和在法律面前的平等来代替自然界所造成的人与人之间体质上的不平等。如果说，人们也许在体力上与才能上是不平等的，那么，他们在契约上和权利上则是平等的。”

关于这一点，在本章已经谈够了；不平等已经败北。

至于公有制原则，它本身就概括了我们全部的根本法，当然它合乎逻辑地导源于社会平等原则，而社会平等原则只有公有制才能加以实现。对于这一点，本著作中的主体部分比我刚才的全部推论还会显示得更清楚一些。下一章我就开始写这个部分。

① 在让·雅克笔下，“道德平等”的说法，在我看来，与匀称的观念完全符合，而共产主义者就是把这个匀称观念同社会平等这一公式联系在一起的。——原注

第三章　分配法和经济法

“纵使今天所有愿望都得到满足，在公有制未把邪恶的欲念压下去以前，明天谁也得不到幸福的。”

——贺拉斯

我在上一章已经证实，人在权利上是平等的，因而在事实上也应该平等。但不是像给士兵、贫穷的病人[①]和囚犯分配口粮那样向公民实行定量分配的那种愚蠢的卑微的平等，而是自由的、慷慨的、合理的平等。这种平等提高和开阔我们的思想，密切我们的感情并使所有心灵都融会到感激和共同欢乐的永恒感情之中。然而，我们已经说过，这种真正的平等只有伴随公有制而实现。现在我们就来看看什么是使这种公有制社会和谐运转的最适当和最有效的手段。这种社会该会有一天给所有人提供唯一真正可贵的福利：健康、和平与安全，而由此必然产生道德并随之而带来幸福！

为了使一切事情都在良好的秩序中进行，首先，最重要的是，

① 去年12月，《独立杂志》曾把军队、收容院、监狱作为公有制组织的成分。至于我们，则竭力避免拿这种带有野蛮和不道德的印记的机构作为我们的制度的模式。公有制的主要目标是尽可能迅速地完全消灭这类机构。然而这些机构本身却确凿证明我们的经济原则和我们团结一致的学说的力量。无疑，《独立杂志》就是从后一意义来论述的。——原注

要把庞大的民族集团或社会集团划分成许多个公社，这些公社所拥有的土地尽可能相等、整齐和连成一起。所有这些小公社，互相联系起来，组成联合社或公社系统，依照地理状况和地区性质而定。这样，由一定数量的公社构成一个省，由一定数量的省构成一个共和国，最后，所有各个不同的共和国合起来构成一个伟大的全人类共同体。

当这一过程完成后，就要谈到向公民提供住宅的问题了。

从以上所述，读者可能以为我的主张是维持首都、省会、市镇或者乡、村等的原则，一句话，维持全部旧的地区等级。这和我的想法相距太远了。我深信，甚至不值得为此进行讨论：这个问题实际上由我们的根本法中的一项法律（平等法）所解决了。在公有制中，只能存在公社。

如果不是这样，那么，教育怎么能变得彻底统一呢（我是从广义的角度来了解教育一词的）？怎么能实行那种完全一致的风俗习惯，那种我们上面已经谈到的苦乐与共、全部意愿相同的密切统一呢？怎么能使目前所称呼的城市人和乡下人这种名称消失呢？最后怎么能利用儿童的积极性而不致强迫他们从事所谓世袭的职业呢？

卢梭在他的著作的很多地方都曾经表示坚决反对大城市和首都；在这方面，他和许多著名的哲学家如费尼隆、马布利、爱尔维修等的意见是一致的。

然而，谁也不曾比尊敬的邦纳罗蒂以更大的魄力和远见来谴责这种糟糕的制度了。让我们来听听他有关这个问题的明智的见解吧：

“如果我没有搞错的话，大城市的存在是公众不安的表征，是公民骚动的必然的前兆。大地主、大资本家和富商大贾成为城市的核心。在此核心的周围开始集聚着许许多多靠他们为生的人，这些人千方百计地满足他们的需要，迎合他们的口味，迁就他们的任性，激发他们的恶习。

“一个城市的人口愈多，其中仆役、伤风败俗的女人、饥肠辘辘的作家、诗人、音乐家、画家[①]、谋士、演员、舞蹈家、教士、撮合人、小偷以及各种各类的丑角也愈多。

“由于服务和报酬的不断交换，使某些人养成命令和指挥的习惯，另一些人则养成服从和侍候别人的习惯。后者在奉承谄媚的当中，沾染上前者的习气、神态、傲慢和不良作风，同时自己也养成凌驾于命运不济的人之上的习惯。这两种人都忽视了真正的幸福，总想成为富人、有势力者和受特惠者，而且特别想摆出这种样子。

“豪华的宫殿、宽广的花园、富丽的陈设、华丽的车马、众多的仆役、熙熙攘攘的客厅，这些都是所谓大城市的装饰品；这些东西对于那些受其诱惑的人们的心灵发生有害的影响。一方面，这些东西加强了其拥有者的高傲心理，使他们把不拥有这些东西的人都看作仇敌。因为嫉妒和贫困经常在推动没有这些东西的人从拥有者手里夺过这一切，并为自己所遭受的屈辱和贫困而报仇雪恨。另一方面，那些丧失了这些东西的人，或者由于贪欲和憎恨而堕落，或者竟沦为卑鄙下流的人，成了野心和暴虐的支柱。所有这一切，不论对于享受这些东西的人来说，或者对于希望得到这些东西

① 邦纳罗蒂并非咒骂以上四种职业本身；他指的是不平等制度使这四种职业趋于腐化和堕落的情况。——原注

的人来说，都成了真正的祸害。因为在某些人感受烦恼和猜疑之苦的时候，另一些人则因为渴求虚幻的财富而备受折磨；在他们看来，这些财富正由更幸运者占据着。

“在大城市里寻求享乐、奢华和荣誉的人可以不用劳动；他们已把自然赋予每个人的那份劳动推给别人去做。在这种情况下，仍留在田间劳动的人的任务便超出了自然的限度。农业劳动和必需的工艺劳动对他们来说变得更加繁重和艰苦。祸害日益深重，竟至使农民和工人的地位降到几乎与苦役犯人的地位相差不多，最后，这种地位竟变成耻辱，为大家所抛弃。于是，每个农民都把自己的目光转向大城市，一有可能就奔往那里去寻求财富，因为财富的魅力被他们的想象夸大了。既然干出了蠢事，沦落在城市中，就必须在那里生活下去。榜样是诱人的；大伙都在掩盖罪恶以逃避谴责；情欲激发了起来；从前看来令人厌恶的事情逐渐成了好风度和有本领的标志。人们很快宁要金钱和捧场而不爱义务和美德。圆滑和随机应变促使人们变成伪君子、撒谎者和骗子手。如果时来运转，人们会达到这样境地：虽然得不到幸福，但可显出幸福的样子，也就成为一大群冒失者的追求目标，这些人从失算和幻想之路迎着不幸走去。

“然而，由于财富、享乐和放荡生活的吸引，许多竞争者汇集于大城市，这些人的数目激增，以至于其中的大多数，仅靠微薄的工资度日，被荒淫无度的生活弄得精疲力竭，还拖着沉重的儿女负担，但汇聚到凡有大城市之处都可见的令人触目惊心的广大不幸者的行列中去。

“既然农业和必需的工艺是社会的真正养育者，那么，人们就自然要在从事这些工作的地方生活，他们或是耕种土地，或是给耕作者提供便利和舒适。

“国家的巨大规模，管理的集中化、庞大的捐税、公债、过高的薪俸和宫廷的奢侈浮华，又在那不平等的直接结果的祸害之上，增加与这些大城市有密切关系的其他许许多多的祸害。在这些大城市中，照卢梭的说法，妇女不再相信名誉，而男子则不再相信道德。

“这种人口拥挤的现象愈是显著，他们的财富和生活条件的不平等现象亦便愈大，而且因为随着不平等现象的增长，公众的不安和不满亦在增长。所以凡是发生这种拥挤现象的地方，便愈加存在纠纷和动荡的根源；也正是在这些地方要克服更多的障碍，才能确立真正的自由。

“通常人们总是抱怨教士的欺骗，抱怨军人的专横，抱怨廷臣的口是心非，抱怨奸细的背信弃义。其实他们倒应该抱怨使这一切成为必然的骇人听闻的不平等。风俗、制度和法律迫使这许许多多人彼此嫉妒、互相仇恨和互相角逐，怎么能够奢望不通过欺骗和恫吓而使他们彼此间保持表面的和平呢？

“这些由不平等而诞生的首都，那里正在酝酿着革命的因素。这些首都曾那么多次地做过暴政的工具，却有时也成为自由的发祥地。假如明智的人们能够指导那里的运动，并接着懂得消除过分拥挤和臃肿的现象，这些城市便会切实地有助于确立真正的秩序。”

我晓得，在公有制度下，用不着担心这种令人厌恶的混乱。但是，我仍然坚持认为，只要稍为放任竞争，那也是不审慎的。因而，无论什么事情都绝对不应该违背原则。

1837 年出版的《伊加利亚旅行记》的作者最初曾毫无保留地

接受了城市和首都制度。现在，卡贝先生似乎已不那么重视这种等级形式了。在该书第二版（修道院街11号玛莱书店出售）序言中，他同意可建立有城市的公有制或无城市的公有制，等等。毫无疑义，卡贝先生对自己著作的其他若干论点，经过重新研究后，也会在第三版中赶快加以改正的，因为卡贝先生同那些心胸狭窄、虚荣心很重的人们没有丝毫的共同之处。那些人，即使已经知道有更好的答案，也还是犹豫而不愿放弃自己最初的成见的。就这一点来说，没有谁比我更尊重卡贝先生的聪明才智的了。

关于我所提出的新组织形式同社会和政治的统一相结合的办法，我将在我的著作的政治部分中加以明确阐述。

但是，在这里出现一个新的问题：

“每个公社的规模及其居民的人数将如何呢？”纵然人口数量会有所变动，纵然它以后必然会不断地发生变化，纵然在这方面的差错实质上并不影响我们的制度的基本原则，但是，我觉得这个问题仍然是值得加以考虑的。经过深思熟虑之后，我认为有两点缺陷必须避免，即：规模庞大和僻远孤单。一方面，我感到，在过分小的公社[①]中，兄弟般的竞赛，对共和的热情，对艺术、科学、技艺的爱好，

① 我认为，卢梭、邦纳罗蒂等在自己的批判中过于把这个问题绝对化了。他们由于大城市的种种缺陷引起忧虑，而竟陷于相反的极端。看来，他们是想建设一种纯乡村式的世界。这些有德行的公民对城市提出的最严厉的谴责，那就是认为城市永远是卑劣行为和暴政的藏污纳垢之所，因为富人和穷人都从四面八方涌到这里来，而且前者在此处比在任何地方都更易于把后者变成自己的奸细，变成自己的狗腿子！这种论点用以反对渗透私有制原则的社会秩序，今天还是十分有说服力的。但是在公有制度下，在废除货币之后，又会怎样呢？公社，按我对它的理解，将表现出集中了城市和农村的一切优点。——原注

总之一句话，一切高尚欲念都会在发展上受到限制；另一方面，我也考虑到，公社人口过多，则会成为对妥善管理、妥善进行工作，特别是进行农业劳动的一种障碍。此外，在公共卫生、教育等方面，还会带来一些更严重的不方便。因此，我认为应该暂时把人数定为一万人。这个问题既已确定，关于公社面积大小的问题，只不过是测量土地的手续罢了。

至于公社住宅的式样和外形，我让建筑师、医生以及所有在这个问题上的权威人士去留意并提出最后的计划。我仅仅指出，公共住宅必须作这样的安排，使之易于随着人口的增加能不断改建，而同时不违背良好的管理法。

为使读者对于我们公有制度的实质本身所包含的美妙的和谐具有某种概念，我力求对我们未来城市的计划作一个简略的描述。我要预先声明，我所要拟定的秩序绝不是一成不变的；相反地，它应该按照地区的特征和气候条件多少有所改变。

住宅将位于公社的中心。公社的四周是种植重要作物的田地以及葡萄园、牧场、丛林、森林等。离建筑物较近的是果园和菜园；更近的是公园、小丛林及其他供观赏的花木；最后，四条美丽的林荫大道通往宫殿般的公社宫。

除了流经本地的江河外，每个公社还拥有若干水渠及其他灌溉水库；所有公社得以举办这种新的善举，全归功于社会性的劳动。

这样一来，一切地区都将得到良好的灌溉；人们也将不忽视具有明显功用的排水工作。但是，尤其是在公社宫的内部和周围，人工将致力于辅助自然界去把这个地方造成令人神往的住所。

公社宫呈宽大的正方形。为了往来方便和迅速,必须注意避免正面过宽。它应有三层至四层。建筑物所有主体可以加倍增建,于是形成双重的围篱式建筑。

小围篱式建筑物内有精致的花坛,[①]其自身又置于宽广漂亮的大花园中间。这座花园又处于第二个围篱式建筑物之中。两层围篱式建筑物之间留有十分广阔的空间,大大便于空气流通。这样,极其新鲜的空气将进入建筑物的各个部分。此外,每个人都能充分享受到花木所带来的愉快和好处。

因而,花园构成四个长方四边形。花园里种植着树木,点缀着花草、喷泉和瀑布,等等。花坛也差不多呈现同样的景致,而艺术的加工还会使它更加富于魅力。

小围篱式建筑用于安排安静的工作。里面设有厨房、办公室、餐厅、咖啡馆、游艺厅、剧场、歌剧院、图书馆、博物馆、学习室,等等。这里还设有俱乐部或议事厅和审议厅。将想尽种种方法使它变得又舒适又漂亮。

第二座围篱式建筑物的四翼划作商店、工场和学校,最后还划作个人的住宅。底层设有游廊、禽舍、暖房、工场及其附属作业间。

在住宅中把舒适、实用、称心、卫生结合起来——这该是建造公社宫的主导思想。

但是,特别重要的是,永远不能忽略对于巩固和完善我们的事业所十分必需的平等和绝对统一的根本法。

---

① 可能有人认为取消花坛,甚至取消小围篱式建筑是适宜的。建筑师也许会找到建造整个圆形公社宫的方法,这从建筑结构的角度来看,体现了最高的平等。——原注

现在就这一切加以说明：

舒适——从我所绘的草图中可以看出，从大围篱式建筑物的四个正面的两边，可以分别望见乡村和花园的景色。在朝花园的这一边，它们的位置与小围篱式建筑物或内区建筑物的正面平行；只是大围篱式建筑物的侧翼比小围篱式建筑物的侧翼长得多而已。

为了大大增加公有管理的积极因素，同时为了使之符合卫生法，在花园的这一边，环绕每座围篱式建筑物造街道走廊，冬天严封，并有很好的取暖装置，夏天则靠通风器和巨大的窗眼而变得极为风凉。

街道走廊和楼房各层完全相接，从底层连到尾顶平台，平台上设电报局、气象台等。建筑师在施工时要力求坚固和美观相结合，使街道走廊很好地代替我们现在的阳台系统。每一翼的拐角处都装设精致的楼梯，靠各梯段相接，连通各层，并把两座围篱式建筑物连接起来。甚至机车也能通过铁路进入花园，而且交通还可以利用运河进行。为此，大围篱式建筑物要在一定距离的地方建造精美的拱门。

我们在本书的叙述中将有机会看到，建筑物的各部分，就其有关的方面，都同样拥有一切合乎愿望的舒适设备。

实用和称心——我这里不谈必需的东西。由于有良好社会制度和良好的经济管理，公共财富奇迹般地增加。当这种财富平均地分配给所有人，而不是归于和集中到少数贪得无厌或挥霍无度者的手中的时候，怎么会缺乏必需的东西呢？

至于实用和称心，平等人在自己的劳动、饮食、娱乐、学习、衣着、居住等方面随时随地都会受用到。在公共生活和在私人生活中，都将表现出最温存、最巧妙的关怀，让人们经常得到生活上的一切舒适。秀丽如画和丰富多彩的景色，新鲜的空气，大量各种各样的有益健康的植物和馥郁芬芳的花草十分得当地衬托着宫殿的各间屋子：这是多么可贵的优越性啊！

卫生——有哪种住宅比我们统一的公社更能够达到卫生的条件呢？我至此为止所说的一切都始终证明了这个真理，即使冥顽不灵的人也不致有丝毫的怀疑。那么，当读者对我们所有公有制机构协作的不可估量的能力有了明确概念之时，事情会是怎么样的呢？当读者完全相信：到处都将是一片最严格而且设想最周到的整洁景象，美观而又便利的水渠不再让任何地方的积水、污水滞流，而且蒸汽泵会不停地清除各种垃圾；这时，事情又会怎样呢？

我们还要补充的是，当公有制度实行取消分散的一家一户的时候，住宅的保养工作再容易不过了。无可争辩，统一原则的最重要成果之一（这一点也许人们并未料想到呢！），将是用单一的大厨房来代替相当于平等者公社人口在目前必需的两三千个厨房。确实，还有什么要比今天奉为政治信条的分散的一家一户，即各自为政、各为自己的丑恶、荒谬和令人厌恶的制度更与清洁和卫生法相抵触的呢？而统一的住户是多么不同啊！没有什么比公共厨房更加美妙的了。例如，对于两三千个分散的单独的厨房不敢试图实行什么改进，而当你想到不过只有一个的时候，还会对改进工作犹豫吗？如果把取消家庭自办伙食而节省下来的巨大积蓄仅仅拨出一小部分给统一的厨房，这会造出多少奇迹来啊！

那时，我会看到厨房的四壁涂上油漆或砌上带釉的瓷砖或再装上合成的金属片。这些东西都能保持惊人的清洁，而且光耀夺目！锅灶和器皿也都因其洁净而发出美丽的甚至豪华的光辉！

全部必需用水将靠抽水机和水龙头就地供应。一切东西最好都用蒸汽蒸煮。其他抽水机将经常地用来依次冲洗厨房的各个部分，或者是用来清除垃圾，直至一星半点灰尘，连一分钟也不能让其积存。

由于这些奇妙的改进，厨房工作人员的劳动便极度简单化。这样一来，他们的职务便全然不再像现在这样繁重而令人厌恶了。

但是，为了让我们的新制度不缺任何卫生和清洁的东西，卫生科学向我们指出下面简单易行的措施：

“要把所有肮脏或危险的工业部门和建筑物，例如高炉工厂、屠宰场、制革厂、大部分毛皮加工工场和冶金工场、马厩、畜栏等等，等等，都迁出公社宫的范围，而分散设于乡村地区。”

我不打算对这些细节多加谈论；读者凭智慧自然会很容易把我遗漏的东西添上。我得赶快把话题转到共同用膳的问题上来。这是我们公有制大厦的真正标记，像大厦的拱顶那样。

但是，在着手写这一章之前，对于产业的管理，我有几句话要说。

由于废除个人财产，全部土地便都归公社掌管。公社通过全体公民去经营，把所收获的全部产品存放在谷仓、仓库等等之中，并在整个共和国境内，普遍一律地在所有各公社之间实行社会财富的平均分配。没有什么比这种分配更简单的了。

每个公社至少每年一次将其全部收获、工艺产品等的报表送交中央产业管理局。

管理局即刻将全部报表汇总，以便能够估算出全部财富，并将其与每个部分的财富和需要进行比较。然后，管理局即为每一种产品给每个公社开列出记有资产和负债的账户。接着，管理局在每个账户中记入贷方或借方，这要视高于或低于平均产量和公社的需要而定。

此项工作结束之后，管理局便指出什么东西应该加以调拨，并指出应调出和调进物品的地点。为此指派一些公民监督和办理此项运输。

由此，人们将看到，在平等者的共和国内，既不需要部长，也不需要财政部、贸易部等等。只要在国家的最高一级设一位会计员和一份账册就足以妥善调动我们的全部政治经济，也可以说，就足以调动整个社会产业。就让人们拿这种如此自然简单、尤其如此经济的体制和那些作为不平等政权唯一手段的全部颠三倒四的管理制度，以及所有程度不同的卑鄙龌龊的伎俩加以比较吧；而且，如果人们敢于这样做的话，就让他们照样把公有制称作乌托邦吧！

在现今的制度下，例如，公共财产在进入国库之前，要经过多少千双手啊！凭经验可以知道，当公共财产最后进入国库时，它已经减少了许多。民谚说道："它像一磅黄油，众手相传，最后剩下不够一盎司。"多么辛辣而尖锐的讽刺啊！然而，这真是最恰当不过了！

从以上的一切，并从我对于统一家务必然带来的巨大节约加以比较而摆出的其他许许多多的事实中，难道我们不就有根据地得出这样的结论：在公有制度下，每个公社都将经常充分拥有必需的、实用的、甚至令人称心的东西吗？

第四章　共同用膳

用餐有数量、时间及菜单，让医生和经济学家们去商定吧，这是他们主管的事情。我现在不打算研究这个问题。但是，我把一律共同用膳视为一条基本的原则。

我现在不来谈论公共生活的一切细节。我觉得，只要描述一次用膳，就足以令人对生活的公有制度有一个概念，并赞赏其巨大的优越性了。

既然共同用膳的主要目的在于发展和维持平等人中间的博爱感情，我想，假如有可能的话，那就要有一个宽敞、单一而且富丽堂皇的饭厅。这个大厅要整整占用小围篱式建筑物的一翼，可以用活动的同时又能升降的精制的板壁把它隔成为好几个单独的房间。在平常的日子里，这些板壁都是放下来的；一到节日，就采取剧院里所使用的那种办法，仿佛魔术一样，使所有的板壁全部消失，从而让我们成万的公民能够同时庄严地举杯祝贺人类的幸福，祝贺共同祖国的万古长存！！！只要有可能的话，不妨让别人去设计比这更豪华的节日庆祝活动；至于我，应该承认，我觉得，再没有任何场面比人人平等，大家都亲如兄弟，从而使这一复兴纪元神圣化的景象更加甜蜜、更加雄壮的了。但是，关于公共节日，我以后还要谈的，现在仍回到通常的用膳问题上来。

共同的晚餐，都在我刚才所说的各间屋子中同时进行。这些屋子构成十个装饰十分雅致的大厅，通风良好，有照明设备，并且需要时可生火取暖。每个饭厅之中都有上千客人在日常的宴席上就座。人们看到公共餐桌上摆着极其丰盛的最卫生、最精美可口的菜肴，可是却没有理由指责共和国过于铺张，或者说这种奢华逸乐为复兴的人民所不齿。

进餐时，不时奏出高尚而美妙的音乐，非常悦耳或激动人心。还有许多其他的娱乐，恕我不来一一列举了。我只想说明一点就够了，在这里，像在所有其他地方一样，公有制宛如一位慈祥的妈妈，她运用一切，使她所热爱的孩子们没有哪一个愿望得不到满足。

至于进餐的秩序，它是这样安排的。男女两性和不同年龄的人直至最年幼的孩子，大家井然有序地混合就座。大家都遵守最高尚的礼节，并享受最充分的自由。私人谈话是允许的，但是为了大家的利益，每桌还是要选出一位席长。

用膳即将结束的时候，通常要做许多教导儿童的工作；问他们在学校里学了些什么，以及问些日常生活事物等。由于这种考验，儿童便不知不觉地养成当众讲话、斟酌和审慎考虑自己的用词、明确而简洁地回答问题的习惯。

所有善良的人们，不管他们属哪一个党派，都不能不尊重这种纯正而高尚的公共用膳制度，这个制度许多世纪以来只存在于历史的记叙中，而为后代人所殷切渴望。为什么竟还有一些人，像寓言中的女妖一样，只会用自己无力的毒液来玷污一切伟大崇高的东西呢？不过，既然在他们的谩骂攻讦中也表明了某些反对意见，我认为我们不应效法我们大部分论敌的做法，我要以论证来答复他们。

反对意见——“公有制不许任何人有任何自由；在这种制度下，人们会变成一架真正的自动机器，听到鼓声或钟声就该表示肚子已饿。”

答复——我们的论敌无疑是忘记了或佯作不知：公有制不是别的，乃是公民自己集体采取的一种社会有机体。既然如此，难道可能设想有这样一个人，竟以分别折磨自己的每一肢体为乐事的吗？尽管公有制为了全体人的利益并按照经济的原则，明智地规定用餐的时间，难道这等于说，公有制主张对迟到者使用压服的办法，硬性规定他们的饮食，正像荒谬地反对它的人所说的那样吗？可是，有哪一种制度比公有制更会听取一切正当的理由呢？当它拥有的东西丰富而有剩余的时候，稍微增加一点额外消费，对它又有什么要紧呢？况且，在餐厅和厨房服务的公民也是要吃饭的，那么，有谁会阻止迟到者和他们一起用膳呢？此外，违反规则的情形将是极少极少的，难道这不是十分显然的吗？我可以用两个富有说服力的论据来支持这个论断。第一个论据是，任何无故违反这种良好的深得人心的规定，都只不过是一种荒诞行为而已，因为在正常组织的社会中，公共用膳的美妙之处是没有什么东西能够代替得了的。假如对这个真理有所怀疑，那就请回顾一下历史，特别是克里特的历史或斯巴达共和国的历史吧。那将会很容易了解，生活上的公有制度在这两个国家曾导致了何等美好的结果！很显然，在五百多年的漫长岁月中，仅是这个制度就足以补救莱喀古士法典的一切基本缺陷；人们可以相信，在克里特不曾发生过违反共

同规则的事，而在斯巴达，只发生过一次，那是阿革西拉乌斯王，仅这一位公民想不受规则的约束。可是，尽管这位国王前一天刚刚战胜了强大的波斯国王凯旋而归，然而，违反共同规则这件事却激起了对他的普遍愤怒，因为大家都把这件事看作是共和国衰败的不祥的征兆。

我的第二个论据更是不可反驳的。你们说，“人们必须定时肚子饿，并按钟声吃饭。”你们是多么无知啊！难道你们没有看到，这种周期性规律乃是自然最普遍、最不可抗拒的规律之一吗？这是维护我们生存的原则，违反了它我们就要遭受危险，这一点难道你们不晓得吗？

的确，谁能否认习惯是第二天性这条如此普遍的格言的真实性呢？因此你们不但不该抨击公有制度，倒是应该赞颂它的先见之明才对。为了你们的健康和幸福，它懂得如此妥善和恒久地安排好一切！而刚健的、博爱的教育难道还不会促进我们的公有准则吗？

反对意见——“同类物品，例如水果、蔬菜、奶制品、肉类、饮料等的质地是不相同的，由此在分配上就会带来事实上的不平等，这就引起忌妒和争吵，使社会成为纠纷和敌视的场所。”

答复——你们这样推论，那不过是因为你们笨拙而顽固地以一己之心去判断未来的人而已。恶劣的制度使我们成了爱虚荣、好忌妒和彼此仇视的人。然而，当人们的周围都是丰盛的水果和鲜花的时候，如果还认为人们自然会因为争享水果的鲜美或争闻鲜花的香味而互相忌妒，互相憎恨，互相残害，那就是太不了解人性了。取消人们的个体所有制吧，你就会平息他们最有害的欲念，你就会几乎消除一切互相为害的手段。在斯巴达，健全的意识、平等精神与和睦精神就曾克服过一切困难。今天这类困难也不会扰乱人口众多的家庭、公寓和军营的宁静的。而且还请注意，你们的反对意见又怎能用到公共餐桌方面来呢？在公共餐桌上，不是一切东西都在众人面前往来递送的吗？事实上除了礼貌和善意的意见交换之外还会有别的冲突吗？这不正是现在我们客席桌上的常客几乎经常遇到的事情吗？而且难道没有千百种其他方式来消除你们臆造出来的一切困难吗？例如，为儿童和病人留菜，这丝毫也不会引起什么贪欲的。如果说，这种卑鄙的欲念还会在什么地方存在的话，那就是存在于我们现行制度之中。

反对意见——“只有驮兽才会在完成主人交下的任务之后，到畜栏里领取预先规定给它们的那份食料。”（拉麦涅）

答复——我对花力气来批驳这种攻击，几乎感到羞耻。现在有四种分配和消费社会生产品的方式，即：私有制度、圣西门制度、绝对平等、按比例的平等。

私有制度——这是一种以时运、特权、势力、欺骗、垄断、压迫等等为基础的方式。在这种制度下，一切都是反常和颠倒的：孩童指挥有经验的长者；剥削者和放荡之徒编造关于节制和公共道德的法律；一小撮游手好闲的人不知道该把多余的东西往哪里收藏才好，而劳动群众却啃着自己那一片浸满了汗水和泪水的黑面包。

圣西门制度——这个制度是以神权政治和才能贵族政治为其基本原则的，差不多导致和私有制度同样的结果。归根结底这只不过是社会地位和特权的简单转移而已，只不过是“滚开！让我来占据这个位置!”而已。

绝对平等[①]——这种分配方式也有极大缺陷,它必须假定所有的人都具有同样的需要,而早已知道,毫无疑义这不会是事实。绝对平等制度许多世纪以来就在军队、收容所、监狱、甚至高等学校中实行;这种制度也曾在古代寺院及其他反省院中实行过。

然而,必须指出,这种严格的平等只有在所谓低级集团中才会存在。此外,我还要把高层人士的情况作为一种严重情况指出来。这些上层分子克扣每一份口粮,把最好的食品攫为己有,并且赝造各种产品。在我们共同用膳的情况下,这些不愉快的事情则一件也不会发生。

在绝对平等的情形下,如果所有的份额都是中等分量,就像我们现在可以做到的那样,那么,那些对某种东西需要较多的人,甚至就等于被剥夺必需的东西。相反,如果所有份额都很多,连食欲最旺盛的人也觉得十分丰富——这种情况很可能会在统一公社发生——那么很多人都会为多余的东西感到为难,从而会糟蹋和浪费食物,等等。

共产主义者千百次地批驳过这三种可怜的、愚昧无知的制度:一、因为这三种制度都是同经济学根本抵触的;二、主要是因为它们都同时侵犯自由、平等和博爱,因而违反了社会的基本原则,而这基本原则是要防止实际上的不平等的,我们不要忘记这一点。

① 某些共产主义者不加区别地使用绝对平等和按比例的平等这两个词语。这是一种单纯的用语的混淆。而“绝对”一词也用来表示纯粹数学上的平等的。我要加以反对的正是这种平等。——原注

按比例的平等——这就是我们始终不渝地宣布的制度，而我们的非难者们本来也知道得很清楚的，可是他们却假装坚信相反的意见而对它大肆诽谤。按比例的平等分配方式是如此合乎自然，不仅学者和政治家必然能体会，就是每个具有健全意识的人也必然能体会的。还有什么消费方式比共同饮食、比我们安排得井然有序而且菜肴十分丰盛的公共餐桌，能更好地体现这种实际的平等呢？桌上的菜肴都是属于大家的，适应每个人食欲的大小，而且适合每个人的口味。如果有哪一个天真的人会坐在公共餐桌旁边为如何对我们的需要作数学计算而操心，那他就会受到讥笑。而一些著名的学者却认为应该作这种计算。他们还补充说，这样做看来是不可能的，这也就是反对建立公有制度的一条极大的理由。就让皮埃尔只吃一个鸡蛋，让保罗去吃一头公牛好了，（请原谅我过甚其词！）没有人会对此提出非议的，因为谁都不会对这种事情感兴趣。

摩莱里说："一个刚到泉边就饮水解渴的旅行者，不会嫉妒比他更焦渴如焚的人大口汲饮慷慨的大自然大量赋予一切人的有益饮料。"

试问，这不就是唯一的真正平等，即自然的平等吗？

因此，我们重复一遍：量饥而食，量渴而饮，这就是我们关于饮食平等的原则。

我认为，我已充分地指出了共同用膳比其他任何饮食方式更具有优越性。至于共同劳动，也具有相类似的优越性。这一点我在下一章中也要指出来。我先提出关于个人住宅和服装方面的几点简短的看法以结束本章。

个人住宅

在平等制度下，再没有什么比个人住宅更简朴、更值得羡慕的了。我们平等者几乎整个白天都过公共生活，因而不需要像我们那些小有产者目前所占用的那样多的房屋。为了使每个人什么也不缺，一个人只要两三间就足够了：一、寝室；二、工作室；三、小实验室，同时兼作柴火储藏室。

寝室位于朝花园那边；它应有两个宽敞的凹室，一个摆床铺，另一个作化妆间。在厚墙之内，装设两个非常合用的衣橱。这种衣橱无论内外都十分整洁而且装饰雅致。此外，寝室备有化妆用品、洗脸台、床头柜、小圆桌、长桌、浴盆。这种家具式的浴盆具备一切理想的优点。上面可作桌子用，同时可遮盖洗澡的人。其余的家具有：椅子、安乐椅、壁炉装置，等等。几乎全部家具都带滑轮，可以推动，一切都是美观和实用。

工作室朝田野。其家具有：小书架、乐器、绘画用具等。装有滑轮的写字台将成为最主要的装饰品。为了使人们对工作室有一个概念，我只要说它在一切方面都可以和寝室媲美就够了。它的宽度三分之二与寝室相连，其余三分之一则接着安置实验室。

宫殿的全部房间都铺设天花板和地板，大多数还铺上地毯。寝室内挂有美丽的织花壁毯。私人住宅和公共的大厅一样，通风良好，并有完善的取暖和照明设备。在这方面会想尽一切办法去发现最好的布置方式并使之尽善尽美。住宅内将经常保持令人赞叹的洁净。这不仅容易做到，而且几乎不可能不这样，因为：

一、户外总是十分清洁;二、在走进自己的住宅时,每个人都可以换鞋;三、住宅内取消了厨房和家庭作坊,任何地方都不存在导致肮脏的原因。由此,这种制度不可能带进任何昆虫,这是毋庸多说的。

大家晓得,目前室内陈设工艺已达到很高的水平。当商业因素从工业部门消失时,可以料想这方面要达到的新的成就。那时,为图外表而牺牲一切,以及大部分只求制造表面好看而不精致的东西,都失去了作用,也不会令人感到什么兴趣。由于劳动者将不受习惯做法、需要、赶做赶交的必要性、贪欲等等的驱使,他们会把工作引为自己的荣耀,从而专心致志地打磨自己所造的家具,精益求精。而共和国方面,则只会给他们提供最优质的材料。因此,个人的家具陈设从洁净、坚固、雅致等方面来看,将是再好不过的了。就美观而言,除了公共大厅的陈设,再没有什么会超过它的了。

根据这一点,并在有新式的弹簧褥垫(无疑这也会大大改进)的情况下,只要几分钟时间,就可以把每一个家料理得井井有条了。因此,料理家务将不再是一件苦差事,而是十分轻松的事情;应该认为,尽管总会有一些公民专管这项工作,但所有人都会养成自理家务的习惯。

然而我们的个人住宅制度,与一切别的制度不同的地方,那就是这些住宅几乎完全一式一样。这样,即使我们的公民仍像现制度下我们这些可怜的有恶习的人一样,品格各不相同,然而谁也绝对找不到抱怨的理由,这不是很明显的事吗?在结束本章时我们要指出,尽管如此,这种完全的一致性一点也不排斥多样性的美妙。

服　　装

无疑,没有人会想到共产主义不得不实行取消一切真正用于打扮的东西,不要首饰,也不要鲜花和香水。因为大家晓得,公有制的总原则之一,就是处处谋求必需、实用和称心。

然而,我强调这么一点,就是公有制的第一条规则是要一切都得服从于卫生和器官的发育,而不是服从于时式和浮华。且不说其他,由此就会避免由于服装式样层出不穷而必然导致的巨大浪费。虽然一般来说,所有服装都要相类似,但要善于把一致性与式样和花色的多样性结合起来。例如,不同年龄的人不是可以有不同的服装吗?儿童、成年人、青年人的服装以及壮年人与老年人的服装不是可以有差别吗?谁会禁止家庭便服、工作服、集会服装、节日服装等等的存在呢?

至于获得衣服的方式,我觉得没有比这更简单,尤其是更符合友爱精神的了。让所有各种各样的衣服都存放在各大型仓库之内,而仓库对一切人都是敞开的。不设任何看守人员看管:这种可怜的职业在平等者的共和国内已成为多余的了。但每个仓库应该有几个向导经常值班,热心向公民们提供他们所希望得到的情况。每个人都有权自由选取他所需要的东西。而且人们不必担心滥用职权会随着这样的自由而来。因为:一、既然所有服装都相同,那么,这种一致就必然消除一切任性挑选、嫉妒、追求打扮的行为;二、理性和教育会成为新的保障;三、最后,不用求助于法律,舆论已完全足以约束一切与良好秩序相违背的意图。此外,稍许的额外开支，在公有制的供应如此充足的仓库中是几乎感觉不出来的，这一点不是谁都很清楚吗？

至于修理，消费者是不大用得着自己去做的。他只要在衣帽间所特设的登记簿上写明他想修理什么就行了。

我还要指出，人们将不必再花费时间去量尺寸或试衣服了。现在从事小修小补的流动裁缝将加入普通工人的队伍。公有制既然考虑到制作各种身材的衣服，而且大部分是有伸缩性的，工人的流动就变得完全没有必要了。

第五章　工业法和农业法

“当凿子和梭子自动运转时，便不再需要奴隶了。”

——亚里士多德

现在差不多所有劳动都是令人筋疲力尽和使人反感的。假如去问一问各行各业的劳动者，那么，不沉痛地诉说自己悲惨生活的人是很少的。手工工人、农民、一天十五个钟头制造别针头的工人、无休无止地校对数目字的职员，久而久之由于单调的千篇一律的工作而变得迟钝起来。这种劳动麻醉和消磨着一切思想能力。大多数行业也差不多如此：整天量呢绒的商人，小杂货店里的店员，操练的士兵和指挥操练的军官，讲坛上的教师，为生存而工作的艺术家，从最低级直到最高级的国家受薪者，大部分人都因为这种天天如此、千篇一律的十分单调乏味的劳动而感到极端厌倦和疲劳。每个人都追求休息，只因为要满足由于赡养家庭，教育和安排子女等而日益增长的需要，才天天从事自己的活计。

游手好闲的人也不觉得自己幸福。他们常常只感到无聊和莫可名状的忧虑，以及厌腻和反感。

我们大多数道德家对这些可悲的后果只是肤浅地瞧一眼就下结论说：人的生性就是懒惰的。然而科学向我们证明，恰恰相反，人本质是爱活动的生物，如果说，有时候他醉心于游手好闲，那要责备的是劳动的单调和劳动组织的恶劣。确实，有许多空闲的人所热心从事的娱乐和休息，诸如钓鱼、打猎、做木工、整修钟表、操作机械等，这些对于被雇佣的人来说，都是真正的劳动，而且往往是十分繁重的劳动。而他们所有的人却毫无怨言地忍受寒热、饥渴和疲劳。

但是，一天十二个小时单独在自己的田里耕作的农民，其唯一动力只是为获得一小片面包；从早到晚一个人在阁楼里做活计的女工，其唯一动力也只是为了维持生存；一天十二个钟头弯腰屈背地伏在办公桌上的面黄肌瘦的职员，从事的是费力不讨好的工作。所有这些文明制度的贱民对于他们的日常工作只能感到深深的厌恶，这又有什么可奇怪的呢？

我们目前的社会，可以说是一个完全颠倒的世界。没有什么更能给我们展示出混乱景象的了。例如，使工人农民不堪重负的劳动，如果大家分担的话，便分成为一种乐事。然而，我们的贪欲却让他们在自己满头大汗为我们所创造的劳动果实和所生产的美妙物品当中，继续处于赤贫的状态。留给他们的仅仅是一点低劣的食物而已。他们却有着因贫困而产生的一切恶习，而对未来的恐惧，对于他们来说可能比当前的贫困还要难受！还有哪一个世纪比我们这个世纪更充满这类不道德行为、这类反常现象呢？江湖骗子、高利贷者、投机商人在金条上打滚，而生产维持生活的食粮的农民、使生活变得更美满的工人、艺术家和学者却在跳蚤、虱子上打滚！

再不要向我谈我们的所谓职业自由了。不然的话，我便引用一位博学的政论家的话来作补充：

“为什么不是全体公民都有人身自由呢？因为他们中间有些人受饥饿所迫而不得不在他们所遇到的第一个市场上去出卖自己。他们终身过着穷困潦倒的生活，经受着许许多多的苦难和过度的劳动。但是，事情就是这样安排的，假如他们试图解脱这种状况，那么，贫困就立刻向他们袭来，掐住他们的脖子，硬迫他们仍回复到原先的状况。生活对他们来说，就好比是荒漠中的一条道路；谁不得已踏上这条道路，谁就不幸，但是，谁要是胆敢离开这条道路，他就会更加不幸！的确，千百万人形成受惩罚的行列，络绎不绝地从这个世界经过，而他们却并不认识这个世界，也没有余暇往左右看一下；他们鱼贯地沿着狭窄的生活道路行进，忧郁、沮丧、沉默，身负重担，接踵地依次前行，彼此并不交谈，内心没有任何欢乐，而只是由于在同一个队伍中走同一条道路和呼吸同样的灰尘的习惯，他们才同自己的患难弟兄们发生了联系。他们除了等待这一天结束，以便明天重新开始同样的一天之外，便没有别的目的了。他们这些无发言权的不幸的贱民在我们当中走着自己的漫长道路，经受着苦难，因为他们只有在痛苦和死亡之间进行抉择，而人的本能是要避免死亡的。是的，他们在走着，不过，就如同在鞭笞的威胁下移动的奴隶一样，他们是在饥饿的威胁下前进。我再说一遍，这些人不是享受人身自由的公民。”（雷诺：《新百科全书》中的“资产阶级”条）

但是我已听到有人喊夸大其词和愤世嫉俗了！去你的吧，残酷无情的、硬心肠的乐观主义者！事实胜于雄辩，足以迫使这些人住口！请看一看这些豪华的工场和富有的工厂吧，这是你们的利己主义和你们仰慕的纪念碑。看一看所有这群被你们用贫困的铁项圈套在那里的无辜的囚徒吧！多么极度的疲劳，多么非人的折磨啊！……这些不幸的人，上身赤裸，气喘吁吁，汗流浃背，大部分的肌肉不停地抖动。他们已降到驮兽的地位，他们的模样令人害怕。看到他们这样在乌黑的烧得通红的火炉旁边痉挛地运动着，旁观的人觉得自己是做着一场沉重的噩梦，有时竟至以为是在参加魔鬼的夜会呢！

如果这些可怜的劳动者在走出这个可怕的火坑之时能得到必要的照顾，他们能够在清静房间之中的舒适床铺上休息，事先有人关心地为他们预备健身的沐浴，那该多好啊！……然而，我的恻隐之心和同情心要把我引到哪里去了？唉！在我们的百万富翁看来，人的生命有什么要紧呢！他们会为这么一点点小事操心吗?肮脏发臭、四处透风的走廊，腐烂发霉的乱草堆——这就在十九世纪劳动人民在极度疲劳后喘息一会并等候又轮到自己去干那累死人的苦役的处所！……只要他们还站得起来，他们就去干，在劳累中日渐消磨，就像他们所操纵的机器那样；最后，当他们的精力被过度劳动和疾病完全耗尽时，当他们的四肢由于某一次遭到不幸事故(唉！这种事故是如此之多!)，等等，而变成残废时——他们的主人的全部慈善行为不外是：有时为他们捐点贫民福利款，将他们投进阴惨惨的收容所或贫民救济院，而这种收容所或贫民救济院，对这些不幸的受害者来说，就仿佛是进入新的垃圾场！

野蛮人或征服者虐杀和劫掠他们的战败者，这无疑是可耻的，可是在某种程度上却是可以理解的。

"但是，借文明和人道的名义用贫困和饥饿去毁灭全体人民，硬要他们扛起过去压在奴隶身上的最沉重的负担，迫使他们满足于以肮脏的破布为衣，以草根树皮代替粮食，以清水作为饮料，还迫使他们在两眼未闭之前就得不停地劳动，否则就会饿死……啊！这种制度实在是所有暴政中最残酷的一种！！"（弗洛拉·特莉斯坦女士：《伦敦漫步》）

心灵受到这样沉重的创伤的人们，肆意咒骂那仿佛拿他们作为罪人加以虐待来取乐的社会制度；这些受贫困和绝望激发的不幸者（直至最胆怯的公民）有时狂怒地摇撼自己沉重的锁链，凄厉地高喊："不是活着工作，就是战斗而死！"这种情况又有什么奇怪呢？我再说一遍，即便他们向既定的习俗挑战，而还以为这只是接受挑战，那又有什么奇怪呢？

的确，他们的悲惨生活不是慢性的和惨痛的垂死挣扎折磨和不断的中毒，又有什么呢？当他们还在年华正茂的时期，就已经是弯腰屈背，憔悴衰萎，宛如荒漠中枯萎的植物一样倒下死去。他们的死亡，如果说不是被杀害，那又是什么呢？确实这种杀害行为，在我们的法典中是不曾加以记载的；与其把这种杀害行为归罪于人，还不如归罪于制度，但这却是千真万确的杀害，是用针刺一亿次的杀害啊！这一切是多么丑恶，多么可怕啊！这多么叫人触目惊心啊！当你想一想有这么多丑恶行为的时候，你难道不会想有一亿的声音在不停地对这种野蛮的文明大声疾呼：该死，真该死吗？

我刚才指出了当前工业制度的某些缺陷。但是，这是绝对不够的：问题主要是要指出救治之道。否则，我只是完成了我的任务的一小部分，而我这样做的结果只会使无声者的状况更加凄惨：我使他们愈发感到自己的灾难深重[①]，而却没有任何弥补的办法！

在公有制度下，人们的生存和娱乐所需要的一切劳动，都是受工业法和农业法支配进行的。然而，在这里预先说明一下，以便消除任何模棱两可；在我们未来的国家中，今后法律的属性将与目前为止所赋予它的大多数属性根本不同；现在，对法律一词的看法，通常把它与强制和压迫、刀剑和刽子手、监狱和苦刑连在一起！

当公有制将来完全生效时，法律将只是一种简单的规则，简单的建议。而司法官，认真地说来，只不过是传达者和向导而已。那时，可以说，事情都将自然而然地进行，因为，那时社会法律将是自然法律的真实而直接的表现。

然而，有些人对这个如此令人欣慰的学说总归要取得胜利却怕得要命。他们研究如何混淆一切，以便造谣中伤。也许，他们会很快来责备我，说我是无政府主义者，革命分子，可恶的糊涂虫。诽谤者们，闭住你们的嘴吧！我并不是要求今天就用暴力来打碎司法的准绳及其惩罚的手段，但是，事先向你们预言未来的某些奇迹，究竟有什么罪过呢？

现在我们回头来谈我们的工业法和农业法。让这两种法律永远具有特殊的组织性、指导性和分配性；让它们对于事情会作这样

① 不应由此得出结论：说我反对纯粹的批评。我认为，任何批评，就其有助于唤醒有关社会问题的观念这一方面来说，都是必要的。——原注

的安排：使得社会职务无论对哪一个人来说，都绝不会成为一种强制性的工作，任何时候都不会变成一种繁重的劳动，也不使某一个人的负担超过另一个人；让所有的人都由于感受乐趣的吸引，由于热爱平等、爱受公众的尊重等等，而负起劳动的使命。这就是任何有关劳动组织的制度所应赖以建立的巩固基础。

在深入考察这个主题之前，应该先来解决一个重大问题，这个问题人们用劳动分配的字眼儿来表述，到目前为止对它进行预断似乎是为时过早。

关于劳动的组织

我们已看到，任何强制的思想都是为本性所憎恶的。为使公有制完全和谐地发挥作用，不应该强迫公民接受某种职业，也不应对他们分配职业。公民应该自由选择自己的职业；他们应该自行从事不同的职业。

但是，怎样来取得这种辉煌的结果，社会科学怎样才能对这件事施加影响呢？——这就是现在要来解决的问题。

所有职务正如所有社会地位一样，其根源都在于教育；教育对人的整个一生产生巨大的影响（参看第十章）。因此，从幼年时代起，孩子们就要在学校中开始接受职业教育，这种教育绝不是纯理论的，而是实践性的。人们将教给他们关于各种事物的基本知识。他们的爱好、志趣和才能不久便开始表现出来；每个儿童都将被送到他自己选择的工场中，在那里热情地从事某种劳动。

学校毕业后，在一定年龄和一定日期，每个成年人都将庄严地响应自己亲爱的祖国的号召，在农业和工业的光荣队伍中占一席位置；新公民[①]是会极其愉快地马上去做的。

现在我转而来谈一谈我们的公共工场；但是在把读者引往那里去之前，先请读者记住并深入地领会下列的几条原则：

一、在公有制度下只存在劳动者；二、任何劳动都是同样光荣的社会职务；三、手工劳动要在自然和科学所确定的年龄开始和结束；四、儿童、病人和体弱者，不仅不强迫他们像现在这样去从事他们力不胜任的劳动，相反地，所有较年轻或更幸运的公民，即健壮的劳动者，将会友爱地邀请他们去休息。就是有劳动能力的人要想离开工作，也完全不需要勉强自己去履行手续，这类手续总是令人不好受的，因为履行手续就意味着有遭受拒绝的可能；他们完全不是遵命受强制来劳动的：他们全都受了不可遏止的冲动来参加劳动，其所以如此：一、是由于教育这个第二天性，可以说，教育使他们从吃奶时候起就养成这种习惯；二、是由于劳动的适度及其多样性；三、是由于劳动时间短，劳动时间长度全部不超过五六个小时；四、是由于工场的洁净和舒适；五、是由于他们使用的材料美观，以及工序不复杂；六、是由于机器的使用安排妥善，公有制度将借助于机器不断地力求使自然力愈来愈服从人的意志；七、是由于大规模聚会的吸引力以及对孤独的厌恶；八、是由于舆论力量强大，懒汉总是害怕舆论的抨击的；九、是由于希望博得公众尊崇的愿望；十、最后，是由于本能地和有理智地热爱平等和博爱。这种

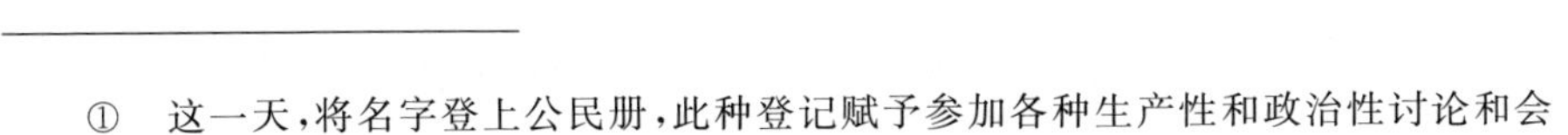

① 这一天，将名字登上公民册，此种登记赋予参加各种生产性和政治性讨论和会议的权利。——原注

热爱只有在统一的共和国内才会存在，它是一种崇高的感情，这种感情在大家心灵里唤起并使之经常保持着一种可以叫作理性魔力的高尚的激情!!!

这就是我拥护劳动解放的某些理由；请对这些理由加以注意，因为人们马上会看到它们大大有助于消除关于下面这类问题的各种反对意见，如选择职业的竞争，进行某些劳动可能给健康带来的危害、引起不卫生和危险等等；同时，我准备在以下各章中把我刚才申述过的见解，一一加以充实和阐明。

至于工场的组织方面，现在有三种意见：

“一、每个公民只从事一种职业，但应是完整而充分的职业。

“二、每一门职业将划分为若干工艺部门；谁都不再从事一种以上的工艺，也不再从事一门以上的职业，就像尤其在英国现已实行的那样。

“三、劳动实行分工；但是可以从事两个、三个、四个、五个不同工艺部门中的一部分工作，因为这些不同部分合起来顶多相当于一门职业各部分的总和。”

对前两种意见，特别是对其中第二种意见提出反驳，认为那样劳动将会极其单调，这是有道理的。另一方面，大家承认，分工方式有着迅速而完善的优越性。

至于第三种意见，我看，每个公民可以选择各种职务中的三至四个部分，其中农业部分亦包括在内，这并没有什么不方便。

这样一来，我不知道还有什么可以认真反对劳动分工的地方，因为在公有制度下，对于工业生产的新的管理在逻辑上就包含并牵涉到劳动分工。

工场的组织

为了便于执行工作和避免任何混乱，每个工场将分为几部分。

例子：印刷厂工作是由几个部分的劳动组成的，即：排字、拼版、印刷、管理，等等。因此，至少必须把工场分为四部分：一、管理办公室，同时负责校对；二、排字间；三、拼版间；四、印刷间。

这四个部分设在同一所房子内。每一部分与别的部分之间隔着由机械操纵的、轻便的、能随着升降的壁板。

但是，事情不是到此为止。每一种工艺几乎总是由整套类似的工作所组成的，而这些类似的工作相互之间具备必然的和不断的联系。例如，印刷、装帧、装订等等是印刷业的不同部门。其中每一个部门就分别设一个工场。重要的是使所有专业工场联合起来，彼此接近，集中在一起，以便利劳动者彼此间建立起有益而必需的相互联系。这些工作的最后总和便构成一个总工场。

因此，将会存在：工场各部分、专业工场和总工场。

另一个例子：裁缝业，特别是在小地方，通常不仅要制作每一件衣服的很多部分，而且还要制作各式各样的衣服。裁缝要缝制燕尾服、大礼服、裤子、背心，等等；他必须同时会剪裁、粗缝、缝制、密缝、熨平、把各部分拼接，等等，等等，而且所有这些枯燥乏味的操作往往是他于同一工作时间内在缝纫桌的一角里完成的。多么复杂啊！多么杂乱啊！多么碍事啊！而（请读者顺便注意一下）我们拿来举例的这一种职业所需要的配件，所需要的工具还是最少的。

因此，怪不得在某些职业中为了培养一个普通工人，就需要三年、四年甚至五年的训练了。

这跟我们的分工方式何等不同啊！

一、不出三个月差不多总足以学会从事某一种职务。

二、因为每个人在每一班工作中将只从事自己的一份劳动，所以谁也再用不着弄得杂乱无章，积压工具和商品，亦即制造一种同卫生法及良好管理相抵触的混乱现象。

因此，分工协作的劳动制度避免了一切弊病，而集中了其他制度的一切优点。这样的劳动不像纯然简单分工那样导致单调而且容易引起疲倦，它连在速度上也优于简单分工方式，因为一种工作对人的吸引力会使人精神饱满、愉快、活泼和机灵，而单调却总会或多或少令人反感和厌烦。单调会同时使身体和精神衰退，因为自然绝不会迁就违反其明智规律的人的。自然规律告诉我们，要依次地锻炼我们的全部肢体，以及我们人的一切构成部分。有一件事情已经得到证明：时间过长的体力劳动或脑力劳动会使人疲倦，久而久之还会造成迟钝，成为许多疾病的根源。一方面，它使我们的肢体和内部器官疲劳过度；另一方面，它会破坏体液，而且往往引起脑充血。

由此可见，再没有比过长时间连续干同一种工作更致命的了。顺便指出，目前不知有多少劳动，仅仅由于不间歇地去做，而又毫无消遣，以致带来慢性的、痛苦的死亡的！矿井劳动、化学品、化妆品、玻璃、铸铜、浇字等等之类的生产，即属于这种劳动。在我们未来的组织中，一切劳动都将免除危险，因为那时很容易跟他种职务交互进行。此外，每段劳动时间的长度，将缩减十分之八以上！

总之，由于所有这种令人信服的理由以及由于我认为不必再列举的其他许多理由，很显然，分工协作的劳动方式具有很多重大的优越性：

一、训练时间缩短四分之三，这甚至终将成为学校教育的组成部分。而且请注意，我们制度下的每个公民将不只会从事一种职务，而是能从事好几种职务。

二、有秩序，清洁，卫生，迅速，完善，节约。

三、我们全部才能的相继运用，在我看来，这是主要之点；即便某些地方和我刚才所证明的相反，还不及其他制度的话，仅仅这方面就显示出我们的分工方式的优越性。

四、这种分工协作的另一好处是，如果在统一公社中还有此需要的话，可以进一步密切兄弟般的关系，给行会精神以最后的打击，因为它使全体劳动者相继从事工业的职务或农业的职务。

此外，无论是工业或是农业，我们的公共工场总是具备娱乐和消遣的一切可能的条件，这点无须重述了。诚挚而愉快的交谈，悦耳的欢快的音乐，最后，许多响亮的、幸福的声音在电动器具声响的配合下热烈地汇成一片难以形容的大合唱！多少有力的手段可使劳动时刻令人着迷，可使所有心灵向最纯洁的爱情和友谊敞开啊！

但是，最后尤其使我们工业法的实行变得极为简单的是：在公有制度下，目前大部分的职业、科学、艺术、技艺将会消失，而且永远消失。

为使读者能够将现时的混乱与未来的秩序加以比较，我要对随着统一公社完全彻底的建立而即将被改变和取消的职业，迅速地作一个粗略的叙述。

应取消或改变的职业

一、街头卖艺者、卖唱者、剑术师、夜酒馆、咖啡馆、赌场和妓院等职业，均将被取消。

二、制造武器、短剑、匕首等等的工厂，均将被取消。

三、制锁业也差不多要完全被取消，这是一项不小的收获。顺便说说，现在有多少围墙、壁障以及其他粗笨碍事、有损健康的开关设备，原来都是私有制度必然的产物！这些房屋之间的许多铁栅栏好像勉强开恩似的赐予你光线、空气和阳光，就如古代人禁止犯人使用火和水一样，看到这种铁栅栏难道不觉得可耻和野蛮吗？

既然盗窃已成了完全不可能的事，为什么还需要这么多戒备，这样浪费人力和财力呢？

四、钟表业。只要几个塔钟和一些日晷就足够了，那时会很容易使这些计时器达到理想的完善和美观。

五、雨伞，木屐，马具。有了我们的街道走廊和我们的交通工具，对这三种工艺的需要，至少将减少十分之九。由于同样的理由，捡破烂这门职业，那是我们大城市中令人厌恶的烂疮之一，也将会完全消灭。

六、还有一大批所谓厨房用具的累赘的东西：炉子、洗碗槽、木桶、炒锅、小锅、唧筒、过滤器、蓄水池、铁器、陶瓷、各种各样的器皿，等等，等等，将取消百分之九十九。

七、法院。诉讼承办人、法学家、执行员、公证人、代理人、律师、鉴定人、仲裁人、调解委员，等等，其数目是如此之多，比往昔蹂躏埃及的大群蝗虫还更加可怕，他们附在申诉人的身上，无休止地竭力煽动仇恨，挑起诉讼和纠纷。这个吃人的阶层也要加以取消！取消！

我不谈其他大批的司法官、检察院官员、调解法官、书记官，以及奉命保卫这座称作法院的阴森殿堂的为数众多的低级职员了。公有制将使这些人重操较高尚而且更令人得到安慰的职业，并同时使许多不幸者获得劳动、安全和幸福！

我们现代法院中这种讨厌的必然情况，仅从经济角度来看，也是令人深为痛惜的。为了对这一切情形有一个概念，就需要知道，仅仅在巴黎一地，每天在调解法官的接待室和办公室，或为此而往返周折中，就要浪费掉一千多个工作日。而且，此项新的捐税大部分正是落在工人的身上。如果工人能够免于付诉讼费用，那就算非常幸运了。而当工人要和企业主讼争的时候，免付诉讼费的情况并不常见。

八、治疗医学。这门科学将差不多完全取消。那时，医疗和保健技术将限于大家熟悉的卫生学及很少用到的外科手术。这与现行制度比较起来将是何等的进步啊！在现行的制度下，如此长期的和认真的研讨，也仅仅带来微不足道的结果，对于改进人的本性只作出很少的贡献。其次（什么圣洁之处能免除公共道德败坏的啊！），医治自己兄弟的技术，本应是所有各门学科中最纯洁的一门，而现时却往往成了一种丑恶的职业，因为有不少狡猾的医生，在他自己的直接利益与他的顾客的利益之间进行选择时，由于受紧迫的需要所驱使，竟至毫无廉耻地玩弄手段，进行卑鄙龌龊的投机，可以说，竟一再使病者的病症复发，有时甚至注射病苗；总之一句话，他们要靠自己的病人的健康发财，我是想说，要靠他们的受害者的尸体发财！！！

九、僧侣。这将完全彻底废除之。

请计算一下，现时不仅在僧侣人员身上，而且在物质方面，例如寺院、教堂以及装饰、制法衣、维修等等，需要多少开支啊！你会看到，由于废除僧侣的结果将节省大量的金钱，而且这种废除完全符合健全的哲学！

公有制是一种非常神圣、非常实在的宗教，没有必要把维护它的道德的责任委托任何一个教派。这样的荒唐行为不会不带来某些危险的。

十、军队。我还要回头来谈论这个问题；我现在仅仅指出这一点（这是大家也都会了解的）：世界各国统治者现在以极其巨大费用维持的一千万到两千万被动员起来的人员，将会去完成比他们现在在消极服从中过活和为了与他们毫不相干的利益而像野兽般地互相厮杀要更伟大而崇高的使命。

十一、行政机关。在这个总名称之下，通常指的是政治、财政、教育等方面的不计其数的形形色色的官吏和职员：主任、督察、副督察、稽查，等等，这些人就如同吸血鬼一样附在国库之上，从中一滴滴地吮吸无产穷人的血汗。这种行政机关要予以废除。

十二、警察。这个不体面的助手是现行秩序的必需的工具之一，这一点是可以理解的；但是在公有制度下，我们平等人既不彼此检查，也不互相猜疑，因为大家都彼此相爱和热情地经常互助，还需要警察做什么呢？谁会因为看到这把具有许多秘密锋刃之剑被永远折断而感到恐惧呢？这把剑虽然握在一个长官的手中，但它锋利的尖端却伸向各处……它是一把不断地猛烈打击我们全部的公共自由和个人自由的残忍无情的剑！的确，当每个人能够高呼：警察已完全废除了，这将是大家感到幸福的一天！

十三、捐税制度。这可说是警察的小妹妹。请看一看她的三个最贪婪、最可恶的亲生子：进城税、关税、间接税；它们唯一的任务仿佛就是要使一切公民破产和遭受折磨！请看一看那一大帮稽查、检查员和监督员等吧。那帮人，就好比地狱中的女妖一样，在每个城市的入口处等待着你！请看一看这些人吧：他们手中拿着探测器，把你的一切衣物、全部行李都要加以搜查、翻转、检查、刺穿、弄毁、撕破，他们毫不担心，在他们漫不经心地加以蹂躏的物件中间，是不是偶然会有几幅科累热或达维德的名画！

因此，我们毫不担心地宣布新的死刑判决：捐税制度完全加以废除！

当然，拥有特权的国库大员们的伪善而贪婪的集团，所有与人民为敌的派系，都要大叫大嚷，说什么这就是渎神和革命，以此反对敢于起来同他们视为宝贝的舞弊行为作斗争的勇士，并把这种斗争叫做渎神行为。不过，我们的任务并未完成：我们还得向更可怕、更凶暴的怪物进攻，我指的是贸易，这是私有制的孪生兄弟。正如私有制一样，贸易从产生以来就不断地加深和扩大一切社会堕落的有害的浊流，就在大家的心灵中点燃起炽热的贪婪的欲火，激发人们贪得无厌的吝啬心！！！

不过我们还会再谈这个问题，我就此赶快把本章结束。

第五章（续）

"牧场和耕地就是国家的一对乳房。"

——絮利[1]

田间劳动的组织

"在同无经验的野蛮人比较之下，人们称颂我们农业方面的成就，对此加以赞赏。我们的愚蠢比我们无知的邻居少一些，难道这就是趋于完善了吗？虽然人们莫名其妙地说文明制度如何完善，可是它在不同的耕作门类中，例如在草原方面，却处在完全未开化的状态，而在具有重大利害关系的其他方面，尤其在水源和森林方面，我们还大大不如野蛮人。因为我们不限于像他们那样听任森林荒芜，不加开垦，而且我们还滥加砍伐、糟蹋，这样就使水土流失，山坡光秃和气候变坏。我们使资源枯竭，暴风雨增多，这种罪过从两方面破坏水土体系的秩序。我们的河流经常从一个极端走到另一极端，从水位的突然暴涨一变而为长时期的干涸，因而引起

---

① 絮利（Sully，1560—1641 年），法国男爵，他是亨利四世在内政、外交方面的顾问。

周期性的破坏。[1] 河里只能养很少量的鱼,而人们还竭力捕捉小鱼,以致使鱼的数量只达到河流所应繁殖的十分之一。由此可见,我们在管理水源和森林方面是不折不扣的野蛮人。

"另一方面,每个人都希望从自己的土地上收获他所必需的消费品,就在一块土地上密植二十来种作物,而那块土地最多只能容许这个数目的一半。一个农民要在那只利于种植谷类作物的土地上杂乱地种上小麦、葡萄、卷心菜、萝卜、苎麻和马铃薯。其次,整个村庄把本该种植各种不同作物、却又不能加以照顾使作物免被偷窃的一些边远土地专门划出来种植小麦。

"在和谐(应读作公有制)的条件下,耕作安排将完全按土地性质而定,而且没有什么东西会妨碍分配给每个人以适合于他的土地。为此,每类作物应同其他作物交错种植。例如,花坛和菜园原是安置在我们住宅区或距离住宅不远的地区的两个园地,这两种作物在公社内将不集中在宫殿周围和靠近宫殿的地区;这两种作物要在乡村中成行地或成丛、成段地来培植,而一直通到田间、果园、草地和森林中,因为这些地方的土壤适宜于种植这类作物;距离宫殿较远的果园也是如此,在宫殿的附近要有一些集中种植点,有一些小灌木和果树的行列通到菜园之内或安排在花卉和蔬菜的行列中间。"(傅立叶)

这段引文的第一部分是对我们当前的种植秩序的一个十分正确的批评;第二部分则仿佛就是为我们的统一公社而写的。我们平等人在所有自己的各种工作中,是会避免我刚才指出的荒芜土

① 试回想一下罗讷河与索恩河的泛滥及其可怕的后果。——原注

地和伐尽树木这两种极端的。他们不仅不会去重蹈许多民族的覆辙，把繁茂的自然界摧残到这种程度，[①]以致在很漂亮的乡村中间造成泥泞的沼泽，而且是将会经常运用各种技术和科学措施，来日益改进和美化全部土地。

至于调整和改进农业劳动条件的方法，将是再容易不过的事。每个人都将愉快地响应劳动指挥员向一切健壮公民发出的号召，自由地参加到某一农业劳动部门中去，从事园艺或农耕，等等。而劳动的极度细致分工，使所有的人都能够从事多种多样的劳动，从而增加劳动的吸引力。除此之外，加上牲口的更好利用，劳动方法和工具的改进，以及由于公有制度的潜能而实现的闲散现象的彻底消灭——所有这些良好的改进也将大大地减轻每个人的劳动。但是，最后彻底完全改变我们的农业体系、赋予它以充满吸引力的结构的，是新机器的发明，以及科学在新制度下必将使这些机器达到的完善程度。在新制度下，下述一切都将不断地促进才华的解放和成长，如：教育、余暇、公众的尊重、学习本身的吸引力、我们全部器官更正常和更和谐的发展、特别是对于未来的信心。因为如果没有这种信心，人在任何时候都不能完全属于自己，因而顶多只达到从属于卑微的观念！

凡是参观过我们大工业工厂的人，都能够判断人已经能够取得何等奇妙的成果！当什么也不再左右他的智力活动的时候，当

① 欧洲南部树木之被人伐尽，在很大程度上是由于个人利益的想法作祟之故；投机分子仅仅看到眼前利益和所得的利润；他完全不关心在他的这一代人以后将会怎样；就这方面来说，他跟森林中的野蛮居民并没有什么两样。野蛮居民为取得一棵树的树枝，一开始就把树干砍倒。——原注

他能把自己的智慧完全贡献给真正有益的事物的时候,又会发生什么情况呢?

不久前,《土伦人日报》把一位前任皇家近卫军军官发明新发射弹的消息作为奇迹加以颂扬。根据该报的描述,这是一种烈性炸弹,内中能够容纳各种各样的炮弹:燃烧弹、爆炸弹、火箭弹,等等,等等。这种炸弹会在其所投掷的地方造成惊人的破坏。

这种杀人凶器的成就,需要发明家运用多少办法或者付出多少脑力啊!……

让别人去大肆夸赞这类发明吧;至于我,我只能谴责乐于刺激科学去取得如此有害的成就的社会制度!我觉得,这个为和平服务的设计(制造新的机械镰刀),是更光荣、更值得鼓励的;《学界回声报》上个月曾报道了这件事,认为这是完全可能而且很容易实现的发明。依照《回声报》所阐述的设计(我这里略去一切详细情节),一个人驾一匹马在一天之内就可收割或收获三百六十公亩这样广大面积的作物。

而在公有制度下,还会有多少类似的别的发明很快地接踵而来啊!农业法就其精神来说,在于不断力求迅速地消灭耕作中还存在的疲劳和不卫生的最后残余。为此,人们将不惜任何代价。任何巧妙的发明都将立即加以应用。

例如,至目前为止,除了劳动过度之外,被认为是农业最致命的弊病无疑是:农民还受着许多恶劣气候的影响。在公社内,这种最后的缺陷将完全消除。因为:一、劳动者可自由决定选择最适宜的时间去从事自己的一切工作;二、他们可按需要自由乘坐带篷或敞篷的车辆到田间去;三、所有农活都将在可以移动的防雨的大帐篷下进行，同时这种大帐篷还具有一切合乎理想的优点：光亮、通风、甚至有取暖设备。不过后一种设备是很少有的，因为需要冬天从事的农活不多。

有些人肯定会对这后一种革新提出异议，他们会把这称作是稀奇古怪的设施，因为对于不学无术的人来说，这样做，远比花费力气去认真深究和钻研任何事物毕竟容易得多。但是，几声任性的而且往往是带有私心的吵嚷，对我的意见提不出任何反对的论据，又能够证明什么呢？

“在帐篷下耕地，这是何等荒诞啊！哪里去找所需要的许多麻布呢？”

你们的目光是多么短浅啊！难道增加或减少某种消费品的生产不是由负领导责任的主管机关来决定的吗？你们是否正确地比较过支出和收入呢？当土地分散状态不复存在时，在每块管理地依次耕种和收割就会很容易进行，因而，有三四个三百平方米大的帐篷[①]就足够满足每个公社的需要，这点你们是否知道呢？而现在有多少不必要的或犯罪性的浪费，怎么你们却不置一词呢？难道你们忘记了我刚草拟的那份应予取消的职业的名单吗？难道我们每年不是有许多只用于供廷臣们炫耀而使士兵们疲乏不堪的野营帐篷吗？

现在为了装备和供应海军，要消耗多少大麻、帆布和缆索啊！而在全世界博爱制度之下，则再不需要海军去执行任何任务了！

---

① 人们会觉得这里的计算只是个大概，而差误也并非关系重大的事情。——原注

甚至连商船队不是也会大大缩减吗？在兵营的装备和布置方面，在济贫院、感化院、牢房、苦役监狱等的建筑和维修方面，不是每天也要花许多开支吗？而在我们未来的国家中，这些东西都是完全不需要的。至于那些城堡和城市的防御工事，那些坚固的城垣，那些成为我们所谓文明所固有的痼疾之一的危险堡垒——难道所有这一切，请告诉我，连一个钱也不用花的吗？难道围绕着中国的万里长城是一天之内建成的吗？然而它也未能阻止英国人深入这个帝国的腹地。那些令人惊叹的豪华的陵墓(金字塔)，曾经使古埃及付出了多少血汗和生命啊！而这些东西只不过是下令建造它的法老们丑恶和暴政的纪念碑而已，同时它也显示出那些建造者的怯懦！[①] 甚至在今天，为完成那些杀人的堡垒，谁能够计算出有多少财富被葬送在巴黎的壕沟中？这些堡垒现在已经可以称作我们财政的滑铁卢了！

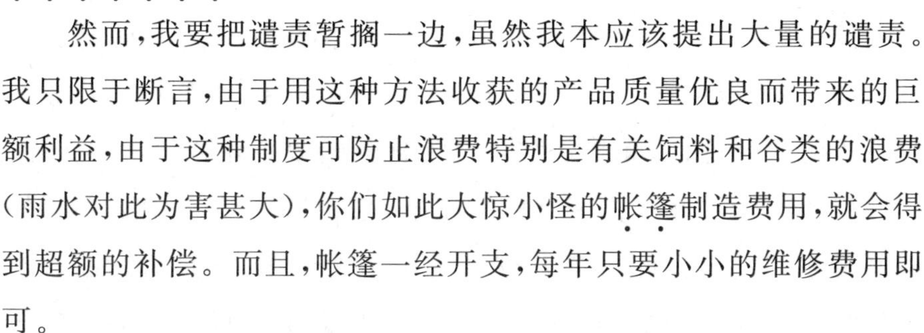

然而，我要把谴责暂搁一边，虽然我本应该提出大量的谴责。我只限于断言，由于用这种方法收获的产品质量优良而带来的巨额利益，由于这种制度可防止浪费特别是有关饲料和谷类的浪费(雨水对此为害甚大)，你们如此大惊小怪的帐篷制造费用，就会得到超额的补偿。而且，帐篷一经开支，每年只要小小的维修费用即可。

面对这种像实现了黄金时代的愿望似的奇妙结果，经过我所作的一番陈述之后，那些对于本章主题所提出的反对意见还剩下

① 据说，法老们曾把执行这种危险工作的责任交给特种囚犯的看守，这些看守负责用鞭笞迫使劳动者卖力。据某些专栏作者的叙述，路易十四建造凡尔赛宫时也采用了大致相似的方法。——原注

什么呢？不管怎样，让我们把这些意见归纳一下，我们照样跟它来个直接交锋。

反对意见——“在公民中间会为选择职业产生纠纷，你们工业中的多数职务将会一直空缺。”

答复——你们是说纠纷吗？不幸的人们！难道你们的心灵就这样不正常，以致你们一有机会就乱用这个可怕的字眼吗？怎么？难道健全和高尚的教育，难道各种职务的同等价值和吸引力，等等（参看本书第58—60页），都不能克服如此微不足道的困难吗？难道理性和博爱会聚一起也会被古怪的任性所打垮吗？怎么，蜜蜂、黄蜂、蜘蛛、蚂蚁、海狸都自由地、毫不勉强地把自己的劳动变成一种乐趣，在它们中间存在着完全的和谐一致，而只有人会依旧永远违背自然规律？

诡辩家们，你们的判断是一百倍错误的；你们对于人的理性是怎样想的啊？啊！享有特权的先生们，你们现在大可不必这样小题大做；你们以为在我们眼里看到了一根小稻草，你们在为这根小稻草大惊小怪之前，先拔去那久已使你们的眼睛化脓的大木头吧！

巴贝夫说：“在我们未来的制度下，很容易使大家了解，每天短时间的工作就可保证每个人过更愉快和无忧无虑的生活，而现在我们却不断受着忧虑的折磨。的确，这难道不是很明显的吗？凡是现在劳动到精疲力竭而收入很少的人，肯定是会对劳动少而收入多这一点表示赞同的。何况，这种反对意见是以过去所形成的令人悲痛的劳动观念为基础的。在我们的制度下，劳动合理地加以分配，而且普及于一切人，它将成为愉快的、令人感兴趣的事，谁都不希望而且不愿意逃避劳动。”

反对意见——“谁也不愿意去做劳累、肮脏、危险和令人厌恶的工作。”

答复——当然,我不想求助于傅立叶所发明的那种荒唐的献身者行会,以便在这种场合下摆脱困境:一个唯理论者只能寻求合乎自然的办法。人们错误地设想未来的人,以为我们的平等者会受现制度的一切幼稚行为、一切浅薄的竞争所支配。但是,纵然在这种情况下,为了杜绝抱怨的借口,难道没有办法在各种不同的工作中定出某种平衡和补偿吗?例如,可以通过减少或缩短工作时间来鼓励从事那些被认为条件差的职务。另一方面,难道不可以用抽签的办法来填补仍然缺额的位置吗?即使这两种方法还不够的话,困难也是微乎其微的。事实上,那时理性会作什么指示呢?作为理性指示的传声筒的法律又会作什么规定呢?它们的指示,谁也不可能提出异议,那就是:所有健壮的公民都应该人人按自己的力量共同从事这里所谈的各种劳动。这样一来,凡是那种假若只有几个人要从事的、最初可能显得劳累而令人不快的劳动,当整个公社都来参加的时候,就会变成仅仅是一种轻松的差事、一种真正的游戏了。

然而,我们为什么要为这种无根据的忧虑操心呢?何况公有制难道不会拥有惊人的机械和化学的手段来消除这一切障碍吗?会有一天(我认为这一天已经很近)光是机器和马匹就承担人所不愿做的全部工作,而人只需管理机器和驾驭马匹就行了;难道预见到这么一天就是狂妄吗?

我们的渡槽和下水道系统现在改进了多少啊!但是在我们平等公社中将又是另外一番情景。在这样的公社中,人们将不受信贷框框的限制，这种信贷往往是那些对这种事情完全外行的人事先表决通过的；那时没有任何人再对节约供应和削减供应，以及对斤斤计较劳动力等感兴趣了；总之一句话，那时中间人、官僚、职员和包工等阶层一概消灭了！

最令人厌恶的工作——淘粪，其本身性质将发生彻底变化。大约两年以前，我在《医学报》上读过一段报道，说是有两个著名的医生，似乎都是首都医学院的教授，曾向政府提出一项计划，其目的是要对巴黎的一切化粪池进行消毒。他们的办法是：通过地下排水管并借助于化学药品，使排泄物的含水部分恢复其原有的清洁而流入塞纳河；留在化粪池内的其余部分全部加以焙烧，便变成没有任何气味的肥田粉了。

就算政府不愿花这笔开支，好吧：我们是懂得怎样运用预算的！就算政府因极端尊重我们的自由而担心侵越工业的权利或侵犯住宅，由它去吧！然而在我们未来的公社中，所有这些讨厌的考虑都不会存在，而一切成就、一切可能性都会实现的！！！

但是，听任我的想象力受未来光辉灿烂的远景激发的时刻尚未到来；我还得回到批判的领域中，对我的经济方面的证明补充一些新的论据。既然此刻我交锋的对手是我们的社会制度，在它还有一口气的时候，我是绝不罢休的！

第六章 关于贸易

贸易完全是以虚伪的制度为基础的：欺骗、高利贷、垄断、投机、破产——这就是它的方式、手段及不可避免的后果！在这里发财致富不是靠才干，也不是靠正直，而只是靠侥幸取巧、狡猾、不正义、欺诈，靠价格涨落，靠证券投机。投机形成国家中的第二个政权；它通过利己的援助加重国债和公众的负担，把政府本身置于它直接影响之下。它是专门吸取一切精华的纯粹寄生虫。人们看到银行钱庄每年获得上亿万的利润。而同时却有多少因境遇不佳而破产的不幸者啊！罗特蔡尔德(Rotschild)不久前在巴黎不就仅仅靠拍卖行军床一天获利六百万吗？

特别是对于工业和农业来说，贸易真正成了神话中的秃鹫，它不断地啄食工农业的经常生长起来的肝脏和其他内脏。它使工农业凋敝，向工农业进行榨取，将其置于自己的控制之下，并把一切资本、一切生产工具都吸收到自己这方面来。

但是，在商人之间不是至少可以看到诚意与和睦吗？不。他们彼此间进行着激烈的斗争，在这种斗争中，通常是诚实而有良心的人成了战败者。差不多只有骗子手才有获得成功的机会，因为他们善于巧妙地了解习俗的所有奥妙，善于把最明白的事情搅混；他们只想玩弄阴谋诡计来欺骗大家；他们惯于利用人们的一切失算和错误。最后，当他们的背信弃义行为尽人皆知的时候，他们就厚颜无耻地不顾公愤，敢于躲在强词夺理和搬弄法律词句的庇护所中，如同躲进攻打不破的堡垒中一样。

有些无耻的骗子手，今天竟恬不知耻和大胆妄为到可以说是用合法手段组织诈骗和掠夺的地步，甚至把宣告破产的艺术加以系统化！

假如你想知道这些罗贝尔·马凯尔[①]之流是怎样在这方面玩弄手法的，那就来听一听他们的私下议论吧！

他们说，假如你不幸把事业弄得一败涂地，假如你债台高筑，这时你不要害怕，因为你正走上了发财致富的道路。比方说，你使得你所有的委托人和你的所有的供应者都忍耐不住了；宣告破产的时刻就快到来了；人们只同你谈论拒付期票的事！这就是决定性的时机；你要壮起胆子，决心一个个去拜访你的债主。开头他们会对你大发脾气，但是你要沉得住气，不久你就会看到，他们当中那些最暴跳如雷的人将逐渐软化下来。你要大胆地挖他们的伤疤，让他们明白，你现在剩下的只是微不足道的一点点东西，如果他们不识相的话，那你就要决心从明天起，甚至从今天起宣布自己破产了！你要把他们弄得所说的走投无路。然后再向他们解释，给他们一线希望，对他们说："你有一个好主顾，你所需要的只不过是时间和信用而已。"

简单说来，你的拜访的结果会怎么样呢？你答应分期偿还债

① 罗贝尔·马凯尔是本扎曼·安蒂耶和弗雷德里克·勒米特尔合著的同名剧本的主人公，是厚颜无耻的骗子手的典型，这个名字在法国被视为狡猾之徒和无耻小人的同义语。

务，而你的债主则答应耐心地等待和沉默，甚至在你作种种努力时还会帮助你和支持你。如果他本人不再向你贷款的话，你也可以完全相信，他会使别的易于受骗的人向你贷款，至少他会向人提供关于你为人正直和有支付能力的有利材料。

于是，你不但不致陷入贫困的田地，不但不再受许多侮辱性的嘲笑和日常的欺凌，如同和你相似的那许多名誉扫地的不幸的受害者每天所遇到的那样，而且你这时变得比任何时候都更宽裕，更受人尊敬了。

而且你玩弄的这类骗术愈多，你找到的债主、从而是热衷于为你致富效劳的仆役也就愈多。

只有一件事会引起你片刻的不安，那就是想到这一切可能以悲剧而告终，因为即使你蔑视名誉和正义，你起码也害怕法官。但是，你由于有发明的天才，马上会想出足以使你能够填满你的口袋和钱柜的新骗术，而不致给刑事法庭有责罚你的任何把柄。

假定说，你是个书商。好极了！你就向读者发出无数的新书预告和图书目录。在这些预告和书目中，你好心地宣布，你只接受名誉好的人的期票。你不久就招来成群的顾客，他们巴不得要为自己的良好名誉和自己的签字向你提供保证。可是，老实说，他们是不大打算给你什么别的东西的。这样一来，你的事情便办成了，因为你所追求的只有一件事，即不要人们在价格上来和你斤斤计较，也不要对你的征求订户的方式进行挑剔。在这里你认为怎样合适就怎样做吧！骗子手之间彼此只要半句话就可以心领神会。

交 易 手 续

你交售一千五百法郎的货物，但你使顾客在一张正式印花纸上签字，其格式如下：

1842 年 6 月 20 日，我应付给罗贝尔·马凯尔先生四千法郎，作为我所收到的商品的代价。1842 年 3 月 1 日于巴黎。

贝特朗(签字)

不消说，贝特朗先生和马凯尔先生彼此都很高兴地离开；一个不花钱获得了商品，另一个则刚赚到了二千五百法郎，因为贝特朗的支付能力无论怎样成问题，他的签字无论怎样靠不住，可是它对马凯尔来说，却代表着一种重要价值，有朝一日他会以法律名义，把它作为不折不扣的真金一样，迫使自己的债主加以接受。

现在，当你做成了许多这一类的交易后，如果有一天你遭受挫折，就不难像俗话所说的，带着相当的私藏溜之大吉，而这种做法也完全符合法制夫人的规定。[①] 随后，没有什么东西会妨碍你偶尔搓搓手、自言自语或对自己的亲人们说(像奥古斯都大帝那种做法)：“我的角色不是扮演得很好吗？戏演完了，鼓掌吧！”

至于小企业者，以及不愿过分触犯名誉准则或缺乏做这种事情的手腕和机会的人，贸易对他们来说，肯定不是一张铺满了玫瑰花

① 为了对这类招摇撞骗行为有个明确概念，必须了解，商人的所有交易不可能都像这笔交易那样下作的；反之，可靠的信用会形成周转基金，而破产者只要遇到几个同谋者，就足以达到自己的目的。他甚至会从我们刚读到的那种样式的大部分期票中取得某种利益。——原注

的床。有多少困难、顾虑和忧愁在不断地苦恼着你啊！付款期限啦，拒付票据啦，宣告破产啦，等等！正当你自以为把事情安排得天衣无缝、十分顺当的时候，有多少意外的不幸事件会来袭击你啊！只要有人在你的铺子对面开设一家新铺子，你的处境便受影响！危机、萧条、资金周转困难、火灾、大风暴，都会突然使你破产！何况，你不是经常处在银行家、经纪人、投机商、大厂主和大资本家的支配之下吗？为了让所有这些工业大王、银行富豪、金融巨头积聚千百万利润，以及恣意过着奢侈和荒淫的生活，需要在你们中间造成多少受害者啊？例如，试拿王家运输公司以及拉斐特和卡亚尔运输公司来说吧：有几百个、几千个小运输企业主能经得住他们可怕的竞争而生存下来呢？正如人们所说，有多少家族被那些先生打翻在地啊！再说，你没有看到，我们的垄断者们恶毒的贪欲远远没有减弱下来！请看一看现在巴黎所发生的事情吧：看一看那可怕的联盟，看一看那各种工业部门的最大巨头反对平民的联合吧！他们比任何时候都更卖力地把一切食物、一切产品集中到自己手里[①]而加以垄断。有的地方，那些葡萄园主们在酿酒公司的招牌下，共同开设货栈，并开设了许多减价的零售商店。这样一来，便排挤掉成千的小酒商，同样也破坏了其他所有人的买卖。另一些地方，则成立以占有木材、煤矿、薪炭等等为目的的总公司；不过我们总算幸运，还没有人结成黑帮来囤积马铃薯和谷类而使我们陷于饥饿的境地！还有，你看到那些规模宏大的形形色色的百货商店吗？那儿就是布荣大厦（这是不道德的当铺的不道德的竞争者），它那里正在如此厚

① 集中本身并不是一件坏事；正相反，而只是在行会性的集中的情况下，它所招来的垄断、压制和对抗的精神，才是坏事。我仅仅是从后一个角度来考察问题的。——原注

颜无耻地利用公众的灾难进行投机，快要吸尽手工业者的动产，因而，它本身又成了差不多使整个安托万市郊破产和贫困的新原因。

还可以举出多少其他这样的例子！它们全都显示出那构成当代保守主义者们主要特点的工业封建主义精神！

怎么？小工商业企业本身之间的倾轧和并吞难道还不够激烈吗？它们怎么能够抵御这些新的袭击呢？怎么能够同时既对自由竞争又对垄断……这两个张开许多张嘴的怪物猛烈的、不断的、频繁的攻击进行抵抗呢？这两个怪物必然会搞乱一切，破坏一切，最后直至他们之间相互吞噬为止！！！

垄断和对抗！……这两个泼妇是不知道她们的破坏行为有一个限度的。现在她们正在更大的范围内放毒。混乱和骚扰有增无已，而且斗争是打着丑恶的联邦主义的旗号进行的，因而会变得越加骇人听闻。请看：首先是甜菜压倒了甘蔗，我们北方的工厂给了我们的殖民地和海港以致命的打击，反过来也一样；[①]各省、市、乡

① 听到部长们、政治家们和所谓经济学家们为了夺得用极高价格在世界遥远地区购买那种手边就有而且价格低廉的东西的优先权，而认真地提出增加和扩大国库的巨额赤字的建议时，难道不觉得这是一种很奇怪的事吗？破坏当地正在繁荣的工业，因为相信在别的地方会得到更好的供应——在我看来，这并非完全无理之举。但是，难道情况真的是这样吗？难道能够肯定同殖民地的正常贸易会永久存在吗？

难道防止海战的可能性永远能够得到保证吗？关于这件事内阁是否取得了英国方面签了字的契约呢？

为什么这样使自己听任事变的摆布呢？为了什么呢？是为了维护那一群经纪人、银行家、买卖代理人，以及那一群充斥我们港口的多得不可胜数和非生产性的中间人吗？

还为了别的什么呢？是为了使殖民者，使这些可敬的海外暴君发财致富吗？而这些暴君是不会对任何不幸表示同情的。他们对于下人是没有怜悯心的，不幸的奴隶们稍不迎合他们的心意即遭鞭笞，并被残酷折磨致死。黑人法典把这些不幸的奴隶交给了他们，他们为殖民者干到最后一口气！为了要了解这些情形，应该读一读殖民者亚梅·诺埃尔案件中所披露出来的那种令人吃惊的冷酷野蛮行为的详情细节！——原注

镇都在彼此争夺优势；利布恩桥建造起来针对波尔多桥；某一条河流，某一条运河，某一条铁路，使某个地区富裕起来，同时却使其他几个地区破产——我们距离那种紧密团结，距离那种一切利益、一切意图、一切愿望和一切努力的完全融合还是如此的遥远。但是，只有这种融合才能消除我们的一切忧虑啊！

多少数不清的障碍，多少苦难的新根源都会随时随刻出现！还有税务的苛刻要求变本加厉地不断给体力劳动和脑力劳动以沉重的打击：专利证和许可证、进口税和转口税、国内生产税、动产税、门窗税，换言之，呼吸权税，等等，等等！现在要说到专制的关税界线了，这是某些进行竞争的民族联盟互相间施行的放逐敕令之类的东西。它是仇恨和纠纷的永久的起因。对此我们要补充的是，还有种种不公平的贸易协定，这是真正的波比里圆圈。[1] 在这里，最有势力和最狡猾的人禁锢和扼杀自己的一切竞争者，把他们从自己所垂涎的市场中驱逐出去。例如，著名的梅修因协定就是如此。这个协定，对法国贸易和法国在伊比利安半岛上的影响来说，就是德摩比利[2]隘口，而同时对葡萄牙来说，则是破产！！！

假如我对贸易制度的一切悲惨后果继续探讨下去，假如我要把这一切耻辱的、卑劣的、违反博爱的、自私自利的、贪婪的、吝啬的和骗人的东西，总之一句话，要把在唯利是图的有害精神影响下的社会制度最丑恶的烂疮，并且似乎已经达到登峰造极的不道德的东西都一一揭露出来，那我的叙述便永远无法结束！

① 这里是指强迫人接受某些人极其苛刻的条件的意思。

② 德摩比利是希腊北部和希腊中部之间的一道山隘。公元前480年波希战争时，希腊军队在此处全歼波斯侵略军。

使我久已深深感到震惊的、闻所未闻的事是：商人通常竟无动于衷地每日从事某些尽人皆知的诈骗行为、舞弊行为，而却把这种习以为常的作恶，如有意错量、错秤、索取高价、降低品质和造假货，等等，等等，简直看作是本领、才干，看作是经营技巧的组成部分！享有最诚实的声誉的商人也不鄙弃这一切。他要想把自己说成是正直的榜样，并自以为如此，想为自己造成和保持清教徒的最高声誉，他只要履行诺言，而尤其是到期偿付期票就行了。

但无论如何，有许多人不能了解某种社会制度可以没有贸易；他们把这种制度称作无生命的躯壳。是什么东西如此强烈地打动这些浅薄的头脑呢？他们赞美商业机构中的什么东西呢？是商业惊人的流动性和巨大的活动性，它把各式各样的东西从甲地转运到乙地，使之互通和流转。就这方面来说，他们是对的；不过，我们刚才已看到，这也正是它的反面。

何况，公有制难道不提供与贸易同等的优越性而同时却摆脱贸易的一切缺陷吗？是的，这是肯定无疑的。不过在这里，和在所有其他方面一样，必须采取吸收和排除的办法，也就是说要采取好的一面而抛弃坏的一面。

好的一面是：流动性和周转性；然而，就这点来说，我们的机构要比商业机构简单百倍，优越百倍。我在本书第 51—52 页中已成功地指出了这一点。坏的方面是：投机性、不稳定性、欺诈性、高利贷、垄断、对抗；还有倒闭、破产、挫折、忧虑、垮台、贫困、囤积和饥荒！

假如所有食品、商品、财富的流通不正常，假如人民大众死于饥饿、穷苦和贫困，那么，这些东西的丰富和堆积又有什么用处呢？

我们豪华的商店里堆满了极精致、极华丽的衣服，如果无产者穿不起，那跟他们有什么关系呢？

假如粮食价格不降低[①]，丰收和他们有什么关系呢？假如他们命里注定只能喝白水，那么所有主的地窖、酒窖和仓库里的美酒堆到放不下，又和他们有什么关系呢？

反之，难道你看不到少数人的奢侈同贫民的贫困这种经常的对照，只会使不幸者感到绝望和愤怒，只会在他们心中引起嫉妒和渴求、憎恨和复仇之念，而同时在富人的心中则产生轻蔑和骄傲、恐惧和统治的思想吗？

我最好从我们的一位最无畏的革命家于1774年所写的一部杰作中摘引如下的一段话，来结束这幅阴森凄惨的景象：

“唯利是图的思想使人把财富看作是至高无上的利益，所以大家心里都充满了追求黄金的欲望，当没有正当方式获得它的时候，就不惜采取任何卑劣和可耻的方法。于是便产生了特权公司。连国家的收入也包给包税人，以后，包税人便成了特权公司的首脑，而从公共的富源中谋取自己的私利。国家很快变成了非法的捐税征收人、金融家、包税人、贪污分子这些贪得无厌的吸血鬼的猎物。他们只靠盗窃、勒索和抢劫而生活，要把国家弄到破产以便攫取它最后的一点东西。商人、金融家、包税人、囤积者的公司经常产生成群的经纪人、兑换代理人、投机商，这些工业骑士不断寻找掠夺蠢材们的最好方式。他们专门散布谣言，以便抬高或降低有价证

① 我常听到商人们说丰收是一种灾难。前任议员西列斯·德·马林雅克曾不知羞耻地在讲坛上说过同样的话，并且要求阻止农业的发展。——原注

券的价格，用黄金的罗网去缚住他们的受骗者，并通过使公共信用扫地的办法而使资本家破产。大多数把自己绑在命运女神车轮上的阴谋家纷纷掉进无底深渊中；黄金欲使得他们用自己所有的东西去冒险，以便取得他们没有的东西，而贫困不久又使他们变成了最卑鄙的骗子手。他们随时准备卖身投靠，甘心为任何一个主子的事业效劳。

“淳朴和好客的民族所特有的温和与善良的美德，被可怕的利己主义的一切恶习：冷酷、粗暴、残忍、野蛮所取代；黄金欲使人心力交瘁；人们变得冷酷无情；他们不承认友谊的声音，断绝亲属的联系；一心只想着发财致富；连人类也加以出卖。

“至于投机分子集团在政治上的关系，情况是这样的：在每一个国家中，商人、金融家、包税人、银行所有主、联合养老储金会和贴现金库主持人、囤积者、证券经纪人、投机分子、空洞计划设计家、诈财勒索者，以及吮吸人民血液的吸血鬼们的各种集团——他们全都与政府有勾结，并且都是政府的最忠实的走狗。

“在君主国内，富人和穷人都不过是君主的帮凶。

“君主从贫民阶级获得大批雇佣的仆从，组成陆军、海军，以及一大群的密探、警察、看守所所长、间谍、告密人，用以压迫人民和钳制人民。

“而富豪阶级则提供特权阶层、高官显爵、司法官吏，甚至皇家的高级军官——总之一句话，提供一切有封号的奴隶、卑劣的宫廷打手。

“就这样，贸易把有产公民和无产公民都变成了压迫或奴役的工具。”（马拉：《奴隶制度的锁链》）

我刚才痛斥了贸易制度的一般流弊。关于这个问题的经济方面，我的题目的范围有限，不容许我涉及详细情节；这件工作，我让读者运用自己的智慧去思考吧。我现在只举出一个关于谷物的例子。

只要想一下每天对日用必需的粮食所采取的种种罪恶的措施，以及为了获得一片面包通常所经历的各种愚蠢的途径，这真是一件不可思议的事！

在谷物方面，自然和科学究竟给了我们一些什么指示呢？播种、耕耘、收获、磨粉、烤制。然而从贸易和税务的观点来看，这是不够的。你看，私有制精神使之采取了多么复杂的不信任和提防措施。

一、播种需要小麦种子。假如你要购买，那么，这种子便要加以称、量、装、卸、转运、存仓等等手续，只要你同贸易和海关打交道，就得这样。

二、在收获之后，不论是在交售、存仓、装运，或是可能要加以鉴定的时候，同样的手续总要反复二十次之多。

三、然后必须转到磨坊主的手里，于是同样的麻烦又要重复一遍。

四、最后，面粉进入面包房。这时又是没完没了的忙乱。搬运时，要量面粉和称生面团；警察局最近命令，甚至要求在每个面包上打上面包房的编号。在销到店铺里时，还必须一公斤、半公斤地重新过秤。在往外分售时（这种分售本身在我们公社内就不需要），也是同样的一套，因为面包商人如果没有自己的磅秤和砝码，就如同士兵没有制服一样，也是寸步难行的。还要加以补充的是，

面包商人经常感到烦恼，因为他每天都受到警察的光顾。警察在搜查假磅秤的借口下，可以干涉许多别的事情，把他的整个屋子搞得乱七八糟。

说实在的，当人们试着估量一下取代分散、取代贸易联邦制的公有制度会使人类避免何等巨大损失的时候，思绪就会茫然若失，内心就会充满愤怒。为了对此问题有一个哪怕是初步的观念，就必须对它的全部奥妙之处一一加以探求。多么杂乱无章啊！多么混乱啊！多么浪费啊！时间和精力的糟蹋多么重大啊！要花费多少无益而有害的劳动啊！总之一句话，多少混乱的现象永无休止地接连派生啊！

店员、职员、仆役、店铺的伙计、经纪人、掮客、运输代理人、出纳员、管账人，以及各种各样的不法商人和中间人，这一串数不胜数的人物和层次众多的等级，以及随之而来的其他许多同样可怜的职业和机构，如果这一切统统消灭了，结果会带来多么不可估量的节约啊！

可以很有把握地说，所有这些寄生人员只会使社会机器复杂化；只会阻挠富裕的车子前进，并把它推翻；只会使一切社会产品的公平分配和友好安排成为不可能。

为了完成这所奇形怪状的建筑物，贸易还给我们带来了新的最致命的灾难；我要说的是关于货币的发现。

你看，货币带着大批的随员行进：制造家、铸工、验金员、稽核员、管理员、检查员、职员、出纳员、会计、兑付助理员、车子和运输代理人、守卫员、看守人、宪兵、禁闭室、苦刑监狱、利剑和刽子手！这是潘多拉的致命的箱子，它很快用丧服、悲哀和不公平这三重帷幕笼罩整个世界！

可怕的黄金欲，你使不幸的人类陷入了多么有害的迷途啊！是你把人武装起来，使儿子反对老子、老子反对儿子，使哥哥反对弟弟、弟弟反对哥哥，使丈夫反对妻子、妻子反对丈夫！是你假借卡斯丹[①]的手蒸制最巧妙的毒药，并多次向两位慷慨的恩人敬献毒酒！你亵渎最神圣的宝藏，蹂躏坚定的信仰，疯狂地促使竞争的民族彼此敌对！又是你让一个贪婪的航海家受变化无常的自然力摆布，是你把人当作下贱的牲口出卖，使他们葬身于西伯利亚和新大陆的矿井之中，毫无恻隐之心地让他们受独裁者的压迫和指挥官的鞭笞！由于你的缘故，一个残酷的西班牙人背信弃义地几乎扼杀了整个美洲，他曾把赫瓦迪莫辛[②]绑在通红的火刑架上！由于你的缘故，弑父的兵士心灵中丧失了一切自然的情感，同时谋害父亲、祖国和人类！由于你的缘故，诈骗和掠夺、违法和狂热、谋杀和抢劫、奴役和残暴——所有一切罪过和罪行都找到了热情的崇拜者和可耻的雇佣刺客；假如你不在这里维持他们的卑劣行径和引导他们为非作歹，也许，他们会掉转那刚染满了他们同胞的鲜血的兵器，去反对他们所焚香祝祷的暴君。

① 卡斯丹(Castaing)是法国的一个医生，为了想继承一个有钱的公证人的财产，于 1822 年用毒药将这个公证人的两个儿子害死。

② 赫瓦迪莫辛(Guatimozin)是墨西哥末代国王，1521 年为西班牙南美开拓队的领队所俘。由于想从他口里知道藏匿财宝的地方，他曾受到酷刑的折磨。

第七章　分散制度和公有制度的比较[①]

在公有制度下，现在两千农户（约一万居民）所使用的两千个谷仓，将由一个巨大的、合乎卫生条件的谷仓所取代。仓内分成专门的单间，以存放每一种粮食，甚至每种不同的品种。屋子具备通风、干燥、保暖、方位等一切优越性；对此，一个乡村居民是不能够设想的，因为他那个小村庄的坐落位置就常常不适宜于保存食粮。我们的公社，恰恰相反，具备有利的场所，无论就整体来说或就个别部分——酒窖、谷仓等来说，都是如此。

同样，公社将只有一所存酒的房屋；对于油类和奶类也一样。酿酒区内的酒窖至多将有十只大酒桶，而不是两千只小的。即使假定收获分两次或三次进行，只要有十只大桶也就足以将葡萄按品质加以分类。那时情形会是这样的，由于公有制打消了关于盗窃的想法，便可到期才收获未熟、已熟、过熟这三类水果，而目前状况不得不把这三类成熟程度不同的水果混在一起，一次进行收获。而当分

① 这一章大部分袭用傅立叶的《论农业协作与家务协作》。虽然他的某些原则与我们的原则之间存在着一条鸿沟，可是在这种场合，我却不能不对他批判的力量和观察的准确性表示敬意。另一方面，正确的社会思想并不是极平常的东西，以致可以忽视在发现它的地方对之加以掌握。——原注

三个步骤进行收获的时候，便不会再有未熟和过熟的水果了。

至于盛酒的桶，只需五十只大桶就足以代替两千个家庭所用的几千只酒桶了。因而，除了节省二十分之十九的房屋以外，还在酒桶上得到惊人的节约。在当前的制度下，酒桶是价值昂贵、耗费甚巨的东西，因为往往花了极大的开支而不能保持各种酒桶的清洁。由于许许多多的疏忽致使酒类变质，而在统一的管理下，这些疏忽是可以避免的。

再没有比燃料的节约更为急迫的了。在公有制度下，会大量节约燃料。一个公社只有一个厨房，而不是两千个厨房；不过，可以设置专为牲畜做饲料的第二个厨房。[①]

在私人住宅取暖设备方面，节约也同样是巨大的。平等者的全部生活差不多都在大厅或公共工场中许多人聚集在一起度过，那儿所用的蒸汽炉每天至多烧上三四个小时也就够了。他们睡觉前才回家，在家里穿便服的时候，只要有一个小火盆也就行了。

何况，在公社内不会觉得冷。全部建筑物的主体内部都有不露天的用微火烤得相当暖和的走廊，这种四通八达的走廊是能够不受恶劣天气的侵袭的。

公有制的管理工作会带来许多其他的节约。一百个卖牛奶的妇人，每天要在城里消耗一早晨时间；一部不大的装上公社奶牛的牛奶桶的带弹簧座的车子就将代替这一百个人。一百个农民带着

① 这向我提供了一个新的机会，证明我们的制度，纵使从经济观点来看，也比其他任何种类的协作方式优越得多。就这方面来说，傅立叶被认作是最大胆的革新家，他假定有五个厨房：舒适的或特等的厨房、一等厨房、二等厨房、三等厨房和专为牲畜做饲料的厨房。——原注

他们的手推车，一共要在市场上和小酒馆里花去一百个工作日的时间，现在用三四部由两个人便足以驾驶的四轮运货车就代替了。只要有二三十个人来做公共膳食并料理平等者之家的琐细家务就足够了，而这就代替了两千个主妇。

现在，试就作为单一农场来管理的统一公社的种植，同那受两千个家庭任意支配的分散种植，来作一番比较。某一家把本该用于种植葡萄的坡地划作了牧场；另一家在宜于种植饲草的地里种上了小麦。这一个为了不购买粮食，便在那来年就要被大雨冲毁的陡坡上开荒；那一个则为了免得买酒，就在潮湿的平原上种植葡萄。两千个家庭浪费不少时间和金钱来建筑栅栏、篱笆、围墙和壕沟；他们豢养着大批的看守人，日夜守卫，饲养着许多恶狗来保护他们。但是有了这一切，他们仍得每天为地界和偷盗事件打官司。他们都拒绝去做可能会让自己所憎恶的邻居们得到好处的公益事业；每个人都竞相破坏森林，处处把纯粹的个人利益同公共福利对立起来。预防昆虫和兽类的措施毫无实际效果，因为广大居民不参与这一工作；虽然对狼进行围捕，可是这类野兽却仍然大批出没。假如你努力歼灭了你粮仓里的老鼠和各种各样的昆虫，你又会受到邻近谷仓和田野的老鼠和昆虫的袭击。在目前状况下，不可能通过总的措施加以清除，因为目下连清除毛虫都未能做到，尽管每年三令五申，可是从不实行。

我们看到，由于怕被人偷窃，而形成同时全部收获葡萄即所谓**整片收获**的习惯，这就降低了所有葡萄酒的质量。同样，因为怕被偷窃而不得不过早地收获，也使其他水果的质量受到损失。在人烟稠密的城市中，每个人都会看到市场充满了未熟的和极不利于健康的水果。假如你责备村民收获过早，残害植物，每个人都会回答说：假如我等到水果都熟了才摘，那时便会叫人偷光了。再者，因为收获不是时候，同时又没有为避免把未熟、已熟和过熟的水果混同对待而分三次采摘，所以很难、甚至不可能把水果保存好。在缺乏贮藏水果的良好设备和保存水果的科学方法的情况下，这种缺陷便使得水果只能保存住二十分之一，使这些作物只出产了二十分之一的果实。由于必须借贷，由于开支，由于担心受骗、被盗和得不到帮助，最后，由于分散的耕作制度所固有的一切缺陷，使人不愿种植，以致造成更大的破坏性的损失，可以估计这种损失达到收获量的二十倍。

渔业和狩猎业在公有制的管理之下，产量也同样会大为增长。

河鱼很有价值，它不需要任何照顾，而它的异常的繁殖力不像野兽的繁殖力那样会损害作物的收获。假如就间歇捕鱼，以及就每条河应保存的鱼量的问题达成协商一致，那么鱼类的资源该会何等丰富啊！这种一致乃是公有制度的属性之一。我曾听到一些可靠的专家说过，假如能够商定，仅在适当的时期内按照适于鱼类繁殖的数量来进行捕捞，假如只用竭泽而渔的四分之一时间来猎捕水獭，那么在一块小河流内平常年份会捕获比现在多二十倍的鱼。在公有制度下，谁会妨碍采取这一切措施，谁会妨碍甚至除产河鱼之外还产池鱼呢？这些活水塘分许多小池来保存和饲养各种鱼类。

自然科学家们在颂扬自然界的慷慨，它表现在：由于在鲱鱼繁殖时期有北极浮冰的屏障来保护鲱鱼免受我们追捕，因而每年有大量的鲱鱼成群地游到我们这里来。假定说没有这种屏障，我们

的船队任何时候都能通过北极的水流，并在其中进行捕鱼；毫无疑义，渔民的贪欲和嫉妒会使北方丧失这种丰富廉价的食品。这时，未必能捕获到现在鲱鱼数量的二十分之一，因为现在鲱鱼在这种冰块之下能够平安地繁殖，所以能保证给我们提供多二十倍的收入。

野禽和野兽同时是农村的装饰品和人民的财富，又是害虫的扑灭者。如果说应该避免使某几种禽兽繁殖过多，那么同样也应该防止把它们全部消灭。农民经常抱怨猎人云集，捕杀那些啄食小虫和其他昆虫的飞禽，以致使各种农作物都长满了毛虫。

希望有这样一种事物的秩序，在此秩序中，农业劳动比狩猎更富有吸引力。由此，狩猎将不被重视，而只降到必要的限度，这样就带来双重的利益：(一)无须任何操心，野禽和野兽的数量便会增加十分之九；(二)昆虫将会被消灭。

在关于节约和致富的这些论述中，我还未谈及主要的一点，即关于人和牲畜的健康和长寿，以及关于品种、特别是人种和马种的改良。培育这些生物需要花费很高的代价，然而，由于政治的过失，却使它们像蚊虫一样大批大批地死亡。

至于谈到人，那么很显然，节约在这里并不是最主要的方面。如果说，公有制使所有事物都达到最高的完善程度，那么，就体力、长寿和智力方面来说，人的完善程度至少要增加两倍。公有制(我们将在关于卫生一章中最后对此加以论证)有能力彻底根除一切传染病：黄热病、霍乱，等等，根除一切急性病和慢性病：痛风、寒热病、癫痫、麻风、癌症、风湿症，等等。这些病症都是由于我们联邦制和不平等的社会的整个不良组织所产生的。

至于牲畜，同样很难设想，各种不同的品种，例如马会改良到什么程度。如果说，我们在阿拉伯半岛已看到马的繁殖的情况，那么，假如给予适当的照料，它在什么地方繁殖不了呢？例如，像阿登这种区域的居民现在仅饲养一种驽马，其价格仅为一百法郎，经过十年将由现在价值三千法郎的骏马取而代之。所有公社集体甚至在不毛之地上都将拥有良种牲畜和优良的牧场。由此，经过十年的公有制，阿登在改良马种方面将使产值增加三十倍。羊、牛和其他牲畜的情况也一样，这些牲畜品种的改良到处都会带来惊人的利益。

就这方面来说，当一旦像当时拥有欧洲最优等羊毛的英国所实行的那样，借助普遍的和统一的猎捕，解除狼的威胁，而有可能在美妙的夏夜自由自在地牧羊时，绵羊将提供特别有价值的成果。但是，这种统一的猎捕，只有在公有制度下才有可能，才会获得可靠的成功。

公有制度还具备这么一种优越性，即能驯服和改良好几种迄今被认为不肯就范的动物。在为数众多的从来不能服从现代文明羁绊的动物科系中间，我们可以指出海狸、斑马和非洲野马。海狸会出产大量优良的皮毛，从而使社会集体富裕起来。斑马和非洲野马则是在速度和体力等方面都超过普通马匹的两种出色的驮兽。

总之，经过我在本章以及前几章中所作的论证之后，事情便非常清楚。如果把公有制度运用于工业、农业、生活等一切细节方面，那么，就整个管理来说，将会获得下列结果：

（一）节省开支十分之九以上；

（二）产量至少增加五倍；

（三）食品质量大大提高，尤其在卫生方面；

（四）劳动时间大为缩短，所有工作都变得异常轻快，等等，等等。

然而，指出下列一点不是无益的，即我并非提出冒险性的断言，也不是在夸大其意义，我只是举出一些不可反驳的论据来证实我们的体系而已。我仅仅阐述了我的见解和我的经济手段的一部分，而这些手段繁多而复杂，只有在实践中才能加以充分考察。例如，在我所列举的应该取消或加以改变的职业项目中，有许多行将消失或减少到最低限度的行业就完全没有谈及：如旧货商、小玩物商、牧人、牧羊人、看门人、监狱看守、大使及其随员、派驻外国的间谍、特别信使，等等，等等。至于邮政，它的管理机构将与其他类似的公共机构合并起来，而不致对公有制有任何损害，这一点在目前则是难于实现的。这样，无论在物资方面或人力方面都会取得重大的节约。因为，抽出来的人手将转用到其他工作上。我也还未提到清洁工、擦地板工、擦五金器具者、马夫、掏阴沟工等等。这类劳动在公有制度下将获得双重的好处，即它将失去其令人厌恶的特点，并且将缩减至二十分之一。我也不曾提及皮革业和制鞋业，根据我们街道走廊的安排和乘车骑马的便利条件，这两种行业将节省三分之二。那时靴鞋将是轻便、雅致和特别整洁的。就这方面来说，成衣的生产工序也会按劳动者的利益而作惊人的改进。

我本可以把这个可取消的职业名单大大补充；然而我认为，就我所谈过的这些已足够使一切好心肠的人深信不疑了。至于那些想对目前秩序与未来秩序进一步加以比较的人们，他们只需把工

艺和行业的一览表浏览一下就行了。他们会在我之后捡拾到劳动田野上的不少东西，也就是说，他们还会在那里找到许多需要加以铲除的杂草。

由此解决了“**指出消灭法国贫困之方法**”这个可怕的问题，**道德与政治科学研究院**为此悬赏征文达五年之久，可是毫无结果。

然而，这些**博学之士**不能解决这个问题，这又有什么可奇怪的呢？他们所要求的是不折不扣的奇迹！照他们的说法，他们希望根绝**贫困**，而他们却在不断地散布滋生贫困的种子——**私有制和分散性**。他们要废除后果，而却在推崇原因！也许，他们了解，这个有被其本身过分行为葬送之危险的社会[①]的基本缺陷何在，但是他们却深怕触动这些缺陷。他们对于现状确实感到不安，因为他们晓得，未来正孕育着暴风雨，然而他们却同一切罪恶妥协串通，并且自己也广泛地参与其事。那些冒牌的慈善家们还要更坏，他们竭力**支持混乱**，给它**打掩护**和**涂脂抹粉**，使它不显得那么丑恶；他们**调节**和**安排社会的一切非正义行为**，并将其载入他们的法律和法典之中！而且为使自己不择手段的勾当有更大效力和权威，他们恬不知耻地盗用人民的名义，盗用共和国的名义，来颁布反人民的法令！制宪会议、甚至国民公会的大多数贵族过去就是这样干的；目光短浅的老吉伦特党的继承者们，如果一旦政权在握，也会企图如法炮制。他们的机关报《国民报》是最卑劣、最声名狼藉、最落后和最有嫌疑的。

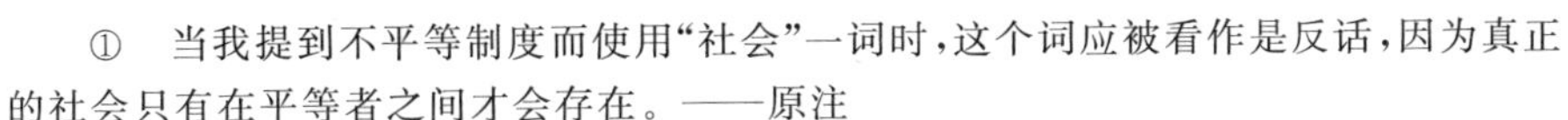

① 当我提到不平等制度而使用“社会”一词时，这个词应被看作是反话，因为真正的社会只有在平等者之间才会存在。——原注

第八章　哲学

要往无产者的头脑里灌输真理：你有责任给无产者进行这一洗礼！

要想奠定人民生存的基础，要想组织任何教育体系，我重复一遍，就必须从一种作为我们向导和指针的基本观念出发，即必须要有一种哲学。因此，在谈到教育这一重要的主题以前，我认为自己应该集中心思，先来说明几个哲学概念。

我请求读者暂时抛弃我们时代的偏见，而且，如有可能的话，设想自己置身于未来的公社。我特别请读者仔细读一读本书的这一部分，因为我所阐述的真理，彼此之间是互相渗透，互相联系，互相支持，相互协调，彼此紧扣的。

让我来打一个比方。

当钟表匠想使时钟走动时，他要把一切部件相称地装配起来。假如他偶然地忘记了某一个零件，假如不是所有的齿轮都安到应有的位置上，那么这个精巧的小机器便失去其效用；它就完全不走，或者走得不准。哲学方面的情况也是如此：正是从与哲学紧密联系的一切真理的关系、总和与和谐中，才发出智慧之光和产生坚定的信念。这种见解乃是所有我们共产主义哲学家和所有人类的真正朋友们的传统意见。所有这些伟大人物，当他们以坚决的语气呼吁时，即已深信这种见解：

一、康帕内拉在其《论三个骗子手》一文中说：“真理，无论它是什么性质的，任何时候都不会带来损害，而谬误，任凭它显得怎样无害而甚至有益，但归根结蒂，一定会产生非常有害的结果。”

二、卢梭在其《论人类不平等的起源》一书中说：“读者，请撇开自己的成见或骄傲，把我的话听完——我要把真理告诉人们，把我认为在自然界这部伟大的书中所读到的全部真理告诉人们。假如你不愿意听它，现在就请把这本书合上，等等。”

三、我们伟大的摩莱里在其《自然法典》的序言中说：“如果要读这本书，就应当先读完然后再提出异议。我既不愿意人家半听不听，也不愿意让有成见的人来评判。为了了解我，就必须放弃自己最珍视的偏见：请你摘掉这块面纱一分钟吧，你将愕然地发现，你认为从中汲取智慧的地方，正是一切灾祸和罪恶之根源。如果你的心灵和理智已经被通常的道德和政治的信条所迷惑，你既不愿意也不可能意识到其荒谬之处，那么，我就听凭你随这谬误之流而去：谁愿意受骗，就让他去受骗吧！”

《自然法典》第 47 页（魏尔哈得尔版）也谈到：“令人吃惊的是，眼看我们的道德——所有民族都几乎是相同的道德，正以公认的原则和行为准则的名义向我们发出那么多的谬论。这门科学，就其基本原理以及这些原理的结果来说，都应像数学本身那样简单而明了，却被如此之多的模糊而复杂的观念以及总是以错误为前提的主张所歪曲，以致似乎人的头脑几乎不可能摆脱这种混乱：它习惯于相信那些自己无能考察的东西。这就是偏见。这种盲目性

及其持续时间之长和难于纠正的总的原因在于：真理是一种如此精微、准确和敏锐的尺度，以至于稍有失误就会发生偏差，开始时，这种偏差极其微小，几乎看不出来，随之便迅速增大，其发展的速度和递进的程度比任何计算错误要大得多。但它有这么一点令人讨厌的不同之处，那就是：人愈犯错误，愈不以为自己有错。如果他一旦认识到迷误，那时这个迷宫的规模和异乎寻常的迂回曲折，就会使他害怕和不知所措；他就不能或不敢去寻找走出这个迷宫的路径。”

摩莱里接着（第49页）要求求出那个未知数以作为恢复真理的唯一手段；他要求公民确定的任何道德都要经受分析的考验；为此他呼吁一切认识由讨论产生；他直至把当时最重要的共和党人称作全部社会性的神圣方舟的东西，把他们奉为一切道德之基础的东西，都称之为毒物和腐败物。

甚至连伏尔泰、那骄傲的伏尔泰本人都不敢同他争夺哲学宝座的十八世纪最卓越的哲学家——不朽的爱尔维修，在《论智慧》一书中对这个问题也曾经说道：

“道德的真理只以极缓慢的波动扩展。它好比是一块石头落在湖心，在石头落下的地方，湖水便形成一个圆圈，这个圆圈本身则又包含在一连串更大的圆圈中。这些圆圈最后相继扩展到湖岸而破碎。……普遍的真理应该完整地表述出来：一切掩盖物都应该在公共利益面前去掉。唯有展示画面和给画面着色的方式才取决于我们的智慧。运用所有的配合手段，最后该会产生出理想的和完善的东西。真理是从矛盾和争论中产生的。”

我能够举出上百个其他的哲学家、特别是十八世纪所有的百科全书派。他们都曾把那些主张在任何方面限制辩论自由的人宣布为进步和启蒙的敌人。而且他们的原则在革命时期曾如此深入所有人的心灵，以致西哀士《试论成见》这本著名的小册子的发表，即足以使他自己在某种程度上同米拉波相提并论。西哀士在《试论成见》中要求有言无不尽的权利，不受任何条件的限制，并首先把任何反对自由研讨的学说都宣布为贵族的和敌视自由的学说。

且看他的几点论据：

“真理最初受到不好的对待，但是有识之士习惯于它，形成了舆论；人们终于觉察到，那开始曾被认作狂妄的空中楼阁的原则在付诸实施。假如作家们都不愿意被人称为狂人，那么现在世界上的智慧就会更少了，就几乎所有各方面的偏见来说，都是如此。

“我随处都遇到这样一种人。他们由于稳重，总想把真理加以零碎细分，或者同一时候只提出它的一小部分……真理的道路是应该由哲学家开辟到底的。他应该走到尽头，不然他就不可能保证这条道路真正是通向真理的道路。

“推进自己的事业的正确方式，并不是向自己的敌人隐瞒他们也像我们一样知道得很清楚的事情，而是要使大多数公民都对自己事业的正义性满怀信心。

“如果以为真理可以分割，它的每个部分都能够孤立起来，这样分成小部分才更易于灌输到人的意识中去，这就错了。不是的，深刻的震荡往往是必要的；为了发生永远留在人的心灵深处的强烈而激动人心的影响，真理应该全盘托出。

“你们说，大家还没有听你们的主张的思想准备，你们即将引起许多人的反感。就是应该要这样：最值得公布的真理，并不是人们已相当接近的真理，并不是人们准备接受的真理。不是的，正因

为真理愈是触犯偏见和个人利益，才愈有必要把它加以传播。

“真理只能慢慢地渗入到像一个民族那样广大的人群中，难道这不是人所共知的吗？在这件事情上必须花费极多的时间。难道不应该使那些被真理弄得局促不安的人有时间去习惯，使那些渴求接受真理的青年人有时间成材，而使老年人有可能失去一切影响吗？总之一句话，从播种到收获期不是得等一等吗？”

不过，这些原则都是起源于远古时代。荷马、伊壁鸠鲁、贺拉斯和卢克莱修等都曾说过，哲学的本质在于逐一探究自然的全部秘密，在探求真理方面，无论什么东西都不应令人裹足不前。维吉尔在一则奇妙的寓言中，曾拿一根能打开地狱大门并在转瞬间就使一切妖魔鬼怪驯服的金树枝来比喻真理。西塞罗在其《都斯库兰对话录》中曾对诡辩学派表示愤怒，因为诡辩学派想使最高真理局限于学者圈子[①]之内，而且严格防止把最高真理传授给世俗的

① 现在我面前放着一本叫作《共产主义宣传》的小册子。卡贝先生在这本著作中(真是料想不到的事！)宣传这么一些邪说，它们与我刚才列举的所有哲学家谴责的邪说相似。下面就是与本章主题有关的邪说基本内容：一、应该回避困难；二、哲学只是次要的问题；三、有些问题应该只是为学者们而阐述的，这些问题不应该为工人而写，也不应该同工人们讨论。这本小册子还包含有许多被《伊加利亚旅行记》和《平民杂志》本身所早已批驳的其他异端邪说，这是我在适当的机会将要顺便指出的。我暂时只对卡贝先生小册子中所包含的一切重大谎言提出抗议：他曲解、捏造、添加，采用隐蔽的暗射和比拟，等等——他毫不放过一个机会来反对《公有法典》，到现在《公有法典》仅出了六个分册，但是它在卡贝心目中却有不可饶恕的过失，因为它在同《伊加利亚旅行记》相竞争啊！卡贝先生还责备我，说我在他的城市和乡村体系方面硬把他本人所反对的意图加在他的头上。他要求我引证出他的话来。很奇怪，卡贝先生竟是如此健忘。读者只要读一读《伊加利亚旅行记》第二版的序言便会相信，我引述过了，并且是照原文引述的。我并不像卡贝先生所影射的那样，曾写过“牺牲”这一词；不但如此，我还对整个句子的两处地方提出怀疑：一、似乎；二、不重视——这种说法相当于如下的词语：成问题。——原注

平民(无产者)。西塞罗曾针对诡辩学派提出一句值得记住的格言:Necesse est philosophari, sed non paucis! 这句格言可以译为下列词句:“研究哲学是需要的,但是当哲学只为几个人所垄断时,当它得不到普及时,当忽视促使其深入人民群众中时,哲学就会变成灾难。”

的确,在我看来,科学乃是对立利益的一种最好的平衡锤;学识不多往往使人自私自利;而学识丰富总是唤起平等和博爱的感情的。

我请求读者原谅,为强调这些先决的想法竟花了这么多的时间;现在我就把精神集中在问题的实质上。

问:什么是哲学?

答:就是关于自然界所存在的事物的科学。

问:是否所有的人都能够理解哲学呢?

答:所有的人都能够成为哲学家,除了科学上称之为怪物的个别人例外,因为他们的某些器官已经阻塞、变质或紊乱。一切人都具有大致相同的从事智力活动的能力。但是,这种相等的能力在他们身上仅是一种潜能,如果它没有被欲望、特别是想获得公众尊敬的那种欲望所激发起来,(在公众尊敬并不排除物质福利的那些国度里)人们这种能力便无所作为。

问:然而,哲学该是一种非常复杂和困难的科学,因而只有智慧出众的人物才能理解,并且连他们不是也需要为此进行十五到二十年的认真学习吗?

答:复杂而不可理解的并不是哲学,而是诡辩家和政治家们用来偷换哲学的那种不像样的可笑行话和吓人呓语。至于你称作智慧出众的人物，他们的全部的出众才能都是劳动的果实；天赋才能，以及天生的美德和恶习，都是一种胡说。

问：哲学的目的是什么？

答：是要引导人们获得幸福。

问：您期望怎样才能获得这种结果呢？

答：借助于科学。当人们充分相信这一真理：幸福因素存在于自然之中，而且可以说俯拾皆是时；当他们了解，幸福是由许多如此不同的和彼此间如此和谐地联系着的事物所构成，以致有时只要一个人的漠不关心或恶意就足以使其他所有人遭受不幸时；当大家都获得同样的教育时——那时便真正确立起力量和影响的均衡，谁也不会再利用和他同等的人的愚昧无知来投机取巧了。相反地，大家都会了解社会和谐的强大力量，了解只有为公益而劳动，才能够获得个人的幸福。

问：但是，难道欲望不总是要使人们堕落的吗？您期望有一天怎样来铲除我们心灵中的一切欲望呢？

答：哲学不需要从人类的心灵中铲除任何一种欲望。欲望一词意味着发生作用的能力。其本身绝不是一件坏事；恰恰相反，欲望越得到满足，我们就愈幸福。欲望只有当受到不好的引导，以及最后被不良的社会组织所败坏时，才会构成罪恶或犯罪的行为。欲望淡薄会使人们成为平庸的人。只有受强烈欲望所鼓舞的天才，才会完成伟大的事业。因此，只要全部欲望协调一致，具有强烈欲望便是一种幸福。要在各种欲望之间建立起恰当的和谐，不要担心会因此而失调。假如使希望同恐惧平衡起来，使荣誉问题同热爱生活平衡起来，使热爱生活同幸福和自由的愿望以及人类的尊严感平衡起来，使放荡享乐的倾向同其他娱乐以及对健康的关心平衡起来，那么，不论是淫荡的人也好，酒鬼也好，莽汉和懦夫也好，你便会连一个都看不到！而目前，那些没有指望得到任何合乎道德的和有利于健康的休息以摆脱这种放纵行为的不幸的贱民，沉溺于酗酒和放荡生活；他们在某种程度上不得不借酒消愁，不得不使自己降到动物的地步，为的是不至于太痛苦地感受自己的可怕处境，正如我们上流社会的淫荡之徒终日沉溺于享乐和纵欲的旋涡之中，以便忘却自己的忧虑和恐惧，或者借以排遣苦闷和无聊一样；对于这一切，又有什么可奇怪的呢？反之，正如在公有制度下所必然发生的那样，我们假定，人的活动将不只是完全集中在某一种或两种欲望上，而将是扩展和分散到所有各种欲望之间。那时，谁都不会再受那些使人的身体和智力受刺激、迟钝、衰萎和发展异常的古怪欲望的危害了。人们将只具有正常的和健康的欲望，这是本性所承认并受本性所支配的。让不学无术之徒和剥削者去猛烈攻击欲望吧；这一点向来成了神甫和政客们为他们的专制法律辩护的口实。我们要当心，别加入他们的合唱团！

确实，提出消灭欲望，岂不是荒谬绝顶的行为吗？这是虔诚教徒的美妙计划，他像鬼迷心窍似的折磨自己，要使自己没有任何愿望，没有任何爱，没有任何感受。这种人，假使他能够做到这点，到头来就会变成一个真正的怪物！没有欲望的人民是怯懦和愚笨的。它不会有力量，不会有勇气，不会有魄力，不会有决心，也不会有热情。假如它不是已经成了奴隶，便会成为征服的对象，或者成为企图奴役它的第一个大胆妄为之徒的牺牲品！

我把人的欲望比作一道激流。你愈筑堤阻拦它，它便愈令人可怕；它会悄悄地最后把最坚固的堤岸冲垮；它会不断地造成某些缺口。人们要经常地监视着整个堤岸，并且眼看某一段石壁刚修好时，另一段又倒塌了，这是一件多么困难、多么令人忧虑、多么令人苦恼的工作啊！反之，你给激流开凿许多水渠，让急流沿着这些把它分成几条支流的水渠流去，那么，这种在前一天还到处带来惊惶和贫困、破坏和慌乱，还冲碎、淹没和席卷它流过之处所遇到的一切东西的怒涛，就会突然变成平静的溪流，从此使田地肥沃，给农民带来欢乐。

问：那么，依照您的说法，所有的人一生下来就都是善良的吗？

答：我多么乐意来证明所有的人都是善良的啊！但是，在我使他们深信他们都是这样的人时，就会减弱他们要成为好人的热情：我宣布他们是好人，就会使他们成为坏人。人一生下来，既未具有才能和恶习，也不具备美德；他仅具有能力和需要。他同外部世界的关系使这些需要变成活动的动力。自爱是我们全部动力的总和，是欲望之树的主干。而各种欲望，可以说仅仅是它的树枝；它的必要的根子深扎于感觉之中。任何一个人，要使他通常不多想自己而多想别人，从而不喜爱自己而更喜爱他人，这是不可能的。爱尔维修说，对自爱的表现表示愤怒，就等于是抱怨春季的阵雨，抱怨夏季的炎热，抱怨秋季的霪雨和冬季的冰霜。

摩莱里说："自爱是推动我们向善的总动力，它是欲望的源泉，各种欲望是由使我们接近或离开自爱的那种力量的程度而得名的。那么，我们的心是什么呢？是对我们本身的爱；爱是一切欲望之根源；一切欲望都从属于爱，或者更确切地说，所有欲望都无非是因不同情况而多样化了的爱，而这些不同情况则是伴随着为爱所追求的善而来的。看来与爱多么对立的憎,不过是一种反射的爱。某种事物其所以是恶并且引起憎,只是因为它与爱所寻求的善相对立。由此便发生这种情形:这两种表面上效果如此不同的动力,使人在心灵中产生各种从属于它们的同样的欲望,例如,希望、恐惧、愉快、悲愁、绝望。所赋予各种欲望的不同名称,只是用来表达爱所感受的激烈程度,表达它依照不同情况所采取的不同形式而已。心灵总是或多或少地受这些从属的欲望中的某一种所激动,因为它在任何时候都不能没有爱而存在。心灵如同火焰一样,当失掉养料时,它就会慢慢衰竭。那时它便力求重获最初的活力,而眷恋于一切能够支持它的事物:它的积极性使它趋善而避恶。"

问:您刚才说自爱是人的主要倾向,这不是在宣传利己主义和战争吗?如果每个人都只想到自己,如果谁都不为别人而献身,社会会变成什么样子呢?

答:您曲解了我的话的意思。我说过,自爱是我们总的动力,我们的一切欲望都归结和融合在这一动力之中。但是,是否应该由此得出结论,说人就得彼此分离或互相斗争呢?恰恰相反。人们彼此都互相需要,绝对的互相需要;由此,天性便养成我们的自爱心准备作明显的牺牲,养成我们重视相互的关系。人之所以富于感觉,只是因为他能够获得幸福;他之所以通情达理,只是因为他富于感觉。我由于自己的理性和感觉的作用,才在自己心中体会到怜悯、感激、爱之需要、恐惧、希望、爱受公众敬重,以及追求竞赛等;这对我们的利己主义是何等的限制,对博爱是何等的激励啊!

问:您反对利己主义和献身精神,那么您究竟以什么来奠定人的行动的基础呢？

答：不论是献身精神或利己主义都不是天然的动力，这是两个极端，理性、博爱、平等则是这两个极端的适中物。换句话说，在私利、唯我、愚昧（这三个词相等）与无我、献身、牺牲、克己（这些字眼是同义语）之间有着自己和别人，这就是社会性的唯一合理的表现。自己和别人，这究竟是什么呢？不就是使同一种生物相互接近的同情感吗？不就是那种达理的、开明的、妥帖的利害关系吗？这种利害关系告诉我们，我们的需要总是在某种程度上超出我们个人能力的限度的；由此人出于爱或出于某种考虑，便把自己和别人同等看待，每个人也就宛如忘记自己，从而形成整体的意识，并总是追求公共利益以期达到个人的幸福。

我知道得很清楚，现在，自爱往往不可避免地使我们沾染许多恶习；我还要更进一步地说，我同意爱尔维修的话，凡是担保他在任何情况下都保持住自己的美德的人，都是骗子或蠢材，而对这种人是同样应该提防的。但是，这证明什么呢？这不是证明必须赶快把那个在公民利益之间、在个人幸福与国家利益之间挖一道鸿沟，以致造成如此有害情况的社会秩序加以改造吗？所以，我总是像亚里士多德那样大声疾呼："不要依据堕落的人，而要依据按自然规律行事的人来判断什么是合乎本性的。"在坏政府的统治下，本性和教育不足以使人们养成美德，因为人们总想获得幸福，而美德却一点也不导致幸福！这就是恶的根源的所在。但是，假定说法律、风俗、教育，总之一句话，假定说整个社会组织都不复违抗自然规律，那么你便会深信这一真理：我们的欲望不外是一些社会属性，立法者可以按自己的意向使这些社会属性导致共同的不幸或者导致共同的幸福！

问：您认为美德在于什么呢？

答：美德绝不是迫使人去作自我牺牲，它在于：我们各种欲望的总和是那么符合于公共利益，以致我们总是要做好事。

问：但是这样一来，您便取消了功绩和罪过，您把人变成了消极的工具，变成了没有自由的生物。

答：使人的自由局限于其本性的范围，是意味着服从那保全人类、使人类安宁幸福的规律，而绝不等于取消人的自由。Salus Suprema lex！拯救是最高的法律——这就是古代智慧的第一条公理。至于责备我取消功绩和罪过，我认为您的指责太离奇了，不能不予以答复。目前，人们无限感激那些遵守正直和善意信条的人，这是对的；但是，难道这不就是我们社会机体组织得不好的最显而易见的证明吗？难道一个人因为他不是背信弃义者，不是叛徒，不是小偷和强盗，就值得称赞吗？难道他应该处于促使其犯这类罪行的危险境地吗？由于在我们所主张的制度下，作恶将是一种极坏的盘算，而行善则是非常容易的事，以致关于恶行和美德、功绩和罪过的观念将日益减弱，到了最后，这些词本身将从语言中消失，那时自由、平等、博爱、共同幸福会成为语言的骄傲（因为这些词包含着真理）；惟其如此，像某些伪君子所做的那样，竟责备共产主义者不道德，这岂不是荒谬透顶吗？

唉，不幸的人们呀！你们非要罪犯和牺牲品不可吗？难道你们的圣徒日历和你们的美德表，对人类来说，不就是殉难和耻辱的记录吗？举慈善行为为例，难道这不就表明垄断和掠夺的存在吗？莫里哀作品中的医生总希望自己的病人有各种各样的创伤和病

症，以便得到对病人加以关怀的愉快，难道你们不正是和这种医生具有同样的想法吗？你们不是同那个每天晚上出去用短剑伤人，以便有机会炫耀自己的手术和表明自己热心为人民服务的另一位慈善家医生相似吗？

问：我承认，毒害或激发我们的欲望，迫使人去行善或作恶、去犯罪或积德，通常都依社会制度为转移。但是，在这些欲望中间，有一种欲望却常常引起最凶残的纠纷，招致最骇人听闻的惨剧。这种可怕的欲望就是爱情，社会权力的全部力量不断在它的面前撞得粉碎！

答：在我所定的规则中，不把任何一种欲望作为例外。当爱情保持均衡并得到很好的诱导时，当自由、平等、博爱和理性的王国代替了不平等、强制、吝啬、野心、嫉妒和愚昧的王国时，爱情并不会比其他任何欲望更危险或更有破坏性。目前，爱情是许多悲剧的原因，它引起许多犯罪行为。为什么呢？因为你们不让爱情得到合理的发展，而只晓得压抑和强制它。你们的道德和你们的荒谬法律想窒息我们心灵中的最温柔、最平和而同时又是最强烈的感情，窒息它的呼吸、它的生命，而这都是为了体面的外表。你们的道德和法律要使爱情和别的欲望一样，服从对黄金的崇拜，服从关于荣誉、等级和职位的偏见，因为它们预料到，如果使爱情获得自由，爱情便不可能同所有这些虚妄的东西相协调。正是为了要支配爱情，它们才使它变成放肆的淫荡行为。在贞节和婚姻义务的名义下，到处都存在着，特别是在有产阶级中间存在着可怕的强制和可耻的混乱关系。有多少年轻貌美、可爱活泼的姑娘，因为没有财产，而不得不每天屈从于阴沉衰朽的老人那种丑恶的淫荡行为和讨厌而暴虐的嫉妒的权威之下啊！有多少具有美妙、活泼而高尚的想象力、心灵充满温存和爱情的妇女，被人搂住而紧贴着那颗无情的、邪恶的、只为卑劣的私利而跳动的心，因而感到胆战心惊的啊！另一方面，又有多少年轻的荡子把自己妻子的嫁妆滥花在酗酒和狂嫖上！这种嫁妆是曾使他们做出虚伪的誓言的唯一的东西。

在说明这些情形之后，那么对于许多通奸、杀害婴儿、谋杀、服毒等等事件又有什么可奇怪的呢？每天都有一些人，他们想到要永远和丑恶僵尸结合在一起而无法忍受，因而达到疯狂的状态，竟至失去了理智，用犯罪的方法来解脱他们无法用其他方式解脱的枷锁。对于这种事情又有什么可奇怪的呢？他们在自己伤痕累累的心灵深处，认为这是通过唯一还敞开着的大门逃出地狱的途径！因为，大家知道，女子嫁给对她没有爱情的男人，便是投到了饿兽的怀抱；男子同不爱他的妇女结婚，便是把毒蛇抱在自己的怀中！

在这方面，谁不会联想到拉法热夫人的丑不堪言的诉讼案件呢？自然，我绝没有赞扬上流社会的这种女主角的意思，但是我也同样无法抛开对她惨遭不幸的怜悯心。确实，谁能否认，她的罪行已经一字一句地载入这种关于婚姻不得解除的野蛮法律、这种毫不顾及最强有力的自然感情的法律之中呢？我很想知道，假如在判决宣布之后，这个被判罪者突然站起来，向自己的法官投以鄙视而愤怒的目光，我再说一遍，假如她不是作那种申明自己无辜的徒劳无益的陈述，而是作为一个控诉者用阴郁而高亢的声调向听众们说出这样一段话：

“不错，我杀害了拉法热！是的，我的犯罪的手曾一滴一滴地给他注入了慢性的、痛苦的死亡！但是，我给予我丈夫的毒药——是你，唉，可诅咒的社会，是你使我有这个念头的！……咳！悲痛和情欲使我处于神志混乱状态，我的心灵掀起了强烈的风暴，在这种情况下，我怎么能够很好地了解我的罪行的全部悲剧呢？……而你，奸诈而凶残的社会，你对我这样冷酷地杀害能提出什么辩解的理由呢？不错，你要报仇，为人类报可怕的杀夫行为之仇！但是，文明，你这脱胎于野蛮的女儿，唉，你比你的妈妈还更加野蛮，谁会因为你杀害了你的牺牲品而惩罚你呀!!!"我真想知道，这时，她的宣判者会保持怎样的态度，而所有在座的人又会产生什么感情呢？

问：我同意，您刚才所指出的一切犯罪行为，一切可怕的谬误，都可以归咎于我们的婚姻法。但是，有什么办法呢？难道您想打破家庭关系，废除婚姻制度而建立两性的杂交吧？

答：这是对共产主义者的诽谤，但它是不大经得起检验的。杂交一词系表示混乱的杂处、偶然的婚姻、选配不当的结合。假如我们对于所有这些怪事还会有一点儿兴趣的话，那么，我们当然就无须摆脱目前的状况了，因为世界在任何时候都不会在这方面提供如此杂乱的现象。然而，有什么人比共产主义者更厌恶这种状况呢？共产主义者是从来不把爱无限制的自由同爱最完善的制度分开的。他们使自己的一切行动服从自然、理性和科学的支配，无论在肉体方面或精神方面都是坚定不移地反对任何的杂乱的。再说一遍，让我们永远打掉这一侮辱性的诽谤，而把保守主义者的卑鄙无耻的责难奉还给他们。不过，这里却提出三个新的问题：婚姻、父子关系、家庭。我想对这些问题加以更广泛的考察。

公有制反对者们在所有其他方面都遭到了失败，当他们有时终于胆敢打破缄默的时候，就拼命地抓住这三个问题。由于他们几乎是所有报刊的主人，他们期望借助于谎言、诡辩和中伤，来把这些问题搅混。其中有些人，由于自己的傲慢和狂妄，可能还幻想取得双重的胜利：一、歪曲舆论，把公有制度说成是一种可憎而又滑稽可笑的制度；二、在民主主义者与共产主义者中间散布纠纷的因素。

这些不明事理的人啊！他们不晓得，现在任谁都窒息不了思想；自由的火炬一旦放射光辉，谎言的宝座立刻就在其濒于坍塌的基础上动摇；尽管谬误还能维持于一时，那也不过像死去很久的人的尸体，只要轻轻地一吹就会化成灰烬。这方面的情况也将如此。为使我们所有虚弱的诽谤者声誉扫地，我只要能给他们一个答复就够了；在偏见和无知的恶魔同理性之神之间的殊死决斗中，我需要的只是自己的一部分战场和阳光！

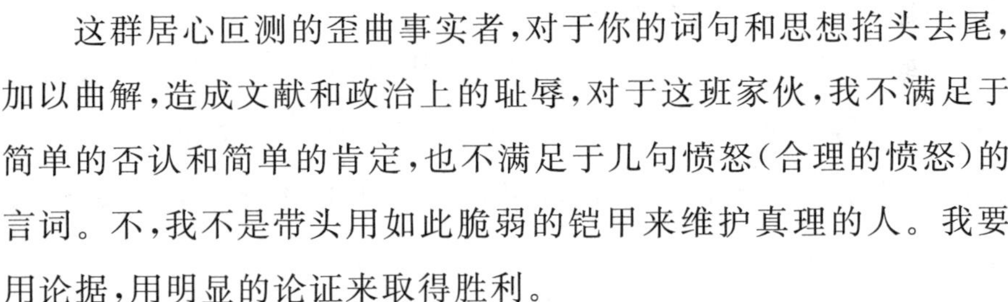

这群居心叵测的歪曲事实者，对于你的词句和思想掐头去尾，加以曲解，造成文献和政治上的耻辱，对于这班家伙，我不满足于简单的否认和简单的肯定，也不满足于几句愤怒（合理的愤怒）的言词。不，我不是带头用如此脆弱的铠甲来维护真理的人。我要用论据，用明显的论证来取得胜利。

可是，假如我愿意进行谴责；假如我愿意把现存制度的所有痈疽一一加以考察；假如我把宫廷和城市的夫妻风尚的历史加以叙述；假如我向读者报导关于梵蒂冈和红衣主教团的荒淫放荡[①]；假如我向读者叙述关于凡尔赛宫和赌场的秘密；假如我使读者看到

① 世界上谁不晓得亚历山大·波尔查教皇及其某些继承人的丑事。据说，洛林红衣主教在罗马有情妇一打以上。——原注

摄政时期的狂宴和督政府时期的狂欢；等等，等等，我会多么轻而易举地取胜啊！啊，那时我就会立刻宣读判词，因为每个人都会和圣徒耶利米一道大声疾呼："他们已把教会变成巴比伦的大淫妇！"还会高呼道：高官显贵和帝王的宫殿无非是淫窟，无非是卑鄙龌龊的妓院！[①]

你们恬不知耻地诽谤我们的学说，可是，看看你们的过去，你们赶快收敛，保持沉默，不是更明智一些吗？你们应该把我们未来的道德与你们可怜的道德作一比较。甚至现在，在铁面无情的逻辑的支配下，你们也常常隐约地吐露出这种可怕的供认：索多玛和葛莫拉[②]的令人憎恶的风俗愈来愈成为你们制度的必然性了！

而且现在究竟是谁在我们面前做出这类可耻的丑事呢？是你们正式官吏、你们显贵要人本身：院士、学者、政治经济学教授、某前任省长和法国某贵族院议员！

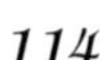

但是，再说一遍：我绝不想利用实用道德的败坏来证实我们的事业的成功。我们的事业仅凭它本身的优越性就足以取得胜利！我们只要求不偏不倚的人们冷静而无成见地对它加以考察就行了。

然而，甚至在我们自己的阵营内也有些人大喊大叫："存在着一些迫切而很可怕的词题。公有制的敌人们尤其是在这方面来策划他们的阴谋诡计；迫害和诽谤之风仍然非常盛行，人们不可能大声说出自己的主张而不冒风险。"

① 我这里讲的不是十九世纪的风俗。——原注

② 索多玛和葛莫拉是古巴勒斯坦两座城市的名称，据《圣经》传说，这两座城市由于居民的罪恶而被地震及火和硫黄之"雨"所毁灭。

我的答复是：第一，真理的灯塔已发出强烈的光辉，现在无须把它遮蔽起来；第二，当你意识到自己的力量和优越性时，必须毫不犹豫地去追击留在最后阵地上的残敌，以便给予他们致命的最后一击。

卢梭、爱尔维修、马布利、康帕内拉、巴贝夫等不朽的巨匠们，你们的主张向来就是如此，你们始终是自由思考的最勇敢的捍卫者：您，英明的摩莱里亦复如此，当时您曾雄辩地发表了下列明智的词句：

“某些根深蒂固的谬误的顽固性和固执性是如此顽强，如果给它保留一条小小的根，它的枝干就会活下来；如果忽视对它进行最轻微的打击，那些有偏见的人就会认为：有某种不可克服的困难打消你的努力。难道人们不是天天看到被推翻了一千次的反对意见又以新的形式卷土重来吗？如果你错过对某一真理进行小小的阐发工作，如果你对某一反对意见驳斥得不够透彻，那些骗子和顽固的人就会利用这一点来蒙蔽无知者；他们就会把你给他们留下的那堆破铜烂铁堆集起来作为战利品。他们的荒谬主张已成千次被推翻，但是，如果你忘记给它以最后的打击，他们还会把它当作完美无缺的东西重新搬出来，并向所有的人加以宣扬。”

人民的敌人们可能要叫嚣，说什么共产主义者没有统一的学说，说他们的观点是混乱的，并且这种混乱很快会扩大到人的身上。请他们不要用这类的幻想来自安自慰吧。我们的一致不是那种由于某一个次要问题就会破裂的一致；我们的一致现在比任何时候都更加紧密、更加有力量。我们力求使我们的学说达到某种更高的完善程度，怎么能把这点看作是分裂的征兆呢？为使一切分散的光线集聚于共同的焦点上，从而更迅速地达到更完整、更明确的结论，这种思想的大交锋是必要的，这是进步的规律。不，在共产主义者之间制造分裂是不可能的；我们之间的斗争只是和谐的、说理的斗争；因为我们的公有制原则的最高属性之一，就是本身包含解决一切问题的办法，就是能在各方面使一切需要和一切意愿得到最充分、最完全的满足。

思想的种子和给我们提供食粮的种子是一样的。每颗种子在地上发芽和结实以前，都分裂成许多微粒，每一颗微粒都是新一代的核心，并将产生新的种子和新的麦穗。

并且，顺带提一下，我们的思想威力该多么值得赞赏啊！这个人民党，1830 年还是这样缺乏自信而且人数不多，其后又遭到这么残酷的迫害，弄得分崩离析，以致有一个时候人们以为它已经垮台；而我们现代的该亚法[①]之流在我们残存的自由之上增加大量野蛮的高压法律，最后还搬出九月法典[②]整个武库，指望由此永远把人民党埋葬掉；可是这个人民党不久又复苏过来，充满了元气和生命力。它像神话中的巨人一样，只要一接触真正平等的大地，就能够恢复其力量！我重复一遍，今天它比任何时候都更有力量，因为它掌握未来的命运，因为它最终给人类的苦难带来切实的救治之妙方！

问：我对于您刚才发表的所有议论都没有异议，但是这一切都

① 该亚法是新约中所说的耶路撒冷的一位大祭司的名字，他曾经残酷地迫害过耶稣。

② 九月法典是法国执政的大金融资产阶级在 1835 年所颁布的一条旨在镇压人民的民主共和运动的残暴法律。

不能答复我向您所提的问题，即：您是否想打破家庭和废除婚姻呢？

答：在对这两点作断然的说明以前，我希望有人先就婚姻和家庭这两个词给我下一个确切的定义，这样就会大大简化我的工作；我们的论敌们在这方面什么也不干，并且把保持字义的模棱两可作为一种手段，这无疑是有着某些理由的。我们还要力图使他们的伎俩破产。

第九章 关于婚姻、父子关系和家庭

请读者在阅读本章之前，先来回忆一下，我在本书一开头就曾把人类机体法则，即对人的需要、能力和欲望的认识，看作是任何社会制度的准则；请读者回忆一下，我从这个原则出发，曾得出关于平等和自由的根本法的结论，这种根本法包含一切社会美德，包含各种道德、秩序和进步的思想。因而应从平等和自由出发来推论列于本章标题的这三个问题。如果我们不违背这条极重要的法则，我们就永远不必担心自己会犯错误。不管最初可能出现什么细节上的困难，这些困难肯定会很快自行消失的。在我看来，再没有什么比这条真理更明显的了。因为正如我上面所说的，由于所有的人都必然追求幸福，而当公有制已代表所有利益的时候，怎么可能有这么一个人（除非他是疯子），要败坏公共道德，或限制别人的欢乐和爱情呢？

现在，为使读者更便于考察这个重要问题，我认为有必要把共产主义学派的主要作家所发表的意见简略地加以叙述。

一、苏格拉底和柏拉图。他们要求一切婚约每年以抽签方式重订一次，这样，每个男子便可能先后有十五到二十个妻子，每个妇女也同样先后有十五到二十个丈夫。他们要以社会的父子关系来代替个人的父子关系。他们主张，为了这个目的，所有的小孩一出生就送到公共住所去，妇女们在那里一视同仁地给所有的婴儿哺乳，全体孩子都在那里受教养，不认识自己的父母，从而养成彼此认作是兄弟姊妹，对一切成年男女都抱同样感情和同样爱慕的习惯；而一切成年男女，就他们那方面来说，都将对他们共同祖国的一切儿女表现同样的关怀、同样的慈爱。苏格拉底和柏拉图为维护自己的学说，还提出下列理由：一、在大公社内容许有较小的公社存在是危险的，因为小公社成员之间会存在更亲密的感情和更密切的关系，由此产生更直接的利害关系。这两位哲学家曾把这件事看作是联邦制和分离的因素，在他们看来是必须加以防范的。二、个人家庭，由于其感情关系不与外界相通，乃是许许多多最折磨人的忧虑和苦恼的原因；夫妻的一方或儿女中的某一个人的健康、疾病和死亡，从儿女方面来说，兄弟姊妹或双亲的疾病和死亡，都属于这类情况。三、依照他们的说法，社会的父子关系绝不会抑制感情流露和爱的需要，因为这种需要是人的最甜蜜的愉快；社会的父子关系会大大补偿个人的父子关系之不足，因为，其结果会使内心感情不断发生高尚的变化，同时使心灵摆脱各种恐惧和各种弱点，总之一句话，将使一切公共美德和私人美德汇集于社会家庭之内。这将会是某种比道德、爱国主义、父子感情、美德、廉耻、贞操等更加重要的东西，因为每一种善行通过与其他善行的结合，会更加发扬光大。[①]

① 许多哲学派别：斯多葛派、神正论派、伊壁鸠鲁派、大部分经院学派、叶色依派，原则上都承认这个学说。

从最后一派分化出来的耶稣基督，也是这一学说的虔诚信徒，他更多地用榜样而不是用语言来表现这点。他从来不愿承认自己的父亲是约瑟夫；当有些人扔石块追击柏拉图《理想国》中被称作公妻制的著名的一章，其内容大体上就是如此。在我看来，公妻制的说法对于苏格拉底和柏拉图的思想表达得既不完全，也不确切。当然，这些思想出自于纯洁的心灵，并且表明他们是人类的热情的朋友。但是，我不能放过两个严重的错误——使儿童从家庭中消失及用抽签方式结婚——而不提出异议。这两种措施显然是与那在人的心灵中占极重要地位的最高的自由规律相抵触的。正是这一自由规律唤起我们对不准解除婚约的暴政的愤慨，这种婚约甚至当夫妻之间彼此再也感受不到爱，再也体验不到柔情的时候，还要把双方拴在一起；而我们为什么又从这同一规律出发要求最纯洁之爱的柔情在规定的时刻、指定的日期中止，并且要求一生中十次到十五次打破爱情的纽带呢？难道在这种情况下让偶然支配就算服从自然规律吗？相反地，难道科学不是教导我们必须照顾到好感，考虑到体力、性情等等吗？

为什么竟还要让儿童从家庭中消失，为什么要强把母亲胎里的果实从她怀里夺走，以致使她甚至不能喂第一口奶，不能给予孩子最初的关怀和爱抚呢？

为什么竟需要这样小心谨慎，防止儿童有朝一日会知道是什么人生他的呢？再说一遍，我赞赏苏格拉底和柏拉图的热情，称赞他们从自己的婚姻法中所期待的好结果；我比任何人都更热烈地期望着这种结果；但是在没有人作出相反的证明以前，我宁愿认

一个通奸的妇女时，他救了她，并说了这样的话："让你们中间没有罪过的人，向她投第一块石头吧！"在另一次他说："谁色迷迷地看旁人的妻子，谁就已经在自己心里和她通奸了。"在这句话中，人们看到了他对婚姻法的指责，看来，他是把婚姻法同自然规律对立起来的。——原注

为，不必强制离婚，不必用抽签方式强制爱情，不必使儿女消失即那种所谓废除父子关系，不必在任何方面抑制我们的好感，就可以获致这种结果。我说的是在没有人作出相反的证明以前，因为当科学在许多问题上还未能揭示出自然的奥秘时，我怎么能妄图发表肯定一成不变的意见呢？然而，有一个问题却是丝毫不容怀疑的，即无论想获致什么结果，绝不是只靠法律就能够极迅速地达到的，而是要通过教育、科学和示范才能够达到。

二、莱喀古士。他曾在斯巴达制定了离婚自由。他的法律在六百年漫长时间里一直原封不动。斯巴达人（男子和妇女）在整个希腊曾被认作是纯洁和贞节的模范。

三、马布利。他主张把家庭关系限制在狭隘的范围；他大声疾呼，家庭关系打破了自然的公有关系，并且家庭关系曾是罗马共和国的痈疽之一。他得出了必须废除家庭教育的结论。

四、卢梭。他把这种思想说得更明确。他在他的《政治经济学》中热情赞扬公共教育和莱喀古士法律；在其《论人类不平等的起源》中，他甚至敢于大胆地在某种程度上否定骨肉关系。

五、康帕内拉。他要求极广泛的离婚自由；此外，还要求废除家庭。

六、托马斯·莫尔。他反对婚姻的终身性，并要求未来的夫妻在订立婚约前彼此都脱掉衣服，互相仔细地查看一番。

七、爱尔维修。他也极担心家庭关系的有害偏向。他说，如果在一个人的心灵中，对祖国的爱不占优势，那么，他愈是个好父亲、好丈夫或好儿子，他就愈是个坏公民。许多犯罪行为不就是由于父母之爱所造成的吗？他得出了必须实行彻底的公共教育和平等主义教育的结论。

八、摩莱里。他的主张如此卓越，以致使我不禁要从中引述几段：

“从地球上去掉私利，

你就会消除战争。”

“而爱就会恢复它的权利；爱将不再朝三暮四，见异思迁，谄惑诱人；卖淫这个可耻的字眼将再不为人所知；美人将绝不会因为要成为母亲而感到羞耻，也绝不会做出罪恶的努力以求避免显露母亲的身体。

“私利使心灵变质，给充满柔情的关系布上痛苦，把这种关系变为沉重的锁链；我们这里夫妇都厌恶这种造成夫妻彼此反目的锁链。婚姻是永远相爱的庄严许诺，甚至这种冒失作出的许诺破裂以后，人们仍得始终联系在一起。多么不可思议的矛盾啊！

“绝大多数立法者，甚至那些人们认为最贤明的人士，都不曾规定婚姻不可分离。所有的人都感到，一项法律强迫人做不可能做的事，即强迫人履行协约的条款，而构成协约的基础和要素其时已不复存在，这样的法律是严酷而有害的。然而，只以双方相爱为基础的婚约，为什么冷漠或憎恨不可以如死亡或阳痿那样将它打破呢？

“道德和法律企图违反自然的意愿来统治人，把爱情作为罪过，制造一切玷污爱情的偏见，从此，爱情就变得不专、淫秽、无耻、放荡。这有什么奇怪的呢？我们的心灵生来就向往一切以温和简便的方式趋向于欢乐的事物，而现在始终得不到这种甘美的饮料，焦渴如焚，为了忍渴，以致要窒息。这时候，法律如何大事压制也没有用，没有人再去听它的了。法律就得容忍那些它缺乏远见去防止的过分行为。

“那些企图规范风俗和推行法律的人们，当他们致力于破坏一切道德基础的时候，他们不会想象到还有什么比他们的大部分巧妙制度更为有效的东西了。”

这样，摩莱里就用所有权和强制二词把几乎永远是败坏爱情之温柔与和平的倾向的原因归纳出来了。他指出财产公有制和离婚自由作为救治之方。

近代共产主义者也同样研究过这个问题。许多人是口头上谈到，有些人则在自己的著作中论及。

一、巴贝夫、邦纳罗蒂和他们的难友们。他们希望公有制尽可能地保障儿童享受母亲的奶汁和最初的关怀，但同时却要想方设法使儿童免受虚伪慈爱侵蚀的危险。他们曾大声疾呼道：不要任何家庭教育，不要父亲的权力！接着，他们又赶忙补充说了下面这一明智而深刻的思想：“法律从父母手里所夺走的个人权威，将由公共教育百倍地加以偿还。”

二、欧文。这位著名的社会主义者赞同上述的意见：他认为公共教育和平等主义教育是一切社会活动的源泉；因此，他要求公有制从人一生下来就要把他占有，直到他进了坟墓才把他丢开。他反对分散的家庭制度。

三、卡贝。他说，我刚才所分析的苏格拉底和柏拉图的思想，在当时并没有任何有伤体面之处；他们的一年一度的婚姻有着极严格的贞节、纯洁、宗教精神和爱国主义的原则。然而，他不仅在关于抽签结婚的部分、不仅在关于强制拆散夫妻和使儿女离散的问题上(就这几点来说,我赞同他的意见)反对苏格拉底和柏拉图的规诫,并且连他们统一的卫生的和经济的原则也一股脑儿地加以反对,而要保存分散的家庭,同时把公共教育甚至家庭关系摆在非常重要的地位。

把公有制教育和大集体仅仅局限在如此狭隘的范围的主张是以什么为根据的呢?它的根据是:我们的教育、我们的风俗、我们的习惯和偏见现在使这种思想变成令人格格不入了(《伊加利亚旅行记》,第1版,第387页)。但是,那有什么关系呢?难道真理不是更永恒、绝对而且固定不变的吗?当我们所想要消灭的痈疽正是根源于教育、风俗、习惯和偏见已十分明显的时候,难道应该让我们的理性永远由习惯、偏见等拖着走吗?《伊加利亚旅行记》的作者怎么不曾觉察到这种提法的一切不妥之处呢?怎么?以病痛本身作为治疗另一种病痛的药方吗?……可是这不是比那个问医生:"先生,您要用什么病症来代替我的寒热症?"的病人还走得更远吗?马布利说,尊重偏见就好比那驼背国的公民,他们觉得奇怪的是,一个人脊背中间没有高高的驼峰,怎么能够生存,特别是怎么能够指望被人视为漂亮呢?

的确,这样的学说会把我们引到哪里去呢?难道它不是同我们革命的哲学发生直接和明显的矛盾吗?假如我们在原则上接受它,那我们怎样答复那些支持不平等、所有权、分散性和贵族政治的人们呢?那时他们对于我们的每一项理论或我们的整个体系,就会像《伊加利亚旅行记》作者所号召的那样,以拒绝承认作为答复了。

或许,卡贝先生在这种场合所着眼的只是过渡时期;他打算只是对偏见等作暂时的让步吧？我在某种程度上是理解这种妥协政策和这类策略的；但是，在这种情况下，必须明确地保持原则，尤其是，比如，不要假设，说什么假使苏格拉底和柏拉图现在还活着，他们肯定会尊重偏见，等等。

再说一遍，不要从上面的叙述中作出这样的推论，说我想维护柏拉图在《理想国》中所要求的：一、使儿童从家庭中消失；二、抽签结婚；三、强制离婚的这一部分。我并没有这种想法。我对于这两位希腊哲学家不健全的公有制所据以为基础的三个等级制度更不能宽容。至于居心不良的人们常常硬加在共产主义者头上的那些字眼：公妻！经过我不厌其烦地在本著作的各部分阐述了自己的原则之后，我认为再来反驳与这些原则相反的责难便是多余的了。公有……这一用语同时含有被动和支配的观念。它只能适用于物，适用于产品。因而，在我刚发表的意见中，我所追求的目的不外乎是：要对那种在于牺牲原则、使原则迁就时间、地点和环境的虚伪学说提出抗议。我借此机会提醒读者一下，在我至今所谈的一切之中，我只是从未来，从完备的公有制的角度来设想的，因而，我不必对原则作任何修改。关于过渡时期的组织，请读者暂时用不着为此操心：我已经说过，我将在另一章中处理。在我看来，要做到明了简洁，唯一的办法是不要陷入无休止的令人厌烦的重述，不要把各种不同的问题混在一起，弄得杂乱无章，而是把每个问题放到其适当的位置上。这就是我所竭力遵从的方法。

现在我扼要归纳一下：

如果抛开我上面所指出的柏拉图那些过分的毫无裨益的思想不谈，那么，我刚分析过的几乎全部学说的实质是什么呢？从这些学说所得出的合乎逻辑的结论是什么呢？那就是：不要分散家庭！不要家庭教育！不要家庭关系！不要夫权！自由结合！两性完全平等！离婚自由[①]！

这也就是我的原则。

我料到诽谤者不会放过机会来曲解我的字句和我的思想，并会叫嚷说什么混乱不堪！但是，到头来理性终归是要获得胜利的，因为几声狡诈的而且往往带有自私目的的叫嚣又能把它怎么样呢？如果我搞错了，就请指出我的错误，我会很乐意地加以承认。不然的话，就请免开尊口，至少不要指望能迫使我在权力和恫吓之下屈服！

你们喋喋不休地谈论什么混乱和放荡！但是，当人们受到的教育和所获得的知识使大家懂得，只有贞洁和节制，才能使我们保持健康，并从而增加和维持我们的快乐时，混乱和放荡又怎么可能存在呢？当那种专事过度刺激肉欲的卖淫场所和淫秽的娱乐绝迹时，这种情形还有可能吗？当智力锻炼、体育训练、风俗、习惯、观点等等将如此有效地使人们摆脱淫荡和纵欲的诱惑，以致甚至会把这种念头从人的意识中铲除时，这种情形还会可能吗？当我们的平等者孜孜不倦地极热情地从事于科学、艺术、工艺和政治事务时，当他们把自己的一切念头都灵巧地移向受公众尊敬的事业，移向对祖国的爱和对人类更高尚的爱时，他们的心灵中还会为放荡生活保留什么地盘吗？

特权和家庭关系的拥护者们，正是在你们的贫困和强制的狭

① 直到现在，对离婚还设有重重障碍，因而只有有钱人才能离婚。——原注

隘制度中才产生出放纵、淫荡和贪婪的思想的，因为正如谚语所说：禁止会激起欲望，或者又说：禁果分外甜！就违法者的一般意愿来说，通奸常常带有不可克服的冲动，这就是其主要的原因之一。有时他们甚至走得更远：一方面通奸要诉诸惩罚的法律，而另一方面，它却以高尚这一美名来加以装饰。这种情形从不久前塞纳法院轰动一时的诉讼案件中就可以看出来。这个意味深长的案件发人深省的是：通奸的医生依然博得所有认识他的人的尊敬和重视，然而受骗的丈夫出庭之后却羞惭满面受到公众的鄙视，因为是由于他本人的品行促使自己的妻子这样做的！……

在我们的制度下，既然向自己心爱的对象表达心意的途径合法地敞开着，那又有什么必要诉诸暴力或任何其他不正当的手段来使别人接受自己的爱情呢？一个具有理性的人，由于所接受的教育已养成尊重自己同胞的自由和尊重女性的习惯，怎么可能糊涂到这种程度，以至于做出这样的事来？我说的不是奸淫妇女的罪过（在我们未来的国家中，正如在斯巴达莱喀古士法典生效的六百年间那样，是不会有这种丑恶行为的！），而是说甚至于以自己的爱情来缠绕另有他爱或对自己表示拒绝的女子。人们还提出，由于情欲濒于绝望，通常要造成悲惨的后果以此来反对我们关于秩序和自由的学说。但这也是现行制度即婚姻不可解除的制度所特有的弊病。只要取消不平等和强制的权力，最后的一线希望是永远也不会消失的，因为今天在求爱方面的不幸者，也许以后就会受人喜爱；大家知道，没有什么会像希望那样具有忍耐力了！何况在我们未来的教育下，个人品质的差异不会大到这种程度，以致不幸的情人不能在别的美貌女子方面找到对自己悲伤的慰藉。不是有

许多别的办法会使大家心满意足，并给我们的制度打上最高尚的道德和最完美的纯洁的印记吗？毫无疑义，我们的制度比分散的家庭制度更适宜于这样做。在分散的家庭制度下，夫妻大部分时间在一起，而其自然结果是：要么感情日益炽烈，要么就会或快或慢地冷淡下去，等等。

的确，一百个的确！我敢作这样的预言：永远不会有比我们的社会更幸福更友爱的社会了。因为随着无限制的自由而来的将是最完善的秩序！那时才真正能够听任善良本性的支配，而只把刻在泰勒姆修道院大门上的下列格言，作为行为的准则：你想怎么办，就怎么办（拉伯雷）。

现在我转而来谈一谈关于家庭的问题。

可以看出，我们并不希望打消父母的感情。让父母对儿女爱护备至吧，没有什么妨碍他们这样做。我丝毫看不出容许这种事情有什么不妥之处。但是，在我看来，建立家长制的家庭却是件非常有害的事。因为在这里，公有制就只能发生间接的甚至次要的影响了。

在私有制度下，家庭毫无疑义是需要的，因为国家完全不关心儿童的需要。但是，任何人都会明白，在公有制度下，情况已经完全变了。公有制度，就好比是一位极慈祥的妈妈，会保证一切人的需要并不懈地关怀所有儿童。在私有制度下，离婚本身就是一种灾难，因为，除了其他严重的后果之外，它还使儿童丧失双亲之一，于是他就被交到继母或用人的手里。这种意见同样也适用于一家一主的制度。公有制度的拥护者，容许离婚的共产主义者，怎么竟不曾注意到，家庭给离婚制造了不可摆脱的困难，使离婚成为不可能的事呢？因而，“或者是废除家长制的家庭，或者是实行不许离婚的一夫一妻制”；我认为他们只能在此二者中作一抉择！

从上述一切得出的结论是：建立完备的公有制的必然结果，将是使所有的家庭融合到社会的大家庭之内，从而给联邦制和不平等的精神以最后的打击。公有制根据历史的教训不会，肯定不会忽视铲除这个最后的病毒。历史的教训证明，任何一种坏事，尽管它在萌芽时多么微不足道，如果不加警惕，它就会不断地增长，而最后便会成为极可怕的东西。例如，在斯巴达，一种货币的幻影，一种名义上的所有权、虚构的所有权（因为实在说，它仅是使用财产权和简单的事务管理），竟逐渐使公有制趋于瓦解，随后很快地使该共和国的民族生命本身归于衰亡。

还要指出一件事，即家庭关系发生重大的变化，这是很重要的。假如不是抚养、赠与礼物以及给予各种恩惠，那么，今天又是什么东西造成父权力量呢？将来，一切东西都是公社的财产，双亲丝毫不能给予子女什么专属于他们个人的东西。这将是一次极伟大的革命，它会使爱慕的感情现在所包含的一切排他性的东西全部消失；这种感情将国有化，普遍化，但并不消灭，而且丝毫也不会失去其崇高性！那么，那时家庭还具有什么特殊的吸引力呢？难道你看不出，儿童在家庭中很快会觉得天地太小，而大集体、同龄儿童的集体将会不可遏止地吸引他吗？由于同样原因，父爱的情感差不多也会是如此。

分散的家庭的拥护者们，这里又是一个二者必居其一：“或者是血缘关系不如你们所说的那样强有力，或者是在任何一种可能的情况下，血缘关系都会充分发生效力，以致使兄弟姊妹间和子女双亲间彼此相亲近，那么你们还需要什么呢？”无论在这一种或那一种情况下，只要你们不是图谋推翻公有制度，并使你们的命运与公众的命运分开的话，你们为什么通过你们的小家庭形式让联邦制的萌芽在公有制中保留下来呢？

我本可以再阐发许多支持这个彻底的统一制度的意见，但是这一章已经有些冗长了。我现在就通过谈下列的想法结束本章。

在小家庭的条件下，儿童教育极不完善，且有许多不方便之处。在分散的家庭中，怎么能够实行一切精细的、一切明智的预防措施而赋予我们的公共教育以新的意义呢？在这种情况下，怎么安排那种能防止所有不幸事故和促进一切器官发育的奇妙的措施和训练呢？

例如，在父母家里有家具、壁炉、花瓶等等，尽管妈妈事先采取了各种令人厌烦的预防措施，不是仍须担心发生某种不幸事故吗？

人们能够使儿童享受到体育锻炼的一切好处吗？就是说，能够使他们完全自由地游戏，能够充分满足我们的身体在发育过程中对于活动所感到的这种必然的和不可遏止的需要吗？在分散独处的条件下，这是不可能的，因为，这需要有专门的场所，那就得进行巨大的工程和花费大量的物力。然而，怎么可以像《伊加利亚旅行记》作者所说的那样，当真地假设每个家庭都能付出这样的开支，所有的住宅将都是像宫殿一般，内中有操练厅、娱乐室、大花园、健身房等等，等等呢？

但是，当只有一个共同的大家庭时，当个别家庭都集中在一处时，那在两千个小家庭无法办到的事，便会变得很容易了。当所有的学生都能按照年龄、体力，按照志趣、资质和能力来划分和编班时，教育和训练将是多么轻松、愉快和诱人啊！至于对最幼小的儿童（从一岁到五岁），一般来说，将采取最有预见性、最慈爱和最合理的措施，以便在从事体育训练时，用不着担心会发生极细小的不幸事故。例如设想一些宽敞而且有适应季节的完善的通风和换气设备的大厅，大厅总是十分清洁，厅内没有任何外部的家具，[①]其地板和一切凹凸不平之处，都将细心地盖上一层富有弹性的织物；这样，任凭孩子们怎样任性都没有任何妨碍了。

首先，那些把身体拘禁起来使四肢变形的古怪而有害的襁褓，那些拘束身体的紧身衫都要消灭！把压在额上和头上的沉重的包头布去掉！使所有的儿童都穿上轻巧而舒适的衣服！这样，你便会立刻看到他们活泼地从事自己的一切活动。即使还不会走路的小孩也不会待在那里不活动的。他会不断试图模仿年龄大的儿童，并且会表现出勇敢精神，因为无数次的跌跤只会使他开心，鼓励他再作努力。由此，一切都将促进器官的正常发育。

这样教养起来的一代与我们现在的一代之间将会有多么大的差别啊！多么漂亮！多么强壮！多么灵巧！多么有毅力！人类将多么迅速地达到长寿和人种的完善啊！

人们很容易了解，这种教养自然不限于体质的改善；它无疑也会对智力器官发生重大的影响，而身体和智力的完善则必然会导致道德的完善！！

在我们统一的教育制度之下，情况怎么可能不这样呢？再不

① 我说的是外部家具，因为没有任何东西会妨碍人们设置认为适合的宽阔的壁橱，来存放各种必需的、有用的和令人喜欢的东西。——原注

会有哭泣，再不会有强制！那些如此强烈地干扰儿童脆弱而易受刺激的体质的日常的不愉快事情将不复存在！那种申斥和荒谬的惩罚行将终止，这样的行为只会使儿童熟悉暴力的可憎的权威，只会在他们幼小的心灵中第一次激起憎恨和报复、奴颜婢膝和专横暴虐的感情！许多父母和儿童的教养者无疑不会料到从他们那里上了堕落和邪恶行为的第一课的大罪犯不止一个！！！

我认为，我已指出了家庭与公共教育之间没有任何相通之处。我在下一章所作的进一步解释，将彻底地阐明这一真理。

第十章　教育

"我始终认为，如果改造了教育，那就改造了世界。"

——莱布尼茨

善、恶、信仰、风俗、感情、习惯，一切都来自于教育。然而，教育不只是建筑在语言上，它是社会本身的结果，是整个建筑物的基石。

不同时代、不同地域的一切哲学家、一切政治家都了解教育对个人生活和国家繁荣所发生的巨大影响，其中大多数人（特别是所有我在本书中提到的人）都曾鼓吹过社会的、平等的免费教育。

法国革命最杰出的公民们也很透彻地理解到这个伟大原则。他们都曾把教育看作是巩固和完善他们所期望完成的伟大事业的最有效的手段。

他们之中有些人曾给我们留下了一些卓越的充满非常高尚感情的方案，虽然这些方案都是不完备的。其中勒佩尔蒂埃·德·圣法尔若的方案尤其值得加以研究。甚至吉伦特党人拉博·德·圣艾蒂安也曾表述过非常正确的思想。

这位国民公会的议员曾说到："社会教育是向人民传达一致的共同的知识之手段，不管人民为数如何众多，居住得如何分散。社会教育使所有公民凭本身固有的能力，总之凭可称作理性之魔力的热情，在同一天、同一时刻获得同样的知识！社会教育培养心灵，形成美德；它要求广大的空间，它要在乡村进行，它需要杂技场和体育训练场所；它喜爱团结一致的人类社会的和平而壮丽的景象；它从人出生之日开始，直至进棺材方告结束。”

虽然有这个很好的开端，可是拉博·德·圣艾蒂安却只得出了一些可怜的结论：他看到了幸福，却不敢说出来；他赞美米诺斯和莱喀古士法典；然而在把古代制度与他那个时代的习俗相比较时，他的思想就显得虚弱无力了。在我们的私有制度下，特别是在货币制度存在的条件下，他并不指望达到这样的高度。他大声疾呼："我们同这些自然界儿女们之间的距离太大了，他们宁愿支配那些拥有黄金的人，而不愿意自己拥有黄金！"拉博·德·圣艾蒂安就其观点来说是共和党人和民主主义者，就其交往和习惯，就虚荣心和名利欲来说是吉伦特党人。他力图调和那不可调和的东西，同私有制，同这株以它的恶臭使其所接触到的一切东西枯萎和腐烂的有害毒草妥协，因而损害了他所建议的改革。

其他更热心更高尚的人曾企图彻底消灭不平等和联邦制的精神，但是，他们的高尚努力碰到这块暗礁便撞得粉碎了。

米歇尔·勒佩尔蒂埃·德·圣法尔若曾因用自己的鲜血巩固了新生的共和国，以及由于他自革命以来第一个设想出国民的、平等的社会教育计划，而博得了荣誉。毫无疑义，把养活和教育穷人的担子加在富人身上，这是一种十分大胆的举动。把最初阶段的儿童教育从父亲的利己主义手里夺过来，这是一个巨大的进步。然而，圣法尔若所拟订的方案，由于不得不使这种救世的改革同不久前被罗伯斯比尔为首的国民公会宣布为神圣不可侵犯的私有制的万恶法律结合起来，因而必然包含着许多让步和不少缺点。它建议在完全平等的条件下，教养从五岁到十二岁的儿童：每一种年龄的儿童的衣服、饮食、住所、游戏和锻炼都相同，学理、教范、教学、书籍和教师等等，也都一样。但是，这种对所有幼年公民一视同仁的真正平等，这种他们在学校中所吸取到的博爱，怎么可能在家庭中，在分你的和我的以及在金钱的有害影响下保持完整无缺呢？

不管怎样，平等和博爱的感情，从此已在一切人的心灵中深深地扎下了根；对家庭利己主义和父亲专制的谴责十分强烈；人们对于不识大体的围在火炉旁边的家庭所形成的空白点表示深切的反感。当时约·马·谢尼埃创作了一首英勇的赞歌《出征歌》，这首赞歌曾长时期引导我们的士兵走向胜利。它借用法国妇女的口气所写的精彩诗节的最后四行的思想，曾激起人们极大的热情。我们的共和党人唱到这一节时没有不脱帽致敬的。

“不用担心我们当妈妈的眼中盈泪，
我们绝不怯懦地沉溺于悲哀！
当你们拿起武器时我们就会取得胜利。
战士们，我们生下了你们，
可是生命不再属于你们自己；
你们的一生是属于祖国的啊，
祖国是你们更亲的妈妈！”

当旺多姆的囚徒们秘密草拟那个我就要向读者们介绍的教育计划的时候，正是这些高尚而纯洁的社会性的父子关系的原则激动着他们的心灵。

啊，巴贝夫！啊，邦纳罗蒂！啊，达尔台！啊，马雷萨尔！啊，热尔门！啊，安东涅尔（Antonelle）！为了你们留给我们的这座光荣的纪念碑，请接受我和人类一切真正的朋友的敬意吧！

我们且看邦纳罗蒂说些什么：

“依照起义委员会的观点，教育应该是国民的、社会的、平等的。

“国民的，亦即受法律指导和受行政人员监督的意思。教育应该是充实改革工作，支持和巩固共和国的；共和国是习俗和知识的最有权威的仲裁，将习俗和知识教给青年，对共和国来说，是很重要的。另一方面，教育的主要目的应该是把博爱的感情深深地印入所有人的心灵中，这种感情是受排他的和利己的家庭制度所反对和排斥的。

“社会的，亦即同时授予生活在同一秩序条件之下的所有儿童的意思。重要的是，要使年轻人很早就养成把所有自己的同胞都看作是兄弟，使自己的快乐和感情同别人的快乐和感情融合在一起，以及只有在与自己相类似的人们的幸福中才感觉到自己的幸福的那种习惯。社会的教育形式是民族大公社的反映，每个善良公民都必须使自己的行动和快乐融合到大公社之中。

“平等的，因为大家都同样是祖国心爱的儿女；因为大家都拥有同样享受幸福的权利，而不平等却必然会破坏幸福；因为最大的政治平等必须从教育平等中产生。

“为了对起义委员会在这方面的方案有一个概念，让我们设想一个由在共和国长期担任最主要职务的老年人所组成的最高管理局。管理局借助于下级行政人员，指导所有教育机构，并通过从管理局人员中选出的督导员来保证法律和管理局命令的执行；管理局还设有小学教师培训班，由该局管理教学。

“在起义委员会所提出的这种制度下，祖国对于个人，从一生下起就照管他，直到死时才放弃他。祖国将关怀他生命的最初时刻，保证让他得到生身母亲的奶水和照顾，使他远离一切足以危害他的健康或削弱他的体质的东西，保护他免除虚假的慈爱等危险。

“打算在每一区[①]设立两个教养院：一个男孩教养院，一个女孩教养院。最好是设在空气新鲜的地方——农村，远离城市的地点。

“男子天性适于运动并爱活动，他们必须保护和捍卫祖国；妇女应为祖国生产强壮的公民。女子在体力上比男子弱，并且易受怀孕的不适和分娩的痛苦，以及往往由此带来疾病，但她具有支配异性的魅力。因而，妇女似应专门从事不太繁重的和较为安静的工作，她们似乎生来本性就具有抑制暴烈的欲望、减轻人类的痛苦以及令人高度评价其贞洁德行的能力。从这些极深刻的差别可以看出，两性的教育不可能是完全一样的。我们先来谈一谈男孩的教育。

“依照起义委员会的观点，国民教育应抱定三个目标：

一、体力和灵巧；

二、智力的发展；

三、心地善良和有毅力。

“公民的健康和体力是共和国幸福与安全所主要依赖的条件，

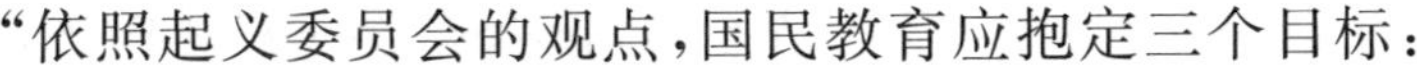

① 无疑义，读者会注意到，这一点以及其他某些段落，应只适用于过渡性的制度。人们不难理解，在完备的公有制度下，区的划分自然会顺利地为公社所代替。——原注

健康和体力是通过各个器官活动和排除干扰生物机能的原因而获得并加以保持的。由此便需要锻炼、有节制和适度。因此，作为祖国的希望的青年便应该锻炼从事农业劳动和机械操作，养成能适应最艰苦行动的习惯并在最有益身心的俭朴条件下过活。军事操练、赛跑、马术、角力、拳击、跳舞、打猎和游泳——这就是起义委员会为新生的一代所安排的娱乐和休息，①它希望教养院中根绝懒惰和游手好闲的现象，使性格委靡和爱好声色犬马之乐的现象无任何途径进入法国年轻人的心灵。

“教养院按其收容的各种不同年龄的儿童分成若干单元。这里要有公共的饭厅，有实习工厂，每个学生都能在那里练习他所喜爱的手艺。一方面，有广阔的乡村，在乡村中可以看到青年们有时从事农业劳动，有时则照军队方式安居在帐篷内；另一方面，有运动用的体育馆；在另外的地方还设有教学用的梯形教室。

“我们的青年由于从事不断更新的活动，就会产生与国家原则相符合的感情。青年会养成把他们所看到的好景象都归功于祖国的习惯，因为祖国是一切的主宰。他们也会把自己的健康、幸福和愉快归功于国家的神圣法律。青年人由于经常过着共同的生活，最后便把自己的幸福同别人的幸福融合在一起；由于不受私利和野心的沾染，也由于通过自己的经验和别人的记叙深信祖国的慈爱，于是，为祖国服务和博得祖国的表扬的愿望，成为青年人行动的唯一动机。

① 这种体育训练，在革命时期是非常重要的。但在革命完成之后，正如破坏性的军队不复存在而由生产大军代替一样，它也将被农业劳动和工业劳动所代替，而这样做是有利的。——原注

“将采取一切方法防止青年具有高人一等和优越感的思想。在这种淳朴与和睦的地方，没有什么会激起人们渴求黄金和权力的欲望。对平等和正义的热爱，在这里是同青年公民们最初的感受联系在一起的。这些青年公民很快熟悉由这一制度传授而且以如此可爱的祖国的名义向他们推荐的一切美德。

“女孩的教育。为了使国家拥有健壮而勤劳的男子，就必须保证使那些天生为国家生养公民的人体格健全。因而，必须通过劳动和体育锻炼来防止她们的体质受到疲劳损耗。运动和操作是共和国教育的伟大手段；因为随着私产和差别现象的消失，运动和操作会有助于使那种卖弄风情的倾向削弱，使爱情的冲动推迟。

“姑娘们将学习各种轻微的农业劳动和手艺，因为成为一切人的义务的劳动，也是对欲望的一种控制，是生活的需要和魅力。姑娘们将都是贞洁的，因为贞洁能保持健康，并且使爱情增加乐趣；她们都热爱祖国，因为重要的是，她们要激发男子对祖国的热爱；因而，她们也要参加那些唤起男子赞赏祖国的明智法律的学习；她们将练习演唱那些点缀节日的共和国赞歌；最后，她们将在大家的眼前参加男孩子的游戏，以便在情窦初开之时让快乐和天真无邪占上风。”

至于教学材料以及把才智引导到一定的智识范围、引导到从事科学和艺术生涯的途径和手段，起义委员会还没有提出完整的学说。它曾长期犹豫不定，不知所适，最后才开始使自己的观点系统化；它无疑就会找到明确的答案的，但是，它的工作却横遭卑劣的格利谢尔的叛逆行为和旺多姆的惨剧而被打断了。

我应该努力填补的，也正是我上面所提到的高尚的公民们所遗留下来的我们教育法典中的这个空白。我先来对工业教育和农业教育的原则作某些发挥。

工业教育和农业教育

当儿童(男孩和女孩)一旦具备某些智力,一旦能做某些轻巧的活动,即在他们三四岁的时候,就要注意领他们到各种工场、花园、果园、菜园、田野、马厩、畜栏、禽舍中去。在那里各种各样有组织的劳动将一一呈现在他们的眼前。监护人主要由上了年岁的男女长者来担任,因为正是老年人对儿童具有最大的同情心。他们要让儿童们的能力和志趣自由地表现、增长和发展;儿童的模仿本能是如此之大,只要给他们从事园艺、工艺和手艺的小工具,就足以吸引他们去劳动,而且他们会立刻兴高采烈地来使用这些工具。他们绝不会力图打破和弄坏东西的。年长的儿童已成为顶用的劳动者,他们有正常的组织和使用较大、较坚固的工具;而幼年的儿童受到年长的儿童的榜样的鼓励,则力图把他们所能有的一切技巧运用到自己小型的劳动上。人类天生的自尊心鼓励着孩子们争取参加成人的工作,成为有用的人,起某些重要作用;人们也就利用这种自尊心使孩子们在年幼的时候找到用武之地。他们在地里和花园中拔杂草、清除石头;他们在厨房里转动小烤叉、剥豌豆荚、洗蔬菜、去水果皮、洗盘碟,等等;总之,利用他们去做那些不超过他们年龄所具备的体力和技巧的一切事情。人们可以看到,这些受强烈欲望激励的孩子将多么愉快和热情地去从事准许他们去做的劳动。既然人们肯用他们,他们也就像成年公民那样有秩序地

去干。

一、整个学校按工艺种类的多少就分作多少个总工场，依照学生的志趣和能力加以划分和编班；二、每个总工场按所包含工艺细类之多少就分作多少个专门工场；三、每个专门工场又按所包含的工艺分支部门的多少，分作多少个分场；四、每个分场按所包括部分职能的多少分作多少个组[①]；五、最后，为使每个组各工种的分配简化和方便，依照工人年龄发给每个人一个号码。

在农业方面也实行类似的分类，其中计有区队、队、分队和小组。

这种和谐而自然的分类，其结果会有许多巨大的优越性：一、劳动的简化、加速和完善；二、不断的活跃的竞赛；三、博爱感情的最广泛的传播，因为我们的分工方式令人极容易学得每种职业，每个学生都能通晓多门职业，因而可依次地到许多小组中去。由于这样，行会精神和对抗便会完全消灭，因为今天的敌手，也许明天就在同一个小组里工作。那时，竞争变成竞赛；竞争不再在人们之间存在，而只在各生产部门之间存在，并且不是以敌对方式存在，而是以和谐进展和进步的方式存在的。

依照我们工艺活动的结构，儿童面前总安排有体力和技巧方面都更先进的小组，他只有通过提高自己，才能进到这种小组中

① 工艺是所有手艺的总和。手艺的一定汇集称为总工场，这些手艺之间是存在相似和相互关系的。比如，服装业即包括裁缝、制鞋、制帽等手艺。每种职业，比如仍就裁缝业来说，其不同部门的总和称为专门工场。每种职业所包含的每一分支部门称作分场；仍以原有的例子来说，如取名制裤分场。每一分支部门职业中所包含的每一部分的职能，叫作组，如剪裁、行线、缝纫、缝合、压平、扎紧、装折，等等，这一切都是部分职能。——原注

去。这样一来，他就要经过一系列标志幼年、青年、直到成年等不同时期的小组。到那时，他便在自己的劳动方面享受充分的完全的自由。在此以前，他也绝不受强制，仅受指导而已。他可以选择劳动的种类，但是，因为对于儿童，劳动要分作好几个阶段，所以为了从低级阶段过渡到较高级阶段，就得要求他显示出足够的力量、技巧和才能。

我们看到，多少动力汇在一起激励儿童去从事有益的劳动。大家知道，儿童的模仿能力是多么强啊！他们看到任何工作，都想亲自动手来试一试。

他们不停的活动性，他们的吵闹和爱破坏的性情，也是尽人皆知的。这些都令父母失望；儿童什么东西都想摸一摸，然而却什么东西都不准他动；对于受自己本性冲动所驱使的可怜的孩子经常肆意打骂——然而这种冲动却是很宝贵的，如果加以诱导，它会促使儿童去从事劳动。如果说，他进行毁损和破坏，那是因为没有给他提供以别的方式运用自己才能的手段之故。在目前的社会制度下，就可以看得出，如果一个小姑娘能够在家务上帮助妈妈，关心自己的小弟弟，照顾他，摇他睡觉；如果让她拧干衣服、采水果，如果允许她到厨房里去帮助厨娘，她将会尽自己能力去做，而且会因为自己对人有所裨益而喜出望外。同样，如果一个男孩子能去灌溉、锄地和耙地，如果准许他使用工具，如果用他去做某种有益的工作，他会十分专注，拿出他所能有的全副本领去从事这项工作的；他会花好几个小时耐心地把石头一块一块地堆砌起来，很耐心地去转动车轮，去把成堆的什物整理好，因为他意识到自己工作的重要性。儿童具有一切萌芽中的欲望；只需善于诱导，使其能用之于一切好的、伟大的、有益而高尚的事情上去。在公社内，所有儿童教师、所有儿童指导人、所有的公民，都致力于从儿童智力最初的萌发阶段，就使儿童意识到自己的作用和重要性。就这方面来说，极有别于我们现今的教养员。现今的教养员大部分仿佛是在力图磨掉儿童的自尊心，可以说，在力图使儿童自己把自己看低。儿童的一切玩具将都是些工具，有实际的用途；一切游戏都变成各种劳动，而且带来成果。这样，儿童便会养成天然的习惯，以致他们将不理解，怎么可以让光阴虚度过去。劳动和娱乐在我们平等的青年人心中乃是一个整体；他们不知道，两者怎么能够分开。由于劳动和工具总是同他们的体力和技巧相适应，所以他们既不感到辛苦，也不感觉疲劳。他们成群结队地劳动，而且每次时间不长，因此他们并不觉得枯燥和厌倦；相反地，由于经常受到各种原因的激励：好榜样、别人对他们的注意、等待考查、想转入更高一级的愿望等，他们充满了活力和热情。他们还有更强大的动力，那就是：周围的一切人对他们的爱，想报答这种爱和想得到人们喜欢的愿望、友爱和热情。

儿童先后通过模仿和传授，学习他们爱好和禀赋所趋向的一切劳动。但是这里只是教育的一部分。这是模仿的、机械的部分，这个部分主要是发展膂力；儿童教育正应该从这里开始。身体比智慧先获得力量；但是，智慧也并非完全被忽视：儿童已掌握了许多科学概念，他们已通过实践部分地领悟到了理论，他们已看到、听到、想到、感受到许多东西。他们的智慧和判断不会被引导到错误的道路上去，而是自然而然地发展起来，养成探求真理和事物的真实性的习惯。他们的心灵不会误入邪途，因为摆在这些幼小儿童的眼前的全是坦率、慈善、和睦和博爱的榜样。

知识传授

除了智力的自然发展及在各种不同的工艺部门运用之外，儿童还要获得真正的科学知识，即他们所从事的各门工艺和各种技艺的完整理论，或者是那些使一切有思想的人都感兴趣的科学基本知识，如星辰和地球的描述、各族人民的历史（政治的、艺术的、科学的、工业的和文学的）、语法和普通文学。教师都自愿地为各种年龄和不同程度的学生进行讲授。儿童、青年都本着自己的爱好去听课。这种课程的听众总是很踊跃的，因为，这里的教学既令人得到益处，又可以得到乐趣。教师绝不是像目前制度下那种墨守成规、板起脸孔、令人厌倦而且态度往往很粗暴的教育家，他们都是谦逊的学者、真正的导师。这些教师，他们都是什么人呢？他们是否成为特权集团、学阀或什么等级呢？不是的，他们都是具有知识（实际知识和理论知识）的普通人。当然，他们具有教授他们所学到的东西的志向：那些拥有知识的人，把知识传授给别人是他们的一种需要。在公社内，学者绝不是些纯粹理论家，他们同时还是工艺家，是有技术、手艺的人；他们全部或几乎全部从事农业的体力劳动。有时他们凭着高深的学识，同时从事好几种技艺和手艺。[①] 艺术家也

① 这种兼几种活动的办法，仍被许多人看作是荒谬绝伦的空想。奇怪的是，我们的文人、我们的学者、官方的政治家们、甚至我们大多数历史学家也都在随声附和。其实，他们本应该晓得，古代的人们就曾从事几种职业，甚至十分不同的职业。有许多人同时是艺术家、军事家、演说家、文学家、行政官、政治家。伯利克里斯、阿尔西巴德、色诺芬、西塞罗、萨吕斯提乌斯等就属于这一种人。斯多葛派列古洛、昆克捷乌斯·辛辛纳图、库利·丹塔特等都曾以自己的军事天才和卓越的美德震惊世界，他们都是从农夫升到独裁官的。——原注

不完全埋头于一种职务；除非公有制为公共利益着想请他们把自己的才能专门贡献于某一种工作，不然，他们都高兴地参加最必需的劳动。

公有制度最可贵的优越性之一，就是任何等级、行会、集团、甚至学者集团都完全消灭。一切公民都或多或少地成为实践家、理论家和教师。那些具有教学志向的人将热情地展开竞赛，看谁能更好地培养青年一代的智力。在季节和气候允许的情况下，授课尽可能在户外，在优美壮丽的大自然怀抱中，面对作为教学材料的实物来进行。假如教师向自己的学生谈论农业、园艺和植物学，他便以土地及其产物作为他谈话的直观材料；假如他要讲授天文学，那布满繁星的天空便是他的美妙的课文；假如他要讲授历史、文学、诗歌，那他就选择一个风景最优美的处所和一天中最有利于产生灵感的时刻；假如他要谈绘画、雕刻和建筑，那他就在巨匠们的杰作面前，并且还要更多地在大自然本身的杰作面前，来阐述艺术的优美和壮丽；假如他谈论的是音乐，那他就先用和谐的声调令人听得心旷神怡，然后阐发音乐的原则；最后，假如教师所谈的是关于机械技术、手艺、工艺的各部门，那他就把自己的学生领到工场去，对规则进行示范讲解，在各种不同的劳动中，应用物理学、化学和数学的原则。厨房、谷仓、酒窖、畜圈、马厩、禽舍、花园、菜园、果园、田野、散步场地、体育馆，总之，所有任何工作和游戏，都同时可作为教学的场地和课文。教学在某种程度上是持续不断的。

我这里不来谈关于读、写、算的基本教学了，将来幼儿为此花的时间不多。当语言和方法符合自然逻辑时，这种初级的教育将是这样容易，这样充满魅力，以致对于教师和学生来说，都简直成

为一种游戏或娱乐。儿童和少年完全可以自由地去听他们认为对自己合适的课程，他们是被吸引去的而绝不受强迫。然而，有些学习科目，正如有些劳动一样，只是其本身组织得不好才会令人厌恶。任何年龄的人，都有强烈的求知愿望。男子、妇女和儿童，所有的人都有想认识事物和获得知识的欲望，一切人都本能地求知，寻求弄清过去的一切和今天的一切。儿童的这种欲望尤为强烈。只要他的智力一发展，他就要寻找、探索和提出问题。如果他发现他理解能力所及的某种学习，他便热情地抓紧。在公有制度下，教学无论对于教师或听众来说都是自觉自愿的，在这种制度下，求学的欲望会更加强烈；教学以实践为直接目的，并与那些早已吸引学生而且使学生入迷的日常劳动相联系。在公有制度下，求知对于儿童、青年和成年人，对于姑娘、妇女，以及对于男子来说，都成为最强烈的欲望、最大的快乐之一。甚至老年人还仍然既当学生，而同时又当教师。只要他还保持自己的智力，他就有求知的愿望。公社就是一所互教互学的大学校，在这所学校中大家都同时是学生，又是先生，在各门科学上彼此相互启发，协同一致，不断推进自己的探索。这样，人类的智力，在摆脱了一切令人烦恼的家庭顾虑，特别是摆脱了对于未来的可怕的恐惧，即摆脱了那种使思想混乱、动荡、损耗和衰退，以及夺去现代社会的人们这样多时间和精力的恐惧之后，将会在极大程度上获得发展。同时，由于科学知识的应用日益扩大，人类智力会使工艺范围扩大到现在任何想象也无法料想的规模。

至于用以充实文化知识的文学、科学和艺术，没有什么比这种教学更加引人入胜的了。这些学科不再像今天那样成为贪婪和虚

荣心的养料，而将摆脱掉一切非真实的和对大家无益的东西，有力地促进博爱关系的巩固，使人们热爱公有制，同时日益把大家的心灵和智慧融合在感激、善意、爱和幸福的不渝的感情之中。

这种教育与我们现在的教育家和诡辩家们所办的教育有多么大的区别啊！掌握在他们手里的教育，不是要治病救人，而是害人；不是为了赋予生命，而是进行杀害；不是为使人团结，而是要使人分离；不是为指导人，而是要把人弄糊涂；不是为了使人道德高尚，而是要腐蚀人并使人堕落。为了使科学的垄断权在资产阶级的圈子里长存下去，他们竟以高价出卖科学；他们用税收法和刑法来阻挠科学的发展，扼杀科学；他们似乎已设置了检查官、宪兵、法官和狱吏来对待那些献身科学的志士!!!

如果我不是限于本法的范围，我还可以再举出很多公有制教育的可贵的优越性。总之，习惯于艰苦生活、熟悉农业和各种必要的技艺、具备有用的可喜的知识的青年，无形中便成了全体公民的希望和安慰。由于这些青年，全体公民在自己的劳动上感到极大的轻松，在公共节日中获得愉快而动人的娱乐。

老年人也并不是公社的一种负担。他们受到爱戴、尊崇和敬重；他们从事力所能及的工作，发挥作用；他们凭着长期的经验和伟大的实践所赋予他们的一切优点，担当起教学的可敬职务。当他们到了暮年时，便与幼儿们相接近，成为儿童的指导者、保护者和看管人。老人和儿童彼此指引、互相扶持、互相帮助，构成动人的情景和高尚的和谐；前者是在帮助后者而生，后者可以说是在帮助前者而死！（参看：《爱尔维修全集》第 5 卷，第 125 页；我的《关于平等的演说》，第 45 页及以下几页；加蒂・德・嘉蒙夫人的《傅立叶及其体系》一书,第 215 页。我曾从嘉蒙夫人的书中袭用了该章的一部分,不过为使其同我的平等主义和唯理论的原则协调,我不得不把其中某些地方删去,并作了若干改动。)

第十一章　劳动大军

统一制度的巨大吸引力之一，是它能满足旅行爱好，这种爱好特别是在热情奔放的青春时代十分普遍。现在，满足这种对活动的内在需要，以及满足这种从事和实现伟大事业的愿望的一切途径都被堵塞了，而青年人的才能愈高，这种愿望愈使他们激动和苦恼；这种愿望令他们感到由于自己所做的单调乏味的工作而苦闷得要死。

在上世纪，欧洲人还可以到新大陆去碰碰运气；而现在，大多数欧洲人只能在那里遇到瘟疫、革命和贫困。青年人为了平息强烈的折磨人的求知欲，为了花费、消耗他们的多余的精力，会去从军吗？然而士兵的旅行只是从一驻防区调到另一驻防区；他们只晓得军营里所发生的一些事件，或者有时也知道一些我们的民事纠纷。对外战争本身也不过是一种可悲的令人烦恼的职业，它所提供的晋升机会是微乎其微的。的确，战争能用什么来使活跃的才能和热烈的愿望得到满足呢？用军事奖赏、十字勋章和绶带吗？但是，所有这些无谓的装饰品正日益丧失其原来的价值和诱惑力。如果胜利与复兴的思想无关，那么，年青一代很快就只会用不幸的眼光来看待胜利本身了；对这一代来说，英勇的战场只不过是屠杀和暴行的场地而已；他们不是要在那里树立饰有古战船船首的海战纪念柱（即胜利纪念柱——译注），而是要在那里培植柏树丛（即坟墓——译注）。

在公有制度下最容易办到的是，使青年人的全部精力得到发挥，满足那些促使他们完成伟大事业和推动他们奔向未知领域的活动性和天然求知欲。每个人都将凭自己的兴趣，或是为了娱乐的目的，为了活动和生活多样化的需要，或是为了受教育，为了给公众谋福利的目的，而自由地旅行。到处都有豪华的轮船，有开阔和保养得极好的、并覆盖有令人心旷神怡的绿荫的漂亮道路，以及有极为方便的车辆（普通的或带蒸汽动力的）。在世界各个角落，都能够找到自己所熟悉的职业，以及一切生活上的便利。在工厂中、公共食堂里，在游戏时，在节日中，在集会场所、在俱乐部里、研究院里、博物馆里、私人住宅里、甚至在语言上[①]——人们随处都发现自己亲爱的公社。这样一来，旅行就不像今天那样给风俗带来破坏和危险，而是会促进科学的进步以及普遍平等和博爱的发展，而这种平等和博爱则是公有制这座建筑物最坚固、最经久不变的水泥。

邦纳罗蒂说："当南方居民通过承受北方居民所带给他们的快乐，并通过共享由于利益、风俗和法律的一致所产生的友爱感情，了解到北方居民带给他们多大的益处之时，他们会感到自己的心灵变得高尚，他们会赞叹这个千百万人会合一起而造成他们幸福

① 在我看来，语言的统一不会遇到直至现在人们所认为的那样多的障碍。一切困难将随着隔离各族人民的藩篱的消失而无形中消失。我建议所有从事语言学的人们对这个重要问题进行自己值得赞许的深入思考。我现在就建议他们来解决这些问题：

一、是否可以拿某一种死语言来作为中性基础？

二、现在犹在全世界学者中间流行的已趋完善的拉丁语，是否能够作为共同的基础？——原注的社会结构，而且他们会深信，就是为了他们所珍视的平等，也必须让它超出自己公社的界限，而扩大到共和国（扩大到整个人类）的范围。

“没有什么比一国（以至世界）各个不同地区的居民之间的经常往来更能够产生和维持这种感情的了；这种往来使他们增加热情，同时向他们表明大家都热心为祖国服务。那种本来应该为履行自己的社会职责，为求知，为使自己超于完善而做的事情，现在商人们却为自己的发财致富去做了。但是，当那激励他们的贪欲由于个体所有制的废除而被消除时，那么，不愿把自己的共和国禁锢于一个城市的城墙之内的立法者，就应该让纯真的富有良好效果的动机来代替这种贪欲。食物的运输、命令的传达、政府的职务，均使大量公民得以遍游全国。但是，还不尽于此；除了职务上的往来之外，还应增加其他单纯由于爱好智慧和心灵的娱乐而引起的往来；看来能够维持激发人们寻求这种娱乐的，莫过于经常举办各式各样的公共的节庆活动了。”

但是，对一切具有积极情绪的人们所展示的最引人入胜的前途，是参加劳动大军，这支大军有好几十万，好几百万人，遍及全世界，耕种土地，促进土地肥沃，美化土地，并如同施魔法一样，进行今天人们完全无法想象的奇妙工作。用劳动大军代替破坏性的军队，是公有制度最伟大的善举、最美好的成果之一。

傅立叶说：“我承认，如果人们愿意的话，罗马军团在圣雷米消灭了三十万基穆人为自己增添光荣和赢得荣誉；但是，如果高卢和罗马的这两支大军联合起来进行创造，而不是进行破坏，如果他们把自己的军力配置在从阿尔到里昂的地区，通过一场战役，在罗讷河上架设起三十座石桥，并在全罗讷河沿岸筑起护堤，以拯救每年都被河水淹没的宝贵土地，这样做岂不会给这两支大军带来更多的荣誉吗？这样的荣誉才是我们那些总是在其建立功勋的战场上留下死亡的英雄们所值得去博取的。

“劳动大军是从统一制度中自然而然地产生出来的。现在当各个民族处在战争和互相斗争的状态的时候，这是办不到的。可是，当所有的国家都把发展文化和普遍美化世界作为首先关心的问题之时，那么，从五十个统一的共和国中征集一百万劳动壮士，其中每个共和国出两万人就自然是可行的事了。

“如果我们摆脱关于虚幻的改进的偏见，而以公正的眼光看看大地，那么，我们首先惊奇的是，看到几千年来人们所居住的土地还依然是这样贫瘠，这样荒凉！但是，我们马上就可用军队的破坏性来解释这种落后，因为当人们进行创造时，军队却蹂躏和血染大地，大事破坏，以它的狂暴来对抗人类的劳动才华。慈善家看到这样的灾难，怎么想不到向自己提出这样的任务，即集中五十万或更多的人来从事建设，以代替破坏呢？他们如预想到劳动大军代替破坏性的军队而会得出的美妙结果，就自然会提出唯一可产生劳动大军的统一原则，而这样一来，他们就会发现公有制度。

“没有劳动大军，文明就不能创造出任何伟大的事业，而在一切有点规模的工作上都要遭受挫折。在以前，文明曾利用在鞭笞和刑罚威胁下劳动的大批奴隶，完成过伟大事业。但是，如果说，像埃及金字塔和缪里斯湖[①]这样的创造物，得用五十万不幸者的

① 古埃及为了灌溉的目的而在尼罗河右岸的高原上所开凿的人工湖。

眼泪来浇灌，那么，这对文明来说是耻辱的纪念碑，而不是胜利的纪念品。”

甚至不用追溯到古代，牺牲几十万人生命去建筑圣彼得堡的彼得大帝的专制政体，就与其说是引起赞美，倒不如说是引起憎恶。

“公有制一取得胜利，就会建立起劳动大军，因为革命时期教养出来的青年，离开军营时，都对军队的集体有巨大的依恋。他们不习惯于公社的普通工作，与从童年起就习惯于此的一代比较起来，他们开始时是不大喜欢从事这种工作的。青年们会怀着极大的热情，追求规模巨大而引人注目的集体。有三种原因，从一开始联合之时，就强有力地吸引青年参加这种劳动大军。

“一、在劳动大军中，工作时间就完全同娱乐一样地度过；人们的工作忙得很，但是由于同盛大的节庆活动交替进行，从而促进工艺的发展。

“二、在劳动大军中，不必因天气恶劣而苦恼。劳动时，每个劳动队都有良好的活动帐篷来遮蔽烈日和风雨，他们就住在这种既方便又漂亮的行军帐篷中。如果劳动地点距离住所很远，就用车子把他们运送到工地，并且还要把他们接回来。

“三、由于相继同其他许多公社友好往来而感到愉快，因为其他公社对于我们的劳动壮士总是给以最热忱的、最友好的接待的。”

还有许多其他起作用的动力吸引青年参加劳动大军。这样的大军会比破坏性的军队为数大得多。凭借劳动大军，极巨大的工程都将变成游戏和娱乐。一开始，劳动大军将遍布大地从事耕种，让公社布满全球，同时，人口过剩的地区将抽出大批人来移居到那些原先是荒漠而现在已变为可住和有益于健康的地区。种植、造林、普遍灌溉，等等，一切工作都将同时着手进行；这些工作眼看如同演魔术似的完成，这是总想逃避劳动的大批奴隶和雇用者所不可能做到的事情。[①] 总之，将能实现那些其迫切性已为几个世纪以来人所公认的一切改进的工作，例如：在苏伊士地峡和巴拿马地峡开凿运河；排干许多有害的和传播疠疫的地方（意大利的蓬提沼泽、法国的罗什福尔沼泽、布鲁瓦热沼泽等）的积水；为阿尔卑斯山、奥弗涅山、汝拉山等山上老树培土和栽种新树；开垦法国、英国、比利时、西班牙、波兰、俄国的荒原和石南丛生的地区，等等。

当全人类代表会议把三四百万劳动者集中在同一地带之时，什么奇迹不会轻而易举地创造出来啊！那时人们会看到，无比广阔和灼热的荒原，甚至撒哈拉沙漠，都将变成可耕的良田。且看如何达到这样的结果：建立大规模的种植场，逐步向前推进。这样将使水源逐渐恢复，使沙土湿润和固定下来。由于这些改进措施，炎热行将减退，甘霖普降，气候逐渐变得温和。最后，土壤、大气和植物彼此交互影响，便很快地恢复一般的气候体系。

这项伟大的事业还由于有良好的灌溉系统而便于进行，对于这种系统现在还不可能有一定的概念，但是凭借我们刚才谈到的那些工程，是可能办得到的。在荒原中成千上万的自流井将会开

① 为使自己相信这一真理，应参观一下巴黎的防御工事。人们会看到，在这支人数众多的环驻首都的劳动者大军中经常呈现出何等的倦怠，何等极度的厌烦，何等极端的懒散啊！假使是我们劳动大军的士兵们的话，那么，多少更为重大的工程不都早已完成了！——原注

凿出来。

接着，在全世界铺设道路；运河和铁路也将遍布大地；江河都筑好堤岸并且连成水网；汹涌的急流受到遏止，大海也被控制在自己的范围之内；最后，由于大规模绿化而使气候纯净并普遍和暖；这样便形成土壤肥沃的新的源泉，而最后使全部田间劳动变成极其愉快的事情，整个大地也成为异常美妙的住所。

第十二章　气候的恢复

最新奇而又最值得学者和社会主义者深思的计划之一，就是通过全球的全面垦殖来恢复气候；这是一项异常重要的工作，只有在公有制管理下才能进行。古代和现代的某些哲学家有时轻率地谈论这个问题；可是，我不知道他们中间有谁提出的见解能像傅立叶的见解那样新颖、大胆和卓绝。

让我们听一听他的论述吧：

"现在，几乎只有欧洲、印度斯坦和中国实行全面垦殖，但是它们仍受着分散而不协调的制度的影响。由于耕种过分、森林毁坏以及农业布局缺乏协调统一，文明国家自身弄得一塌糊涂；一切有识之士都为文明的这种不良特性深为惋惜。文明而又野蛮的垦殖仅仅是持续几个世纪的诱人的骗局；这种垦殖盛极一时，仿佛能改善气候；然而，它很快就使气候回复到原有的酷烈，比原始的严寒酷暑有过之而无不及。通过部分的开垦和对森林的砍伐来整治某个原始地区，那是轻而易举的事；可是，要把一个森林毁坏一空、水源枯竭的受害地区恢复起来，那就十分困难了；今天的波斯就是如此，而从前它是非常富饶的；普罗旺斯、朗格多克和卡斯蒂耶等地区也已变成这样；今天仍在为少许的舒适气候条件而自豪的所有地区，两个世纪以后也会变成这样；现在就已经看到它们的气候在迅速地恶化了：耕作地区中名列前茅的英国就是明证；就在其以宏大的工程（如苏格兰运河）而闻名的地方，恶化气候、糟蹋森林的事情到处可见；在本应布满冷杉和桦树的苏格兰地区的群山上，竟然连一棵树也没有。俄罗斯也一样，在这个新国家里，人们已经为森林资源枯竭而怨声载道。

“在综合统一的制度下，全球将像一个人的产业那样受到管理，人们将从全面的、布局十分得当的耕作中获得双重的好处；这会使气候温和三十纬度，这是与诸如西伯利亚、上加拿大和澳大利亚等地的原来气候相比而言的；由此会使北极的冰雪消融四分之三，这样便可为普通贸易开辟经北冰洋和白令海峡的两条能全线通航的航道；此外，还可保证气温冷热变化只有细微差别，保持温和，避免严寒酷暑和骤然变化，使位于纬度四十五度的地区的粮食通常一年三造，位于六十度的地区至少也有两造。

“增加温度并不能造成一年三次收成，这个办法是很不实际的；过分而持续的炎热会使植物的生长发育完全停滞；只有获得受和风与丰富雨水调剂的、变化有度的气温，才能从中受益。一个月不停地下雨或一个月持续炎热，对作物来说，都是个灾害。

“众所周知，如果能控制气温，使之变化适度，风调雨顺，无暴雨酷热，那么，植物几乎在转瞬之间便会生长起来。一年三造比一年一造还要容易，而现在一造也经常受到严寒酷暑特别是受到对法国一直非常不利的复活节后的冰冻和寒风的伤害。

“这就是在协作制度帮助下而实行的普遍垦殖将会产生的效果，由此会看到在大气方面出现经过系统改良的气候。

“开垦土地可以改变气温；气温同土地一样，是受人工所左右的；我们的工作如果进行得巧妙，可使气候温和十二纬度，也就使位于五十度的地区具有位于三十八度的地区的气候；反之，如果位于三十八度的地区垦殖得不好，那么它的气候就降到位于五十度的精耕地区的气候；这一切都是已经证实了的。

"例如，巴黎和图尔位于北纬四十七度，气候温和，每年寒冷天气的气温不大超过列氏十至十二度；而位于同一纬度的魁北克市和阿斯特拉罕市，却同彼得堡一样寒冷。在这些地方，温度计通常降至零下三十度，在阿斯特拉罕曾降至零下三十七度，比圣彼得堡的天气还要严寒。其原因是，这些城市均与广阔无边的荒漠毗连；它们的气温必然与其邻近的荒漠的气温相似；这种情况使得位于北纬四十七度的阿斯特拉罕市在冬天拥有位于六十度甚至六十三度的城市（如瓦萨和特隆赫姆）的气候。

"费城和北京的情况亦是如此。它们均位于北纬四十度，与那不勒斯同一纬度；它们冬天的气温同位于北纬五十三度的柏林的气温相似，即使持续的时间不一样，但至少寒冷的程度是如此。总的来说，其原因就在于它们邻接大面积的荒芜地区。

"宾夕法尼亚也是与那不勒斯位于同一纬度的，在它的山坡上，葡萄无法生长；而在美因兹，葡萄却生长茂盛；美因兹市比宾夕法尼亚高十纬度，但它的气候已得到改良，人们把这种气候称作人为的或人造的气候，就是说，那里的土地已全面开垦。

"正如人们所见到的那样，仅仅通过简单的改良方法，就已经使气候温和大约十四个纬度。通过全面综合的改良，还能获得大大的缓和。

"所谓简单的改良，指的是通过局部的、有限的耕作（如意大利那样的)，使气候回复温和。意大利的充分开垦，加上德国和法国等周围地区的开垦，这就成为一种促使气温温和十三或十四纬度的动力，这是与如同澳大利亚那样的天然气温相比来说的。但是，意大利邻近有些耕作得不好的地区，如非洲、希腊、匈牙利，甚至西班牙等。在西班牙，马德里已遭受致命的严寒，这是由于森林被伐光、土地变贫瘠和到处是荒野所造成的。

“因此，我们的耕作所产生的影响，由于邻近存在尚未开垦或开垦得很不好的大片土地所造成的影响而被抵消；当意大利在改良气候的时候，而希腊和非洲却在恶化气候；它们的周围地区也必然会施加有害影响，来激化冷热异常的恶劣天气。

“只有全部土地像德国、意大利、法国、荷兰、比利时和英国这六个地区那样，都得到很好耕种，毗邻地区之间才能相互带来良好的影响；因为，如果全球都能这样做，并有足够的居民把耕作到处提高到西欧的耕作那种完善程度，那么，从各大陆气候的有益汇合中就会取得这样的结果：已普遍化的改良或简单而全面的改良，至少要比部分的和局部的改良多增加十纬度。

“我们已经看到，简单垦殖可使气温温和十四纬度；可以估计到，通过普通垦殖，可平均使气温温和十二纬度。这样，对于目前尚未开垦的、至少占整个地球五分之四的地区来说，气候的改良可共达二十二度。

“这还只是一种很不完全的改良情况，因为，我们到目前为止，是根据以分散而有缺陷的方式(同文明的方式一样)进行全球全面垦殖的假想来推论。目前，这种被大加吹嘘的社会还不能使气候达到可改良的一半程度。意大利到处是荒野和沼泽；亚平宁山脉从热那亚起直至卡拉布里亚，土壤贫瘠，深受破坏；法国处于更为混乱的状态；由于法国森林被毁，气候眼看恶化起来；这种破坏把普罗旺斯的柑橘树横扫一空，正在迅速搞掉油橄榄树，而且很快就要波及葡萄了。

“在统一制度下，耕作是不会这样的。这种制度实行耕作的全面布局，就好像全球仅属于一家股份公司那样；它使每个村镇、每个省份和每个地区臻于综合的完善状态：它普遍开展绿化、灌溉和排水的活动，并实施一切可能净化、缓和及改良地区性的或全球性的气候的工程。

“在这种情况下，各个地区不是相互传播恶劣气候的因素，而只是把和风的苗子传给对方：布局合理的河流和森林既预防酷暑，也防止严寒；耕作全面完善的结果，就是气温的普遍温和。在这种情况下，气候便达到综合全面改良的程度；为此，需要采取两种改进方法：普遍垦殖和种植的合理布局。

“我们在文明国度里仅考虑上述两种方法；我们已懂得如何耕作，但是不晓得如何布局；现在，每一个省和每个个人都把种植安排得混乱不堪，与气温的配合毫无关系。人们在适宜于森林生长的山顶上造田，复又在适合种粮食的平原上植林；尽管人们熟知树林具有调风顺雨、减轻风暴的有害影响的特性，然而四分之三的山顶上的林木却仍被砍伐一空。

“种植的系统布局从未能成为考虑的对象，因为任何地方都不存在这种布局，而且它是与分散状态不相容的。因此，我们只能估计这种系统布局在被局部或普遍采用的情况下可能产生的影响，而这种情形是在协作的状况下出现的。我估计，这种情况带来的好处是使气温温和十四纬度；此外，简单而全面的改良可使气候温和二十二纬度：因此，整个气候将温和三十六纬度。

“应当注意，在简单改良时所得到的好处是气温几乎到处升高，而在综合改良时得到的好处则是热和凉对半。在这种情况下，森林和高地灌溉水域的合理分布可以使我们的乡村到处获得在夏天所缺少的一切：和风、周期性的细雨和永不枯竭的水源，等等。

“只有这种全面综合的改良才能使人们获得一年三造的收获。

“在全球统一管理的情况下，土地的所有产品和全部的动物品种都会获得改良。我们已经能够觉察，培育和驯养工作使植物和动物大大高于其原始或野生状态时的价值；我们的牛和羊、鲜花和水果就是证明，它们都比在纯粹自然状态下生长的同类品种优良得多。

“单纯局部的培育已改变动物的皮毛，以及改变肉类和蔬菜的味道。这从绵羊毛和岩羊毛、家猪肉和野猪肉的滋味不同便可看出。

“普遍的培育会使我们得到许多尚不为人所知的各式各样的品种。假如全球各地都种植樱桃和葡萄，那么，由于未开发地区气候的影响，或者由于新品种和我们已有品种的杂交，有多少大同小异的新品种可以取得啊！我们已能识别一百多种玫瑰；如果全球都种玫瑰，那我们就会有上千种的玫瑰。

“普遍综合的培育，就是要在整个地球上使每个地区中已臻完善的品种相配和杂交。例如，我们假定全球都像诺曼底那样耕作；每个地区都十分精心地培育出它所能有的最优良的马种，并建造种马场和有关房舍，在那里让成百种最有名的马种进行交配，包括有诺曼底、阿拉伯、英国、安达卢西亚等地的品种，以及那些未开垦的地区（如澳大利亚，现在甚至还没有马）在协作制度下可能提供的其他品种。

“如果对所有这些用局部综合培育的方法得到的马种进行改良，如果通过全球所有最优良的品种的交配来加以改良的话，那么，就会得到一系列最漂亮的骏马。”①

“统一状态会使全球及其所有产物都获得巨大发展，考虑到这一点，就不能怀疑人种也是可以得到同样的改良和完善的。在目前情况下，我们就能看出野蛮种族与文明种族之间、原始状态的人与开化的人之间存在的差别。种族之间的差别和不同的开化程度是明显的；个人（甚至婴儿）之间的差别和不同的开化程度亦是明显的。不同人种通婚的必要性已得到公认；技艺和工业对各族人民产生的影响，以及教育对个人产生的影响，也都是众所周知的。因此，假定全球和谐统一，实行全面的教育，亦即让每个人的体、德、智都达到最高的发展程度，人人都精力旺盛，身体健康，生活富裕，全球各人种之间相互通婚，使人种不断完善，那么，有谁还能为未来人类的精力和寿命及其在此种情况下享受的幸福定出限度来呢？”

① 除了我作了几处改动之外，上述细节均摘自傅立叶的《论农业协作与家务协作》一书。我不能断定所有他的这些假说和计算是否绝对准确无误；但是，他的气候理论的实质在我看来是无可争辩的。我甚至相信，那些用以恢复和全面改良气候的途径和方法是能够从科学角度加以证明的。——原注

第十三章　卫生法

利用有益于健康的东西，避免有害于健康的东西的影响，这就是卫生学的目的。因此，为了获得这种效果，重要的是熟知人与外部世界之间存在着怎样的关系。我的主题不在于详细考察构成卫生科学的许多实验。我需要做的，只是验证其他一切现象赖以产生的某些普遍现象，以便由此确立和安排我们的社会组织。这就是我要简略加以阐述的问题。

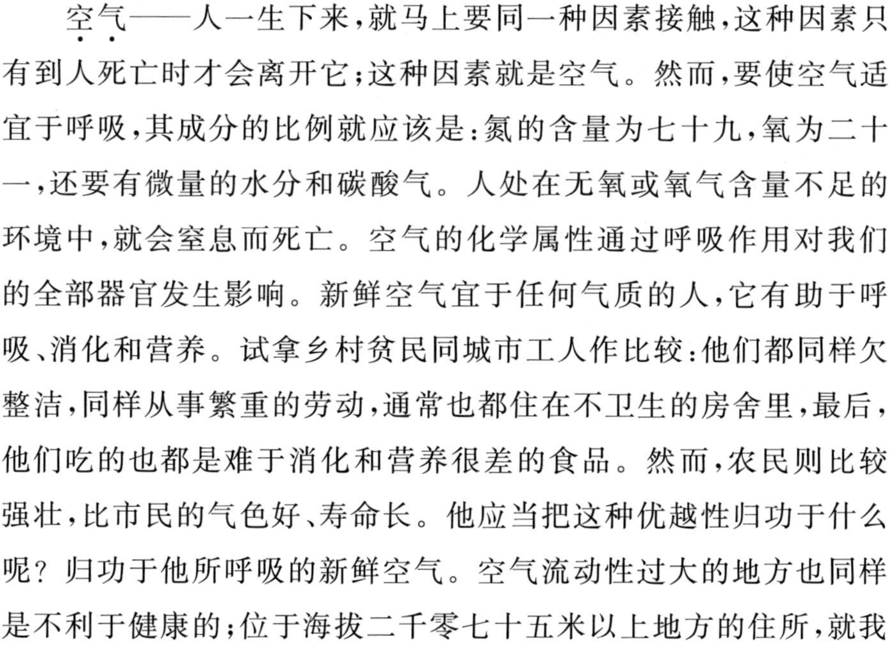

空气——人一生下来，就马上要同一种因素接触，这种因素只有到人死亡时才会离开它；这种因素就是空气。然而，要使空气适宜于呼吸，其成分的比例就应该是：氮的含量为七十九，氧为二十一，还要有微量的水分和碳酸气。人处在无氧或氧气含量不足的环境中，就会窒息而死亡。空气的化学属性通过呼吸作用对我们的全部器官发生影响。新鲜空气宜于任何气质的人，它有助于呼吸、消化和营养。试拿乡村贫民同城市工人作比较：他们都同样欠整洁，同样从事繁重的劳动，通常也都住在不卫生的房舍里，最后，他们吃的也都是难于消化和营养很差的食品。然而，农民则比较强壮，比市民的气色好、寿命长。他应当把这种优越性归功于什么呢？归功于他所呼吸的新鲜空气。空气流动性过大的地方也同样是不利于健康的；位于海拔二千零七十五米以上地方的住所，就我们的气候来说，是对健康有害的。住在位于这样高度的圣哥达隐居处的修士们不得不时而到山下来，以恢复体力。

我已说过，新鲜空气是呼吸所必需的。然而，当一些煤气和蒸气弥漫于一个不大的空间时，该处的空气就被排走，形成一个我们在其中既不能呼吸也不能生存的新环境。在一段时间内烧煤、煮水银和酿醋的房间里，在葡萄发酵的酒窖里，在大量的人畜长期聚集其间致使氧气耗尽的地方，都会发生这种情形。这时，人就会如溺水时发生的情况一样，因窒息而致死。

对人的体质发生有害影响的物体当中，有些是通过对其所接触的部分产生机械性刺激而发生作用的，例如，大多数金属粉末，盐酸等就是如此；另一些是被吸收后产生作用的，例如，瘴气、沼泽气体、铅蒸气和汞蒸气；最后，还有一些则同时具有机械刺激和渗入机体这两种效能，其中如水银、铅、亚砷氢等。厕所臭气也对我们的机体发生极有害的影响。在我们的现代社会中，人数最多的阶级（无产者）是不可能避免这种致命的影响的。看来，法律抱定一个相反的任务，就是使这种影响日益增加。这是矿务委员会在英国所作的工业调查中得出的结论。人的良心不愿相信政府官员们不久前所证实的一切丑事。可怜的劳工们每天十六小时挤在令人窒息的、阴森可怖的坑道里，他们只能爬着进出。妇女像马一样被套在车上，她们靠着两只手向前移动。她们同马一样，皮带系在腰部，从两腿中间穿过缚在车子上。年仅九岁的不幸的儿童成了这些地狱般的处所的看门人。他们只有通过矿井的小孔才看得到一线亮光，他们整整八天期间都不断地忍受着这种可怕的折磨：他们只有星期天才能从矿井里出来。事情并非到此为止，人们还要他们坚持四十八个小时不睡觉。他们的主人由于贪婪，甚至竟拒绝发给他们一点蜡烛头，以供他们遣闷。

在公有制度下，恰恰相反，卫生法的本质在于把致病的原因和影响彻底消除。我在前一章已证明有可能轻而易举地为此实行规模巨大的工程。

气候的普遍恢复，将大大有助于空气的普遍纯净。可是直到今天，单单这样的计划，就连最知名的学者和最大胆的政治家，也认为是一件荒诞不经的事情。

由此，用不着我来详细解释，不难设想，能够战胜如此巨大困难的制度，是不会在次要的障碍面前失败的；我们的平等者首先关心的，将不仅是把现在称为作坊、制造厂、工厂、手工工场的令人窒息的闷热场所变成华丽的厅堂，而且还要把空气、光线和一切生活上的便利送到极深的地下矿井里。

但是，你们不要指望，在我们的大手工工场主、我们的冶金工厂主等人的资产阶级利己主义的统辖之下，有朝一日会这样做。他们不像中世纪炼金术士那样富于幻想，却比炼金术士更贪得无厌、更残酷无情。他们确实找到了制造黄金的办法；他们不惜用一切东西，即“用饥和渴，用热和冷，用眼泪、忧虑和恐慌，用蒙昧和无耻，用垂死和残喘，总之，用无产者的尸体”来造就黄金！[①] 他们为了制造黄金还有什么东西不用的呢？卑鄙和谎言、竞争和垄断、倒闭和破产、自己的誓言和政治良心，等等，等等，都被他们用来制造黄金。

---

① 在苏格兰的大多数矿井中，男人、妇女和儿童几乎是赤身裸体地劳动，有时甚至是完全裸体的，一片混乱，叫人难受。不久前，一个九岁的小孩儿忘记关闭矿井的门，致使瓦斯爆炸，有六十多人窒息死亡。——原注

戈尔东在一百多年前所写的这一段辛辣的讽刺文字不就好像真是为他们而写的吗：

“假如瘟疫能够封官晋爵和颁发勋章，特别是能发给黄金的话，那么，它是不会缺少奉承者和忠仆来给它建立宝座、甚至建立祭坛的！”

住宅。这里需要考虑三件事：即位置、布局、朝向。

位置。靠近河流、沼泽或位于低洼狭窄的山谷中的住宅，总是潮湿的，因而也是有害健康的。在公有制度下，根本不会有这类弊病。因为，第一，放弃适宜的地点公有制得不到任何好处；第二，公有制拥有认识这种地点的科学；第三，它拥有选择这种地点的权能。

布局。住宅位置无论如何优越，它的优点也可能被内部布局所抵消。例如，窗子过窄就会妨碍光线的合理分布。离地面较低的房间总是潮湿的；如果房间过小，里面的空气就会很快污浊。使用壁炉较之火炉更为可取，因为壁炉会更好地更新房间的空气，而且既提供热也提供光。许多住宅集中在一起时需要特别注意公共卫生。如果房屋很高而彼此相距的空间狭窄，每条街就都会成为传染病的发源地，空气难于更新，光线不能射入屋内。因此，这些地方居民的健康会受到很大的损害。健康状况最佳的人是住在上面几层的人。曲折的街道形成许多拐角，每个拐角之处造成通风的障碍，由此保存一种停滞而污浊的特殊空气。房屋和街道的清洁是公共卫生不可缺少的条件。小河必须具有一定的坡度，使水在河内不能滞留。最后，街道必须定期清洗。

我（在第 45—46 页）所述的我们的统一公社就没有这一切弊

病，而且提供所有这些优越性；在不平等和分散制度下，在有无产阶级和赤贫存在的情况下，是永远不可能达到这些条件的！

朝向。在我们的地区内，住宅面北和面西都是对健康不利的；毫无疑义，最适宜的是朝南和朝东，因为这样的住宅最干燥，光线最好，最暖和。我们公社的所有住宅都至少具备这种朝向的一个优点。此外，我重复一遍，我的计划不是不可以更改的，如果有谁提出一种各部配合得更加适宜的建筑设计，那它就会毫无阻碍地被采用的。

服装。特别重要的是，缝制衣服所用的材料要适合季节、气候和体质，要使衣服一点也不束缚器官的发育，并且要保持极度清洁。公有制组织能完全满足这一切条件，而且只有它才能够满足这些条件。

洗澡、擦洗、蒸汽浴、按摩、搽油，等等。这一切事情，对于我们的健康和我们的机体都有显著的影响。在未来的制度下，大家都很容易获得这种好处。未来的制度与目前的制度是多么不同啊！在目前的制度下，只有富人才能够享受这些，而且还很不完全。例如关于洗澡，大多数人还不知道科学要求于洗澡者的真正条件。在我们漂亮的浴室里，甚至就这方面开导洗澡者的规定也没有，难道这不是令人费解的吗？因此，有多少可悲的意外事故由这种疏忽大意和愚昧无知造成的啊！

睡眠。夜间睡眠恢复精力比白天睡眠好得多，以昼睡代替夜眠是不会永远不受惩罚的。夜间的大气状态从来不利于健康。圣克莱尔谈到，有两个军官率领各自的骑兵连出发，作二百法里的行军；一个日间行军，另一个是在夜间。日行夜休者，到达目的地人马俱无损失，而宁愿夜行日休者，则人马均受一定的损失。因此，目前制度下的某些企业整年要求开夜班是违反社会道德的，是真正的谋杀行为。赶驿站马车的工作、赶运货物的工作、面包房的工作、排字和印报的工作等等就是如此。

床铺不宜过软；床铺过软，热量太大，会引起冲血；床铺过硬，则使人得不到好的休息。床铺不应放在凹室的深处，不应挂帐子。相反，在夜间必须大大拉开帐子，并且至少要打开一扇通往邻室的门。

两个人同睡在一张床上是不大适宜的。首先，因为人体需要一定数量的空气，两个人睡在一张床上会产生过多的热量；其次，妇女每个月有三分之一的时间不适，那时她比平时需要更多的新鲜空气；第三，不间断的接触会激起过于频繁的、过分容易得到满足的情欲。

为了睡得好，必须在临睡之前少用脑子。良好的饮食制度，安静的、没有忧虑和没有任何过度行为的生活，宁静和昏暗，以及用温水沐浴，都是对睡眠有裨益的。

目前，绝大多数人几乎都不能享受到上述中的任何一种好处，住在大城市的人尤其如此。在那里，贸易把每条街、每座房屋都变成了永久性的市场，那里无休止地传出喧嚷和嘈杂声。从一清早起，千百辆大车经过的声音，以及卖零食的小贩的单调而又不连贯的喊叫声等等，会把你从睡梦中惊醒。

不管你病得多么沉重，不管你要从事什么重要的工作，你从早到晚都无法避开这种令人厌恶的混乱嘈杂声，以及这种令人难以忍受的喧嚣声。这个无力结束这种混乱状态的社会是什么样的社会啊！这种迫使成千上万不幸者整天拉开嗓门喊叫、消耗自己的生命和心肺去把健康的人的耳朵吵聋、甚至可以说是促使病人致死的制度（贸易），是多么卑劣的制度啊！

在公有制度下，人们既不会受任何这类弊病之苦，也不必为此而担忧。一俟贸易消灭，则防范、竞争、对抗、野心和牟利等精神状态亦随之而消失。贸易一旦消灭，各种事情就将安排得井井有条，从而使社会安宁获得充分的保证。那时，任何人都不会受煽惑，也不会被强迫，肯定也不会想（甚至连有这种习惯的人）把夜晚当白天、把白天当夜晚的。[1]

食品。食品是用来使我们的器官成长、发育和新陈代谢的物质，它补充器官的成分或者弥补器官的损耗。但是，为使食品有益于健康，重要而必需的是，要使它适合食用者生理结构和体质。在公有制度下[2]，大家都将能够判断这种关系，并令其获得满足，因为大家都具有足够的化学和解剖学方面的知识，并且能随意得到任何一种食品。

滥用调味品，毫无疑义是致病的最常见的根源之一。烹调得法大大有益于健康，并且使食物富有滋味。

食品是可能变质和被掺上最有害的物质的。

因此，人们曾看到面粉同石膏、白垩、铅粉、脂粉、明矾、球根牵牛脂、碳酸钾、沙土掺和在一起。[3] 在巴黎，有许多面包房在烘制

---

① 这一重要成果是实验科学和公有状况的自然产物。那时将不需要求助于民法的权威，尤其不需要像《伊加利亚旅行记》所说的那种荒谬而又专横的盎格鲁—诺曼底宵禁法的权威，这是毋庸多言的。——原注

② 我重复我已经说过两遍的话：我这里所说的是完全和谐的公有制。——原注

③ 用冷水调和面粉，便很容易识别出这种掺假物质；沙子由于它固有的本性，会立刻沉淀。——原注

面团时所使用的井水或水泵抽出的水，是肮脏不堪的。

巧克力糖可能被掺上淀粉；牛奶被掺上水、面粉和碳酸钾；咖啡可能被掺上菊苣。千百万人所饮用的茶叶和咖啡，对其中许多人来说并不是无害的。在公有制度下，这些刺激性饮料，将不再会或几乎不再会带来什么害处，因为在良好的卫生制度的影响下，我们的神经系统将变得很不易受刺激，特别是因为**我们平等者**将完全摆脱产生不安、悲愁、忧虑和恐惧的任何原因。

腐烂的食品会对人的身体产生最有害的影响。腐烂的物质会引起炎症。据说在动物的脂肪内，在面团及其他保存了很久的食品内，繁殖着一定数量的能导致暴死的氢氰酸。经过长时间烟熏的食品，也同样能产生十分剧烈的毒性。病畜的肉等等也是一样。

未熟的水果也是很有害于健康的。然而，这种水果却充斥于我们的市场，因为投机和怕被偷摘在某种程度上迫使主人只好提前采摘。

饮料。饮料中最珍贵的是水。好的水应含有空气。凡是不能很好地溶解肥皂的水，凡是使蔬菜变硬而不是将其煮熟的水，都是毫无价值的。河水，特别是在沙底、石底或沙砾底的河床中流得很急的河水，是最纯净和最清洁的。在城市中，水必须过滤。

酸而略带甜味的饮料，如柠檬水、橘子水和茶藨子露水，以及各种不同的果子露之类，都具有一种优点，即饮用不多便可止渴。乳浆和蜂蜜水也是非常清凉的饮料。

红葡萄酒通常是刺激性最大的。淡红葡萄酒刺激性则较轻，而白葡萄酒则更轻。酸涩的葡萄酒则有害肠胃。但是这种刺激性可以通过酒内掺水来缓和。在不太醇的葡萄酒内掺入酒精，只会形成一种有害于健康的混合饮料,这种混合饮料会很快令人醉倒。最醇的酒是阿利康特酒、卡内里群岛酒、塞浦路斯酒、康提酒、希奥酒、马拉加酒、拉克里姆—克里斯提酒、罗塔酒、托科伊酒、赫雷斯酒、弗龙提尼扬酒、考特—罗特酒、柳涅尔酒、爱尔米塔日酒,等等。

目前,这些酒能很快地损害健康,特别是过量饮用而且喝得不是时候则更是如此。在公有制度下,我已经说过,人的神经系统很少会受刺激,而酒将像咖啡一样温醇;所有这些甜酒只能产生宁神和有益于健康的作用。

由于照料不周,饮料可能变质,或者由于无知和贪婪而可能被掺假。葡萄酒可能被掺上醋酸钾、石灰或白垩、明矾、一氧化铅、铅粉、氧化铜、亚砷酸等。有时则在酒内掺上升汞,使其不致变酸。还有千百种其他伪造饮料的方法。为使淡色的酒或使水、白酒、酒石酒等混合饮料带上颜色,人们使用各种各样的颜料:印度和巴西的红木、草蓝、矮接骨木的浆果、女贞和欧洲越橘。

白酒和酒精饮料往往同胡椒、辣椒、曼陀罗和毒麦掺和在一起。用胡椒、芥末、毒莓树的韧皮、欧芋、硫酸、硝酸等来伪造醋。同苹果酒掺和在一起的酒醋,曾造成许多不幸事故。

我所列举的这一切伪造方法现在愈来愈司空见惯了。甚至连专供病人用的药剂也免不了掺假。投机和竞争的精神已不知有什么神圣的事物。面包匠、屠户、猪肉食品商人、食品杂货商人,都在争先恐后地相互竞争。然而,正是酒商,特别是饭馆老板们,在我们的大城市中把有害于身体的制作和烹调的可怕技术发展到登峰造极的地步,可以说,他们好像拥有各种特许证和执照来开设毒品店似的!警察局的记录过去和现在都经常证实,在许多饭馆中发

现完全变质的肉，即俗话说的臭肉。假如警察不怕辛苦的话，他们每天都会有这类发现。但是，这是无关紧要的，只要饭馆老板花上几个钱，便可继续毒害自己的顾客。为了使这种事情尽可能掩人耳目，只要靠厨师的才干就行了，事情就是如此！

由此而来的是，空气不足、变坏和污浊；有害于健康的、带刺激性的、掺假的、腐烂的食物；过度的劳动；淫乱、放荡；在一般饮食以及劳动、娱乐和体育锻炼等方面的无知和缺乏规定；甚至有时完全缺乏对人的照料；艰辛、贫困、穷苦、危难；忧虑、挫折、困苦、烦恼、惊恐，等等。唉！对于可怜的现代人类，特别是对于无产者来说，有多少造成终身病痛和难以形容的苦难的原因啊！

现在让我们来看统计数字吧：数字尤其是我们破坏性社会制度的温度计，它令人信服而又令人悲痛地证明，不遵守卫生法是永远不会有好结果的。不过，现在我们仅举两个例子来赶快结束这个问题吧：一、在（巴黎）第十一区和第十二区，死亡率（一直保持的比例）比安泰路和圣日尔曼市郊高三分之一以上；二、据阿拉戈统计，在安泰路，人的平均寿命为二十岁半，在第十二区，贫民的子女平均寿命只有两岁！[①]

哲学家、道德家和政治家们，请你们对这些数字好好地思考一下吧：一切都包含在这些数字之中了。利己主义者们，你们会发抖的，因为不幸者会有一天注意到他自己，会晓得他可能成为什么样的人，……而他现在又是怎样的人！！！

卫生制度的通则。当我们满足某种需要的时候，以及在前一

① 格班医生对于南特市也得出大致相同的数字。——原注

需要得到满足与新需要产生的间隔时刻，我们都同样感到幸福。就我们身体构造的性质来说，整个机体活动的适度是介乎需要和餍足之间、愉快和腻烦之间，超过这个限度即带来疲倦和苦痛。机体的功能和活动的周期性是人体结构的重要规律，这一规律是不应违背的。有规律的生活秩序在任何地方都是有益于健康的，而且延年益寿：已知好些长寿的例子都归因于这种规律性。为我们的需要而提供的东西的数量，以及满足这种需要的方式，这些都久而久之成为强有力的习惯。

因此，吃饭定时是十分重要的。夜宵毫不可取，因为要在睡眠时间开始消化。细细咀嚼乃是消化良好的首要条件之一，应当避免在十分激动的时候进餐。这方面的不谨慎曾导致严重的事故，甚至引起死亡。健康的人应尽可能不离开自己的习惯，并避免在用餐后立即从事脑力劳动。还应该注意不要吃得太快，不要在忧虑重重的情况下用餐。

今天，严格遵守所有这些如此必要的规则的人是多么少啊！在我们未来的制度下，谁都不会违背这些规则的！另一方面，有多少损害健康的、令人厌恶的和毒害人的习惯将一去不复返地被消除啊！

例如吸鼻烟，久而久之就会使嗅觉衰退。今天，鼻烟可能有助于消除顽固性头痛；但是，在我们公有制度的卫生学占统治地位的情况下，将几乎永远不会感到有此需要。吸烟草或嚼烟草会失去大量唾液，有碍于消化，并造成龋齿。一般来说，吸烟会助长肺结核病的发展。

在某些国家里，人们吸鸦片和抽鸦片烟叶。可是，鸦片是真正的毒药。鸦片和烟草均有麻醉和消耗我们一切思维能力的性能；毫无疑义，正因为如此，才有那么多人吸用，为的是遣闷消愁。然而，公有制将不断向所有的人提供多种多样的活动和娱乐，使其满意、愉快，以致没有谁再感到需要求助于这种有害的消遣。

慈善医院和休养所

在一切所谓文明的国度里，劳动者过着疲惫和贫困的生活。他们很早就不可避免地为疾病和衰残所困扰，进慈善医院也就成了他们悲惨生活的必然的而且无法避免的结果。

再没有什么比慈善医院内的情况更伤害我们的平等感和人类尊严感的了。病人在那里毫无权利，所得到的经常是冷酷无情的、侮辱性的恩赐。然而，就是这种合法的慈善事业的卑微的恩惠，也并不是普遍赐予所有的病人(由于吝啬和床位不够)的。人们从病者当中挑出似乎病情最重的人，优先给予治疗；而如果是在多种疾病与重病流行的时候，或者如果医生误诊(这是经常发生的事)，那么病人就会在候诊时死亡。即使病人被接受入院，医生也是非常匆促地给他治疗，并在他痊愈以前就打发他出院，为的是把床位让给别人；这种病人仍然十分虚弱，不能立即重新工作。然而，贫困比理性的力量更大，它强制和迫使他去工作。于是致命的病症复发，使他再度入院，就此不再出来。

医生、住院实习医生、医院院长、女护士，有时还有男护士，全都有随意驱逐病人的权利。就在不久以前，儿童能否入院(在巴黎)，仍由看门人决定。

人们最注重的，就是外表。

当你刚走进医院病房时，你不能不注意到病房的洁净和井然有序，也不能不承认护士们[①]的那种起不了什么作用的热心，她们在病人床边似乎愈聚愈多。

然而，只要你在一个病房里留上一会儿，忧郁的思虑和难受的感觉就立刻会缠绕着你。你听到从四面八方不断传来的抱怨、喊叫和呻吟声了吗？难道这时你还会不懂得，在医院里，病人不仅因自身的病情而感到痛苦，还因其邻近的病人的病情而感到苦痛，从而加重自己的病情？病人成堆，混乱不堪，他们的疾病、习惯、风俗和所受的教育极不相同，却紧紧地挤在一处，排在一起，这一切必然对每个病人的精神状态产生十分有害的影响，这一点你还会想象不到吗？而妇女是如此善良、娇弱、多情，能够说这种场面对她们的敏感的、神经质的天性不发生影响吗？

确实，多么混乱啊！那些仅仅有点外伤或轻微不适的男女病人却可能正好排在垂危病人的旁边。只需稍加休息和服用少许药剂就能痊愈的患者，却经常在眼前看到垂死的病人；听到自己身旁的病人的临终喘息和瞧见他的尸体立刻被抬走。夜间，他得不到对于他会十分有好处的安稳而宁静的睡眠，他耳边不断响着低沉而悲哀的呻吟声和高烧病人的谵语。休息对他说来是不可能的，因为他的精神不断受到各种噩梦的刺激和侵扰。形形色色的死神的影子在他的眼前晃来晃去，使他感到恐惧。

① 遗憾的是，她们的心中还保留着宗教的褊狭的旧根，这种褊狭导致冷酷和不公。——原注

实际上，病人在令人忧心忡忡的住院期间所见到的，似乎只有要动手术的肌体、待解剖的死尸。毫无疑问，在我们的慈善家们看来，人一入慈善病院，便失去他的一切智慧和精神的能力。咳！对于这种情况，医生和科学又能有什么办法呢？多少病人在他们本应得到康复的地方，却找到了死亡！[①]

当我们看到社会上的另一种弊病——法律所加以惩罚、痛斥并宣布为可耻的流浪现象时，医院制度所引起的我们的这类痛苦的思虑，便会同样强烈或许还要更加尖锐地重新出现于我们的脑际。唉！看到那些穿着破烂衣衫并且快要饿死的可怜老人像中世纪麻风病者一样，人人都避而远之，人人都讨厌，的确，还有什么比这景象更令人痛心、更使人反感的呢？唉！这是道德败坏到极点啊！这是渎神的行为啊！这些不幸者无论怎样在富人面前低三下四、卑躬屈膝也是枉然，他们横竖叫富人看不顺眼。他们，不幸的人们啊，非但得不到社会救济，反而被送进感化警察局、监狱和济贫院。按照帕朗·杜沙特莱先生的说法，他们像劣等牲畜一样集中一处，被圈进济贫院中，得到的是尚不足以满足其需要的一点点黑面包！！！

在这里谈一谈儿童收容所和感化院、精神病院、监狱、苦役犯监狱等，也许是适宜的。有多少幅凄惨、悲痛、野蛮和可耻的画面

① 巴黎的大慈善医院里似乎集中了一切可能有的不卫生和促进死亡的条件。市立医院就设在河边，位于一个肮脏的、人烟稠密和人声嘈杂的市区中；他的内部拥挤不堪，外面的光线被挡住；病人在那里得不到足够的空气，没有散步的地方，等等。在文明世界的首都里，竟看到如此严重的混乱和疏忽的现象，岂不真的是可耻而又可悲吗？——原注

还需要我展示出来啊！可是，我们为我们现代文明而感到羞耻的东西已经太多了，我觉得还是应该赶快结束这个问题吧。

读者们，当你们读到这么多苦难的故事时，你们一定会感到内心悲痛、眼圈湿润的。可是，我向你们讲述的，只是许多世纪以来一直折磨和压迫像你们这类人的许多沉重的苦难中的一小部分而已。善良而高尚的人啊，假如我把那些灾难一一向你们列举出来，假如我能够把那些不祥的住所内发生的始终不为外人所知的一切可怕的苦难情景都暴露于光天化日之下，那时又会怎么样呢？……

当局的部长们、国会议员们以及从事法定的慈善事业的人们，以上那些想法也是向你们说的。请你们对所有这些灾难好好想一想吧，再不要向我们吹嘘你们那些所谓奇迹了！你们那种毫无裨益的治标办法究竟是什么东西呢？……只不过是苦海中的一滴甘露罢了！！！

在公有制度下，将为那些希望享受更安宁的生活，得到更多照料的老人[①]设立养老院。但是，我们未来的休养所与现在的慈善医院是何等不同啊！每个公社里，将在宫殿的尽头的最符合卫生和最优美的地方，建造一座休养所。在那景色迷人的住处（公社宫），老年人的这种住宅还将是许多华丽建筑物中的乐园，是绝妙的奇迹！在那里或距那里不远的地方，设有栽培果树的温室、暖房、植物园、浴室，等等。那里还有专门图书馆、各种乐器、物理仪

① 当我们的制度达到完全和谐的程度时，如果可以把不可抗拒的自然规律称作疾病的话，那么除了年老之外，人们将不知道有什么别的病疾。——原注

器和天文仪器。总之,合乎愿望的游艺品和娱乐品应有尽有。

休养所并不像我们现在的慈善医院那样,那里既不施舍也不搞法定的慈善事业,而只有热心、友善、博爱、热情关怀和孝道,总之一句话,始终真诚地尊重自然法则!

有一些共产主义作家,其中包括《伊加利亚旅行记》的作者,(在他们的完全和谐的组织中)谈到慈善医院和现代社会的一切弊病时,都要把产房设在他们的医院中。这种措施本身就是一个严重错误。孕妇是如此之敏感,而却让她们经常感受病弱和衰老的景象,确实,不明智的事莫过于此了。在公有制度下,妊娠不必担心目前制度的各种弊病,孕妇有较强壮的体格和健康的身体,将可避免那种需要经常求助于内、外科医生、而且往往以惨剧而告终(我不怕作此断言)的可悲的危机。除此之外,公社宫内将始终备有足够数量的男女产科医生。不过,最好还是为孕妇安排专用房间。要特别注意,在她们周围摆设的,只能是使她们产生愉快而幸福的印象的物品!让她们眼前看到的尽是美丽而健壮的儿童,以及(如果愿意的话)完美的塑像,以便她们能够依照这些模特儿——可以这样说——来塑造自己腹内的胎儿!

道德卫生学

我所说的道德卫生学是指卫生学的这一部分:它教导人遵循他的机体要求其遵守的行为准则,而此准则是从需要、嗜好、自然的和原始的感情中产生出来的。

当人们这样来看待卫生学时,当卫生学阐明人的一切伟大、高尚之处和他的真实面貌时，卫生学的使命是何等崇高啊！

卫生学应当借用生理学、解剖学、物理学的基本规律，以便以这些基本规律即公理作为出发点。但是，它并不把自己的作用局限在所谓物质的东西上，它把自己的影响一直扩展到政治经济学、教育和道德科学方面。卫生学干预教育，还有什么比这更崇高、更高尚的呢？如果卫生学不能满足人们对实际知识十分迫切的需要，那它不就是没有完成自己的使命了吗？

是的，卫生教育迟早会战胜一切障碍，而成为对公众教育的一种补充。但是，为了取得这种成就，就必须从更高的意义上来理解卫生学。的确，如果它只限于提供有关生理方面的指导规则，那么它就是微不足道的，它就是自动缩小自己的作用范围。让它一开始就阐述不规律的生活对身体的影响吧，这再好没有了。不过，卫生学还应该由此提高到人所具有的最崇高的方面。卫生与道德之间的密切关系是如此明显，因此我不能设想，这种关系一旦被阐明，它会不被人所理解。自由、平等、博爱、友善、爱情的贞洁、热情、竞赛、勇敢、慷慨以及（必要时）英雄主义和禁欲主义等最崇高的原则，就导源于人类机体的规律，并且有它自己的根据，因而自身有存在的理由，因为这一切就存在于人类的身体中！

的确，所有这些社会品质给我们的生活以有力的帮助，因为正是它们使我们享受最大的乐趣；不认识这些品质的人过的只能是哀愁、冷漠和不完美的生活。如果说，生理学在这一点上几乎与道德总是不相协调，那是因为它对人只认识一半。我们这个世纪应当通过创造脑生理学或颅相学来填补这个巨大空白。物理学和数学的不断进步正日益消除古人曾徒然地试图克服的一切障碍，它特别有助于拆除至今仍使自爱与道德分离的种种有害的屏障。因为古代道德即使不把贫困、也不得不把普遍的低水准作为自己的重要基础，而这就随时随地都成为阻挠实现和发展社会平等和博爱的伟大原则的不可克服的障碍（人们对这一点是不会强调过头的）。

人的自身生存这一事实本身决定他要有一定数量的需要。人正应该围绕这些需要来集中自己的行动，从而使这些需要都得到满足。

人的第一需要是获得生活必需品、保证自己的生命不受各种破坏因素的侵害。然而，人之所以应该活着，那也是为着能够满足自己的其他需要，为着充分发挥自己的一切能力。当人能够满足自己的全部需要时，他便毫不犹豫地而且愉快地去做。但是，当其中某些需要之间发生冲突时，当他由于生活的迫切需要而不得不缩减和抑制某些需要时，他就会借助自己的其他能力，诉诸自己的最高尚的情感，求助于自己的智慧之光，并作出抉择。有些人会牺牲自己最起码的需要，听任自己的机体遭受毁损。但是，通常只有在人的各种需要发生激烈冲突的情况下，由于人找不到出路而致生活变得无法忍受时，这种情形才会发生。人往往为了爱惜生命而牺牲自己的一切个人需要和社会义务。多么可怕的、不可能不作出牺牲的取舍啊！然而幸运的是，在我们未来的公社里是永远不会发生这种事情的，因为那时外部世界和社会组织将完全与人的机体相适应。

因此，可以肯定，如果说人不完全受机体影响，他也不完全受外部世界影响。不，环境并不能决定一切；当伟大的苗子尚未种下

的时候，革命是不会一下子造就出伟人的。但是，革命会唤发起那些在事物的通常进程中湮没无闻的人。不，人与人之间的智力和机体、道德品质和体质，都不是相等的。但是我再说一遍，我们不应忘记这一点，即依靠教育就可以大大地不断改变这些自然的不平等，直到最终将其消灭；从某种程度上说，这也就是人类想要通过教育和异种婚配的方法而日益接近的目标。因为，正如维尔梅尔先生所说，人作为其物质环境和精神环境的产物，并不亚于作为其机体的产物。

我感到遗憾的，尤其正是在这个问题上我受到本书篇幅的极大限制。我本来多么乐意把我在第八章中概略地论述过的各种原则大大发挥一番，也可以说我想清楚地将其加以表述的啊！我本来想在逐一分析人的主要能力及其主要需要并历史地对其加以论述的时候，指出这些能力和需要在什么地方是以机体为转移的，又在哪些地方是以后天变异因素为转移的。换句话说，我本想阐明那以牢不可破的纽带把人的机体、社会组织和外部世界联系起来的真正的关系和真正的相互影响力。我本想以此为出发点，草拟关于欲念教育与协调的正常计划。接着，我本想以无可反驳的方式证明，我们公有制度建立的直接结果乃是外部世界的恢复和完善，而外部世界又会反过来影响我们的机体，如此永恒地持续下去，以致最富有诗意的想象力也无法设想哪儿是大地美化和人种改良的尽头。这些问题正是我要留在另一本著作中再谈的。现在，我赶快以下列分析对本章作一综述：

一、人具有在称为变异因素的无数因子的影响下进行活动的机体。

二、为了彻底地认识人，首先要了解他的机体，其次要了解他的变异因素的作用方式。

三、从人的机体与其变异因素的相互关系中产生种种需要，这些需要按其目的分为本能的需要、智力的需要和精神的需要。

四、正如所有的人都具有同等数量的器官一样，他们也具有相同数量的主要需要。但是，这些需要就其表现来说是有差别的，正如各种不同的人的体质有差别一样。

五、在人的身上，正如呈现在我们面前的那样，有时是本能需要占优势，有时是精神需要占优势，有时是智力需要占优势，有时则是三类中的某一种或某几种占优势；而且这种种优势表现在人的机体的特点上。

六、既没有十全十美的人，也没有十全十美的机体。

七、在人的需要中，有些与最低级动物的需要相同，另一些则与高级动物的需要相同，还有一些则是人本身所特有的。

八、人愈是受高级属性的支配，他便愈高尚，愈成为名副其实的人。反之，他愈屈服于低级属性，他便愈趋堕落，愈同动物相近。

九、这些属性的作用规律只是其自然发展历程的概括表现而已。

十、人的一切属性，仅就其存在这一点来说，就有着存在权利，因而也就有发展权利；因此，人的机体本身要求人满足自己的一切需要。

十一、任何一种属性都不应该支配和消灭其他属性；但是，智力属性是负有启发本能属性和道德属性的使命的，因为本能和道德的属性不会进行选择。

十二、其他属性的存在，是对某一种属性的发展的唯一合理的限制。

十三、从每一种属性都尊重其他属性的这种有益的关系中产生出功能和谐的规律。

十四、当由于某种情况，人不能平均地发展自己的全部属性时，他不应该听任某一种属性支配而损害其他属性，而应该求助于所有属性；他愈是服从自己的高级属性，便愈有道德。

十五、人的教育或人的道德卫生学，乃是对机体变异因素的作用进行指导的一种艺术，为的是：一、发展各种属性，从而发展那些有缺陷的器官；二、削弱那些失之于过度运用的器官和属性。

十六、这种教育的最终结果是：

人的活动沿着其所既定遵循的全部方向得到尽可能充分的发展。

第十四章 警察法

在公有制度下，警察将不大像我们现在的观念中的那种样子。首先：

一、政治警察变得没有对象了，因为再没有那些需要加以监视、打击、遏制和镇压的秘密结社、谋反和阴谋诡计了。再没有那些需要加以解散和取缔的工业投机集团了！再没有那些需要加以揭发的政治阴谋、秘密倾轧、暗中策划和叛逆行为了！再不必经常担心叛乱、起义、谋杀和革命了！

二、普通警察、感化警察和刑事警察也变得没有对象了，因为再没有破坏、劫掠、争吵、夜间喧哗和流血的殴斗了！再没有假造的度量衡、变质的和伪造的食品了！再没有欺诈、走私和违法乱纪的事了！再没有妓院和淫荡的场所了！再没有决斗、强奸和侵犯贞操的事了！再没有盗窃、拐骗、假冒和滥用信任的行为了！再没有谋杀、暗杀、放毒和杀害兄弟、婴儿、配偶和父母等行为了！最后，再没有不法行为、粗暴行为、虐待行为、不道德行为，以及任何应受惩罚、监禁、拷打和处死的犯罪行为了！！！

三、因此，只有我们现在称为城市民警的警察被保留下来。但是，就是这种警察将来也要大加精简的。

确实，当贸易消失时，再没有商场、市场、集市等需要监督、检查和管理了。至于其余事情，不难设想，依照我们公社宫的布置，那里既没有需要消毒的肮脏处所，也没有泥塘、垃圾或污物。

因此，没有什么比将来警察的职能执行起来更轻而易举、更有趣味的了。它终将同桥梁公路工程和建筑工程的管理机构归并和融合在一起，就是说，警察将执行从前罗马人叫做大小市政官员的那种职能。

现在让我们试把目前的警察与未来的警察作一简略的比较。

清洁和卫生。现在街道狭窄而且地势低洼，那里只能得到（而且机会很少）一丝微弱的斜照的光线和阳光，那里永远不会直接流入有益于健康的新鲜空气[①]；在这种情况下，怎么能够享受清洁和卫生的好处呢？这样的街道怎么能不经常潮湿和到处泥泞呢？而不正常的分散的一家一户的制度又大大增加了这些有害的影响。

那些污浊的死水，那些令人恶心的残渣废物和肮脏的垃圾，都是从什么地方来的呢？是从个人厨房里，从分散的住户来的。

因此，怎么能指望在私有制和不平等的制度下，我们有朝一日会完全闻不到传染瘟疫的臭气呢？怎么能指望在某些民主主义者所宣扬的绝对平等和无政府状态平等的制度下做到这一点呢？甚至怎么能指望以那个奇怪的伊加利亚公有制的折中和中庸的方式来做到这一点呢？这种制度无视科学、经济、历史、哲学和我们共产主义的传统，而在自己的后面带着分散住户的几乎全部废物和

① 在我们几乎所有的大城市中，极窄的街道两边都矗立着五层、六层乃至九层的楼房。因此，这些街道的上空有时似乎成了地道的拱顶。——原注

杂物并让其繁衍起来(诚然是以精致的方式繁衍的)。实际上,立法者就餐厅、大厅、客厅、接待室、药房、寝室、前厅、地窖、小地窖、柴屋、煤炭室、酒窖、禽舍、男子工场、女子工场、厨房、污水槽等方面,无论对所有的人或每个个人,都从来没有像神圣的伊加尔表现的那样挥霍,而且,所有这些地方都是用合乎规定的家具配置而装饰起来的(参看《伊加利亚旅行记》)

只要在你们的城市和乡村中,有成千上万辆的双轮马车、双轮敞篷车、手推车不停地往来,弄得到处都撒下麦秸、干草、畜粪、灰烬和肥料等东西,怎么能够指望这些城市和乡村有朝一日会一片洁净呢?只要那里经常有马、牛、驴、骡及其他驮载牲口和牵引牲口纵横穿梭,只要在那里,尤其在人烟稠密的城市中遇到许多山羊群、绵羊群和牛群,有的被拉去耕地,有的被拉往牧场、畜圈或屠宰场,而它们一路上造成许许多多严重事故,又怎么能指望那些地方达到良好卫生制度的一切条件呢?

在我们的制度(我们的警察法将不断以其知识和警惕性来支持它)下,所有这些肮脏和不卫生的原因都不可能存在。

例如:

一、我们的长廊街道都将铺上镶木地板、花岗石方砖或其他讲究的石砖,因此,总是十分清洁而且容易维修。

二、将用蒸汽抽水机、冷水泵和各种水流来洗涤所有需要清洗的地方和清除一切灰尘,而且还有许多水池及各种喷射的水柱和喷泉以使空气清爽和洁净。

三、绝对或几乎绝对不往家里搬运和分发食物或其他一切可能成为不洁因素的物品。

四、载运生活必需品的手推车和货车，都将停在公社宫的门口。

五、你们看到那些把瘟疫和死亡传播得很远的大沼泽了吧？你们为清理这些沼泽和减少其有害影响做了些什么呢？……嘿！别说这是不治之症吧：拉斯帕伊的下面两句话，无论从经济观点还是从卫生观点来看，恰恰证明了与此相反。

有一天，他向自己的法官高声喊道："请你们撒沙子和掺泥灰石吧！把沙子撒在泥灰石里，把泥灰石掺到沙子中，普遍富庶的问题就会获得解决。"

有谁会妨碍我们平等者在任何有这种需要的地方随时撒沙子和掺泥灰石呢？他们为什么不力求用这样的方法，或通过排干广大地区的积水，或在所有沙地和干旱地区开凿自流井，或在那里开辟获得湿润土壤和实现普遍灌溉的新渠道，或在那里挖掘几个缪里斯湖，来净化空气和战胜土地的贫瘠呢？

但是，这里还要指出，还存在一种有害健康的重要因素，这个因素将被科学和健康的哲学所战胜，而必然归于消失。也许人们并未料想到这个因素——我所要说的就是墓地。我们共产主义哲学家认为，死人都应焚化，使他们的骨灰变为元素；只有他们的才能和美德才是唯一留作纪念的东西。

我预料到，许多人会叫喊这是无神论，是亵渎神灵！但是这有什么关系呢？我可用下面两点来对这些偏见作出答复：

一、假如从开天辟地以来，人人都效法法老王的榜样，假如人们将来永远效法他（假定过去和将来都能够这样做的话），岂不要担心整个地球无形中会变成木乃伊了吗？

二、唉！你们不去求助加纳尔[①]的技艺，却以为把亲人的尸体完全埋入土内，有时还把它们葬入饰有夸大其词的墓志铭的讲究排场的坟墓里，就是对他们的遗骸的尊敬。可是你们这些孝顺的愚人，要知道，你们这样做，可以说只是在他们死后还去延长他们的痛苦而已，因为还要让尸体彻底地分解和腐烂。生命一旦离开肉体，最好是打破仍把肉体的各个不正常的、不相联系的部分并列在一起的最后链条，而赋予各个部分以新的生命，让它们服从唯一而普遍的引力规律，就是说，使它们能够与其他元素重新结合，直到其中的每一部分都找到与自己的形态、安宁和舒适最切合的位置为止。

安全。在我们现代社会中，一切事情的产生和进行仿佛都是盲目的。甚至在我们各个最富庶、最文明的首府，竟遇到骑马者和步行者、四轮公共马车、运货车和各种各样的车辆在街道中间混乱地行进。所有这一切无规则无秩序地来来往往，相擦、互撞、相挤、互碰，而且常常撞个粉碎。只有在某些城市中，刚刚为行人留有人行道一类的地方。多少严重而可怕的事故是由这个我们不断指出和鞭挞的有害的社会组织和这种可悲的放任自流造成的啊！多少不幸的受害者被踩在马蹄之下或丧身于车轮之下啊！有多少人受伤和蒙难，又有多少人因千百种其他方式而丧命啊！

在平等宫内将绝对不会有这一类的危险。那里：

一、食物和产品的运输工作只在街上和路上除运输者外没有什么行人的时刻进行。

① 加纳尔(1790—1852年)，法国化学家，曾发明向死尸注射防腐剂的方法。

二、在房屋的底层为行人留出极宽阔和极方便的人行道。此外，行人还可利用特别方便而华丽的走廊，这种走廊是一层接一层地把两座围篱式建筑及所有住宅主体联系起来的。

三、宫殿内外，不论是步行者还是赶马车者，所有的人都牢牢习惯于靠预先规定或商定的某一边（右边或左边）行进，这样，就再不会有交通阻塞、车辆冲撞、拥挤和任何事故了。

四、任何有危险的牲畜都不得四处乱窜，也绝不许跑进宫殿里来。

五、将采取一切预防和加固措施，既不惜花费力气，也不惜付出心血，务使一切建筑物甚至在最猛烈的暴风雨的冲击下，墙上的灰泥或任何别的东西都不会掉下来，也不会造成什么事故；务使任何一个劳动者，哪怕是粗木工、泥瓦匠、房盖工等，永远不会冒死亡或严重摔伤的危险。

公有制度还将使我们避免那一系列令人伤心的惨事。现在报刊每天都在用这些事件来折磨我们，而这些事件全部是或几乎全部都是由于疏忽大意、愚蠢或无知，由于竞争、吝啬和贪婪，由于分散制度和联邦制等而造成的。一句话，都是由不平等的和反共产主义的制度所固有的弊端造成的。让我们仅把最近发生的几起事故摆到读者的眼前吧。

这里，有一个小孩从六层楼上跌下摔死；那儿，有另一个掉进火里，烧伤了半个身子；第三个掉进开水锅里烫死；第四个被斗犬咬颈身亡。不久前，有位保姆离开一个四岁的小女孩一刻钟，回来时发现她已奄奄一息了。原来这个可怜的幼女同手里拿着磷酸点火器的小兄弟一块儿玩，被火烧伤得非常厉害。就在几个月以前，因为一小瓶乙醚被一阵穿堂风刮倒打破引起火灾，整个一家人——爸爸、妈妈、小孩和保姆——全都葬身火窟。又据仲马先生的报导，有位化学家和他的仆人也遇到同样的灾难。而由于意外遇到疯狗，或什么猛兽，或者甚至遇到什么受惊的或发狂的家畜，每天要发生多少起同样悲惨的，甚至也许更加悲惨的灾祸啊！

多么可悲而又可怕的事故啊！这些事故尤为可怕的是：其中每一起只不过是从千万件同样的或类似的事例中信手拈来的小小例子，只不过是从大量令人悲伤的收获物中捡来的一束小稻穗而已！唉，天哪！……我们再继续读下去吧：

昨天有几辆轿式马车翻倒，有几辆公共马车撞坏或掉进悬崖深谷，因为许多地方的斜坡十分陡峭，而且几乎任何地方都不设置栏杆或栅栏。今天，轮到了轮船：在卢瓦尔河、厄尔河和塞纳河上，许多条船上几乎同时发生锅炉爆炸造成伤亡事故；明天，便又会在密苏里、纽约、巴尔的摩、坦皮科、直布罗陀、印度、中国、北美、南美、地中海，发生“爱特纳号”、“梅多拉号”和“特里东号”等撞沉的事故，又将压碎和埋葬一批新的死亡者！

现在说到铁路了。最近，在铁路工人中间、矿工中间、机车司机中间和乘客中间，又有多少遇难者和发生过多少不幸事件啊！然而，在我即将叙述的苦难面前，其他一切苦难都会黯然失色。

且看《博爱报》是怎样报导在贝勒维发生的一次可怕的灾难的：

“在贝勒维听到一阵可怕的声响；五节载满乘客的车厢，在几分钟内就撞得粉碎，并同车内装载的一切一齐烧掉；宛如地狱发明了为但丁所不知道的新的酷刑，用铁和火的巨手悄悄地紧扼这些遇难者，把他们从地面上消灭，而不留下任何使人能辨认他们的东西。在这个庄严的时刻，死神将遇难的人们都搂在可怕的共同怀抱中，把骨肉、鲜血、灰烬、泪水、哀号、痛苦都混成一团，仿佛想用前所未有的博爱纽带把它们永远联结在一起。

“所有被悲惨的命运聚合在一起，只成了既无形体又无生命的同一存在物的人们竟葬在单一的坟墓之中！一座坟墓，它埋葬着多少个不同姓名的人啊！为了告诫后代，请你们用金字在墓前的花圈上写下这些词句吧：个人利益的受官者；个人利益把人类天才的力量攫为己有；其精神永远是：为了积蓄几个金币，而把同胞置诸脑后！”

是的，这里又谈到个人利益，但不是那种坦率的、富有同情心的、友爱的、明智的、有理性的、可以言喻的个人利益。这种个人利益在人的机体内是有自己的规律和必然的根据的。因而，这种个人利益知道，它只能在大众的幸福中找到真正的快乐：纯真、强烈和美满的快乐；而这里所谈的是那种冷酷无情的、吝啬的、贪婪的、唯利是图的、妒忌性的、记仇的个人利益，是那种不友爱的、野蛮的、无人性的个人利益，这种个人利益高喊着：

“宁可让南极到北极的人统统死光，也不让我的金库减少一文钱！”

这是一种愚蠢的、目光短浅的、不可理喻的个人利益，是缺德的、邪恶的教育和恶劣的社会组织造成的后果；一句话，这是彻头彻尾的个人利益，应该在这里用烧红的铁块给它烙上印记，既然没有其他制裁办法，就把它钉在历史的示众柱上！

的确，谁读了科学院的报告[①]，谁不千百次地咒骂我们的极端无能(姑且不说其别的方面)的警察法和警察条例呢？它们没有采取任何措施来防止这种个人利益。谁不全盘咒骂这种破坏团结的、自由竞争的、缺德而又可耻的制度呢？这种制度在产生着、增加着许许多多的不幸和苦难，并让它们永世长存下去！！！

如果我要把这些接连到处散布悲哀、恐惧和沮丧的灾难列举出百分之一，那么我的叙述就会没完没了，而且我会始终抱怨社会缺乏远见的！

卢瓦尔河、加龙河、索思河和莱茵河的泛滥，特别是罗讷河的泛滥，造成了多么巨大而可怕的破坏(例如，三年前那样)，每年在法国引起多少无法弥补的灾难啊！

在平等制度下，整个公有社会都将对受害者提供援助；这样，即使是最大的损失，由于人人都来分担，它也就不那么明显了。

可是，我怎么还说损失或破坏呢？……将来不再会发生任何这类灾害了。例如，那时谁还会妨碍人们把最汹涌的江水与激流控制在理想的限度之内呢？人们可以加深、加宽河床，或建造不可逾越的堤坝，或相隔一定距离建筑水闸、架设渡槽，挖掘大量水渠，由此把生命力和富饶送到乡村各处。

现代文明仍然要饱受多少雷雨、风暴、飓风和地震之苦啊！有些读者也许还会记得去年那场蹂躏西西里岛、中国、瓜德罗普等地区的可怕的灾害的。人们对于不久前毁坏和蹂躏海地共和国的灾

① 这个报告除了叙述其他原因以外，还指出力学定律的四条重要原则，必须同时违反这四条原则才会犯下这种不可饶恕的罪行。——原注

害仍然记忆犹新。那场灾害曾把一大批城市和乡村、特别是**海地角**和**太子港**几乎完全吞没或毁掉；而且，成群凶残的山地居民在这些地方进行了抢掠、凶杀，干出闻所未闻的暴行，更增加了灾难所造成的恐怖。

在**完全和谐的公有制度**下，不必担心任何这类不幸。由于我们那套恢复气候和大气的办法，可以说自然力将向人的天才低头；那时，人就像新的风神一样，终将束缚住朔风和北风，而使和风在天空中和江河上吹拂。火山本身也将不再被视为不可战胜。我们无数的劳动大军开凿许多地下水渠，把江河之水引入地下，由此而逐步消除最凶猛的火势，这样做并不是不可能的；这就像富兰克林(Francklin)的天才**终于**制伏和驾驭天空中的闪电一样。何况，将来没有什么会迫使我们平等者非要在这种邻近危险的地区建设自己美好的公社不可。

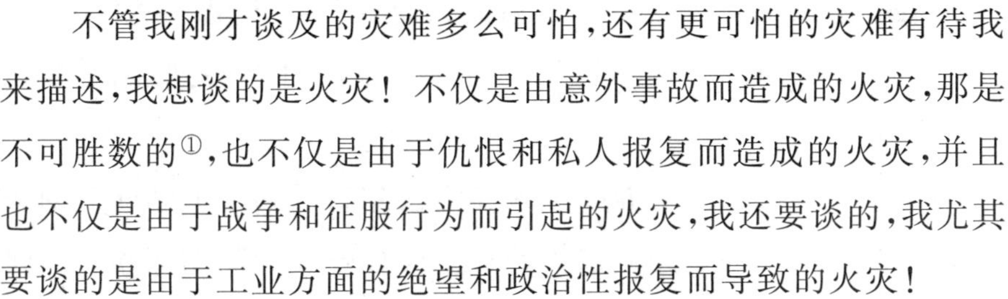

不管我刚才谈及的灾难多么可怕，还有更可怕的灾难有待我来描述，我想谈的是火灾！不仅是由意外事故而造成的火灾，那是不可胜数的[①]，也不仅是由于仇恨和私人报复而造成的火灾，并且也不仅是由于战争和征服行为而引起的火灾，我还要谈的，我尤其要谈的是由于工业方面的绝望和政治性报复而导致的火灾！

1830 年，在法国就有人犯下这类神秘的罪行；佛西、塞萨洛尼卡、佩拉、君士坦丁堡[②]就是这类罪行的可怕例子。

---

① 在德国和匈牙利，在不到一个月的时间内，大火全部或几乎全部把奥沙茨、麦凯恩、卡敏茨、柏莱茨、圣卡托纳等城市烧光。——原注

② 在这最后一个城市中，政治性火灾已变成一种流行病。那里，心怀不满的人仿佛不知道有其他泄愤的方法。——原注

可是,咳！就在我讲述这些事情的时刻,汉堡的灰烬还在冒烟啊！……这最近的一次灾难在我看来是最为严重的!!!

据说仅仅几个英国工人在可怕的狂怒和极度的失望之下(但愿这则消息没有根据!),就在那里燃起了一场大火,也许还进行了抢劫！什么？那些最富庶的首府竟受几个人的摆布！这是一个多么值得沉痛思考的问题啊！佩拉！君士坦丁堡！汉堡！对巴黎和伦敦来说,这是多么可怕的噩梦啊！对我们的哲学家和政治家来说,这是多么可怕的教训啊！他们多么应该尽快地去研究和寻求能够永远铲除一切仇恨、报复、贪婪和绝望之根的社会局面啊！他们对于这个严重的问题深思一番之后,就会同我们一样很快地得出结论:救治之法、唯一的良方就是建立平等的公有制度！

我就此打住吧;我对用笔描述如此可怕的悲剧已感到厌倦,我也没有更多的词汇来形容这些悲剧的可怕情景！正要过去的这一年又给本章带来了多少令人悲痛的素材啊！我再说一遍,这一年充满了多少沉痛的教训啊！我在结束本章的时候,还要记下最后一个教训。

为什么今天有许多养路工人在雷沃尔特马路上劳动呢？因为昨天有一队送殡的行列从那里经过。假如现在搬动的那些石头在头一天晚上就在其原处,这队送殡的行列也许就永远不会从那儿经过了。

为什么要在这条路边上树立起纪念碑呢？为什么？……请听吧！昨天那里还有一所破旧茅屋,这是许多难以形容的阴暗而又不体面的简陋茅屋中的一所;它同时是小酒馆、烟馆、店铺、厨房、酒窖、粮仓、洗碗间!那里,在那所四壁破烂不堪并被烟熏黑的肮脏店铺里，国王、王后、王子和公主，即法兰西的整个王室，在长得要命的四个钟头内，气喘吁吁地跪在沾满油污而又潮湿的破旧石板上，而王位继承人就躺在屋里的破烂床垫上，躺在仅有的一个铁硬的床垫上，差不多像是躺在方砖之上一样……带着可怕的临终的喘息声死去！……

那又为什么有这许多人围着他，致使他的目光和虚弱的头脑疲倦，甚至妨碍照料他的医生的工作，最后竟把这所闷热而发臭的房间里所保存的、为这个王位继承人发闷的胸部所十分需要的少量的空气都剥夺去了呢？……

害人的礼节！毁人的殷勤！可叹！他再没有空气可呼吸，除了大粪堆中散发出来的令人窒息的气味从他头旁的小窗子扑进来以外，再没有一点儿清风！！！

那么，此后有谁能夸耀可以永远避免分散制度和社会的无保障而造成的危险后果呢？如果不是失去理性，谁会对于不论什么人的贫困和富裕竟说出这样的话：这种事与我有什么相干呢？[①]

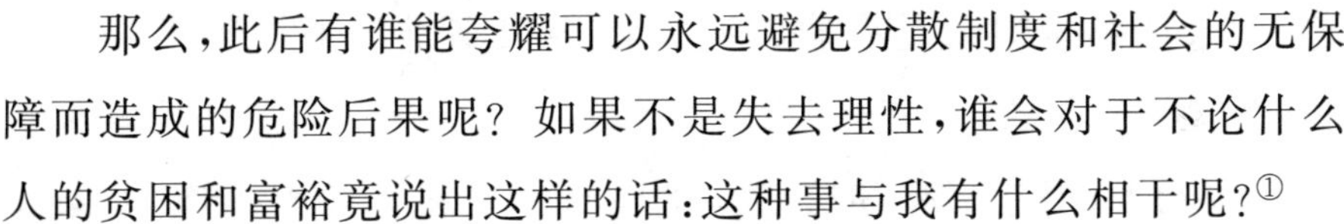

① 我在什么地方读到过一个东方暴君的故事，他也是只靠剥夺其臣民茅舍的必需品来兴建自己豪华宫殿的暴君之一。有一次他在打猎时遇到猛烈的暴风雨，不得不到一个樵夫家里躲避；可是，当他和他的随从人员刚刚走进这座贫民的陋居时，破败的小屋立即倒塌，几乎把所有这些显贵都埋葬在瓦砾堆中。如果这个传说是真实的话，那么还会有别的什么比它更明显的证据来支持我们的公有制度的学说吗？——原注

第十五章　科学和艺术

“科学和艺术对良好的风俗是有害的吗？它们是与平等的原则势不两立的吗？”

很少有这种使哲学家和道德家们争论得这样长久和这样热烈的命题了。但是，应当相信，许多对这个问题表示了肯定意见的人并不了解这个问题的真正范围，因为他们敢于用另一种说法提出质疑的，是下列的问题：

“人的结构对人是有害的吗？社会状态是与平等势不两立的吗？”

实际上，对于任何研究过人的本性及其机体的人来说，如果有什么无可争辩的事实的话，那就是人本身具有探讨科学和艺术的能力，具有对科学和艺术的需求，因而他应该不断地力求发展这种能力和需要；那就是，只要存在结合成为社会的人，他们就会互相交换自己的意见和思想，希望一面教导别人，一面向别人学习，彼此鼓励和督促，总之一句话，他们会共同努力来发展科学和艺术。

因此，如果我刚才讲到的那些人早就能够接受我们的观点，历史本来是不会记载那么多对愚昧无知的赞美和那么多对野蛮状态的颂扬的。人们也肯定不会看到祭司们那样热心地反对科学，竟至借一位拿撒勒教徒之口说出如下渎神的话，来对抗他们敬之如神的人：

“思想贫乏的人是有福之人，因为天国是属于他们的！”

敌视平等的人们害怕艺术和科学的普及，这是不足为奇的：他们这样做无疑是有重要原因的。然而，借此机会应当指出，即使在他们为愚昧无知建立祭坛的时候，他们也很重视以昂贵的代价把当代和以前各个时代的一切知识和智慧都搜集和集中到祭圣的殿堂之内。在这样做的人中间，首先有埃及的僧侣，接着是高卢的祭司，后来是修道士，最后是耶稣教徒。由此可见，古代的各社会等级不是企图扑灭科学和艺术的火炬，而是要掌握对他们的**垄断权**，这是表明他们自己感觉到科学和艺术的全部价值的令人信服的证据。

但是，有人用几位平等主义作家的见解，特别是用似乎曾如此雄辩地怒斥科学和艺术的卢梭的见解来反对我们。

我首先要指出，只有极少数的平等主义作家攻击过科学和艺术：弗兰西斯·培根、托马斯·莫尔、牛顿、达朗贝、伏尔泰、狄德罗、霍尔巴赫、摩莱里、爱尔维修等人，以及十八世纪整个百科全书派，除卢梭以外，全都是科学和艺术的殉道者和颂扬者。

现在，为了弄清是什么东西把卢梭和其他一些人引到这样严重的错误道路上去，让我们来看看对科学和艺术曾提出的反对意见。

反对意见——“由于追求艺术的精美，便产生出对奢侈和豪华的爱好、对娇柔和轻佻的爱慕。”

答复——艺术不会引起甚至不包含对娇柔的爱慕和对轻佻的爱好。这一切不但远不是艺术造成的后果，而恰恰证明艺术的不完善和堕落。

至于奢华，如果你们用这个词仅仅指的是吸引我们全部精神力量的那种高尚的豪华，我看不出人们为什么要力图禁止它。反之，如果你们指的是那种以绝大多数人的贫贱和困苦为对应物的骄奢和过度的丰盛；如果你们指的是浪费我们的一切产品、削弱我们的身体、破坏或消耗我们的一切精神力量和智力的荒诞的放纵和淫逸，啊！那就完全对了，你们有理由去诅咒它！

然而，难道所有这些可鄙的放纵无度的表现是艺术所固有的吗？这些东西与科学有什么共同之处呢？人们未作充分考察，而在我看来这是十分明显的事，那就是万恶均由私有制、垄断和无知，以及邪恶与娇生惯养的教育所产生。因此，主张道德、平等和进步的人们所应致力去做的，不是把科学和艺术局限在狭隘的范围内，而恰恰相反，是发展、普及科学和艺术，把它们变成公共财富，并一视同仁地让所有的人按照各自的需要分享它们的好处。

反对意见——“从事科学和艺术的人们从一开始感到最后总要以自己的真实的或虚假的知识换取奖赏、高位和免除普通的劳动。人们对这些人的知识或才能的评价助长了他们的虚荣心，往往怂恿他们去干那些损害文化程度较低的普通人的权利的有害勾当，他们凭借伪善的、险恶的花言巧语骗取普通人的信任。”

答复——一、这种反对意见，如果用来反对私有制，也许有一点儿分量；但是，把它用来反对公有制，它能有什么力量呢？我已经说过，在我们平等者中间，根本没有社会地位的贵贱之分；他们除了承认才能、热心和真实学问（这是长期的经验和持久的劳动的果实）方面的优越之外，不承认有别的优越性。如我已经证明的那样，当劳动变得既吸引人又有益于健康的时候，有什么东西会促使他们逃避普通劳动呢？那时，只在学识的追求方面才会遇到一定的劳累，而这种劳累又会在其自身的目标中获得公平的酬报，这一点难道你们还不明白吗？

二、但是，能够驳倒这整个问题的，能够彻底推翻你们反对意见中的第二部分的，乃是在公有制度下将不再会有任何社会等级和学者集团，也不再会有要受剥削的愚民和弱者。我们所有的平等者将既是企业家、艺术家、文学家，又是科学家。人人都会感到有需要依次施展自己的全部才能。每个人都会完全懂得，只有尊重自己同胞的自由，只有为公众的幸福而劳动，自己才能心安理得地享受真正的自由，并在某种程度上获得充分的幸福！

反对意见——“野蛮民族的需要仅仅是物质上的需要，这种需要的数量甚微。相反，文明民族的需要则是巨大的。有多少爱好和愿望需要加以满足啊！而在这多种多样的爱好中孕育着多少争吵、争论和邪恶的种子啊！”

答复——我承认野蛮人的需要少于文明人的需要。但是，这一点又有什么意义呢？因为野蛮人尽管最严格地节制饮食，尽管有时对食物的分配最为公平，却仍然经常面临饿死的危险。可以举出多少这样的部族，他们在最崇高的博爱制度下共同生活，他们只是因为缺乏科学和艺术所带来的好处而不能过富裕、安全和幸福的生活！例如，俄亥俄河及密西西比河沿岸的居民就是如此。还有多少其他部族，他们最初都是彼此平等、兄弟般地生活在一起的；只是因为他们缺乏能使自己免于贫困和被征服的科学手段和艺术，他们才遭受到奴役的桎梏或者弄得分崩离析！为什么现代的各族人民，特别是当他们信仰共产主义的时候，还要压抑自己的科学能力和艺术才能呢？为什么当他们拥有许多手段来满足自己的不管怎么多、怎么强烈的需要的时候，他们还要担心自己的全部需要——我说的是所有那些本性所认可和支配的真正的需要——得到发展呢？

请不要说什么没有艺术和科学的民族比拥有艺术和科学的民族更平和、更博爱之类的话吧！历史作了相反的证明。科学和艺术给人民带来富裕，提高人民的精神境界，并且使他们的风俗更淳厚，由此各族人民间的战争便日趋减少，也没有那么野蛮。相反，两个既无工艺又无农业的民族不是时常遭受饥饿之苦吗？他们在这种饥饿中会有怎样的行动原则呢？没有哪一个多鱼的湖泊和多猎物的森林而不成为这两个民族之间的纠纷和战争的因素的。当鱼和猎物缺乏时，谁都要保护自己占据的湖泊或森林，如同农民保护待收庄稼的田地一样。

野蛮人一天挨饿数次。因此，野蛮人的饥饿较之于文明人的多种多样的爱好和愿望，更成为积极的因素。不过，野蛮人的需要始终带有残酷色彩，因为野蛮人几乎没有任何东西来抑制这种需要。因此，按人数比例而言，北美的残酷行为和谋杀行为比整个欧洲还要多。

请不要从以上所述去推论，说我有点想成为半野蛮半文明时代（如果给予这样的名称更令人高兴的话）的维护者。科学和艺术还只处于一个不完善的发展阶段。当代之所以充满苦难，就是因为这是一个解体的和变革的时代。变革越要彻底进行，危机也就越严重；我们越是接近港口，暗礁也就越危险。迄今科学中始终存在着需要求解的未知数，社会大厦始终缺少牢靠的基石。只要这个未知数仍然存在，只要这块基石还未找到和奠定下来，不管是无知的人，还是一知半解的人，都将在邪路上打圈圈，野蛮行为将只是变换一个位置，采取新的形式而已。

实际上，人被森林中的食人生番吃掉，还是被金碧辉煌的客厅里的和自由竞争中的食人者吃掉，难道不是一样的吗？不管奴役人们时所用的是宝剑还是战斧、刺刀还是马刀、饥荒还是垄断，人们反正都是奴隶！而在这方面，人们不得不承认，现代的奴隶制比野蛮时代的奴隶制更为残酷。无产者比奴隶还更缺乏生活保障，比野蛮人更加担忧未来：他们所受到的有限的教育只能被他们用来估价自己的不幸，而较为活跃的想象力还要增加他们的痛苦。

我还要更进一层。我承认，正由于知识的进步，现代文明才得以运用这么一种可耻的艺术：这种艺术教会现代文明用黄金和鲜花把奴役关系掩饰起来，使其躲过人民的视线，从而把奴役锁链扣得更紧；它还教会现代文明给毒酒掺蜜，把匕首的锋尖隐藏起来并巧妙地进行戳击。一句话，我承认，是科学和艺术教会我们粉饰和神化那些最可憎的邪恶和犯罪行为。[①] 然而，是否因此就该废除科学和艺术呢？如果这样，那也该要求取缔医学了，因为某些医生有时误诊，非但没有治好病人，反而将病人害死；也该拔除一切植物了，因为在某些情况下，植物妨碍了我们，并且其中某些植物还含有毒液。

请废除私有制吧！那时你们就会看到，你们的一切恐惧都将烟消云散。许多反常的或人为的需要，许多挥霍无度或无益的行为，

① 其实，科学和艺术绝不是道德败坏的根源，而通常是道德败坏的反映。——原注

也都将随之立即消失，而这些东西是今天的不幸者饱受压抑和疲乏的原因。请废除私有制吧！那时你们将会很快看到，你们感到如此恐惧的这许许多多的嗜好和愿望将减少到正常的比例。那时，将再没有竞争、争吵和战争；科学和艺术将不是不公平和堕落行为的帮凶，而是获得持久的幸福、真正而完善的文明的又一种手段。

因此，我们从上述一切便得出一个类似我们在欲念问题上所做出的结论：我们应当承认，科学和艺术的真正性质，就在于它们是生产的一种因素，是活动和社会交往的一种动力，而这种极其重要的、强有力的性质，可以导致不幸，也可以为共同的幸福服务，这是以社会制度的意愿为转移的。

反对意见——卢梭说："风俗和自由从来不与艺术和科学的繁荣联系在一起。"

答复——这种论断是根本不正确的。克里特人就在米诺斯向他们提供十分英明的法典的同时，发展艺术和科学。而米诺斯由于这部英明的法典，在几个世纪期间受到人们的敬仰，并被人们视为神人。

愚昧无知造成法典的不完善。而法典的不完善又使人民养成恶习。知识则起相反的作用。因此，人们从不把莱喀古士置于伤风败俗者之列。这位哲人曾历尽千辛万苦去收集荷马的著作，并且跑遍许多地方，从同哲学家们的交谈中汲取有效改革本国法律所必需的知识。

所有历史学家都认为，斯巴达人是世界上最有道德、最自由的人，同时他们又都是艺术家和哲学家。在斯巴达，人们锻造优质的头盔、胸甲和刀剑。那里的建筑艺术具有朴素、雅致而又雄伟的风格。住宅内的陈设十分讲究，家具非常适用、整洁而坚固。斯巴达人还制作酒杯和雕琢精细的花瓶。他们在雕刻方面也并非外行。他们的音乐雄壮而和谐。他们的服装是完全符合体操规则和卫生规则的。最后，正如普卢塔克所说的，尽管在斯巴达看不到那种炫目的奢华和那些被波斯人作为一种享乐的无聊的摆设，然而那里所有的人都毫无例外地享受到必需的、实用的和舒适的东西。我要补充的是，具备这些各种各样的知识，就必然要以拥有许多其他知识为前提。

雅典和斯巴达曾是希腊最有教养、最杰出的两个民族。某些现代历史学家怎么竟敢把拥有敏锐而明智的思想的共和主义者看作是粗暴的、未开化的人，看作是科学和艺术的敌人呢？这些共和主义者具备罕见的才能，从而使自己长时期不受邻居的虚假知识和亚洲文明的浮华所迷惑。正如人们断言的那样，莱喀古士从其共和国驱逐出去的，绝不是什么真正的学者，而只是江湖骗子和诡辩家。这位英明的立法者无疑想到，社会科学在当时还没有获得足够的信念和力量，因而听任自己的同胞受一些人的放荡行为和另一些人的胡言乱语的影响并非慎重之举。有谁敢把这一点视为他的罪过呢？在我们未来的社会中，这一切预防都将是多余的：社会科学成为示范性科学之后，如果还可能存在什么异常现象的话，它就会成为抵抗一切攻击和恶习的铁壁铜墙。

好吧，就让人们把斯巴达人视为愚昧无知、不学无术的人吧；然而，在十分善于运用如此庄严、准确、简明、高尚、鲜明而豪迈的古希腊语言的亚历山大大帝、凯撒、腓特烈二世和拿破仑一类人物面前，是否有人敢于支持这种谎言呢？在经过许多世纪之后仍然

宣称从来没有哪一种习语达到更完善程度的大批文学家和著名学者面前，是否有人敢于这样做呢？

有人提出反对意见说，斯巴达人留下的书面文献很少。但是，在军营中或在公共广场中过活的人远不像我们那样感到需要通过书本来交流思想，这不是很容易理解的事吗？正如古罗马人一样，斯巴达人爱做漂亮事，而不爱说漂亮话。

这就从根本上把卢梭的最有力的反对意见彻底驳倒了。至于人们所说的那一切恶习往往与科学和艺术同时并存，我并不想否认这一点。可是这又能证明什么呢？既然我已证实，道德败坏和奴役关系是财产不平等和知识垄断的必然结果，那么，与这种不平等的分配毫无关系的科学和艺术就不可能被视为罪恶之源，这难道不是显而易见的吗？恰恰相反，科学和艺术所起的作用，非但不会必然导致我刚才所说的那两种祸害，而常常是不顾这两种祸害的存在、甚至是从它们的极端中产生出来，正是为战胜和消灭这两种祸害而产生的，这种想法难道不是十分合理的吗？

至于我，我不仅不攻击科学和艺术，而且还要不断地重复说：只有在科学和艺术得到充分发展的情况下，我们才能找到切实的救治之方，不仅治疗科学和艺术可能已经给我们带来的痛苦，而且也治疗我们所有其他痛苦。我不仅不灰心，而且几乎还要同爱尔维修一道大声疾呼：人有无恶习，这并不重要；只要他们受到启发开导，就足可以信仰我们的道德。

反对意见——“科学和艺术削弱战斗的勇气。”

答复——凯撒、卡西、布鲁图、西庇阿、汉尼拔以及像地米斯托克利、亚历山大、腓特列二世、拿破仑那样的人物，都是雄辩家、学者和勇士。在希腊,人们都同时锻炼自己的精神和身体。懦弱是私有财产的女儿,而不是科学和艺术的产物。当荷马创作《伊里亚特》史诗时,阿喀琉斯盾牌的雕刻匠们就是他的同时代人。可见,艺术当时在希腊已达到一定的完善程度;尽管如此,那里的人们仍然练习拳击和角斗:希腊人向来是勇敢无畏的军人。然而,罗马人正是凭借关于纪律的学识而征服了全世界,这难道不是众所周知的事实吗?因此可以说,他们正是以学者的身份控制了各个民族的。同样,当暴君政体为把自卫队吸引到自己方面来,并取得它的保护而不得不削弱军事纪律的严格性时,当关于纪律的常识最后几乎被完全丢掉时,世界的战胜者便转而成为战败者,并作为愚昧无知的人,忍受北方各民族的压迫了。

俄国人什么时候在欧洲成了可怕的人呢?是在彼得大帝强迫他们接受教化的时候。人们在拥有最优越的自然气候条件的印度看到了什么呢?看到的是懒惰的、在奴隶制度下受屈辱的各个民族,他们不热爱公益,缺乏高尚情操,既无纪律又无勇气,在世界上最富庶地区苟且偷生;他们(一亿以上的人口)的全部力量还经不住一小撮英国人的攻击。在中国、土耳其和波斯,在几乎整个东方,那些受愚昧无知所左右的民族的状况也是如此。

某些军官希望士兵们成为自动机器。他们提出的理由是:在混战中,凡是不会估计危险情况的人,必然更加勇敢。如果说无知者有时去冒险,那是因为他察觉不到整个危险的程度;可是,反之,他也常常在没有危险的地方看到危险。难道不是可以用这样的话来回答那些军官吗?总而言之,无知者并不像有见识的人那样冷静和理智。何况,当教育和良好的社会制度充分培养了热爱公众的尊敬和热爱平等的高尚感情时，这种激情在战斗中什么不能创造出来啊！梯尔泰和鲁热·德·利尔的共和国赞歌，在希腊和法国曾培育了多少非凡的人才啊！古代的《美塞尼亚曲》或《马赛曲》曾对印度人或爱斯基摩人的士气产生很大影响，人们是否想到这一点了呢？利用兴趣、同情心和热情这三种动力，一句话，大力激励我们所有的正常欲念，总比费尽心思地去培养笨拙的奴隶军队的那种愚昧无知和消极服从要容易得多、高尚得多和有效得多。对于这一点，只要不是心术不正，有谁能不承认呢？

一个民族即使在奴役状态中昏睡，只要他是个有知识的民族，任何时候都不要对它感到绝望：它的睡眠是狮子的睡眠；有朝一日苏醒过来，它会威风凛凛、令人生畏的。那时，谁企图拦截思想的巨流，谁就会倒霉！……啊！要清楚地知道（至于我们，是不会这样健忘的），正是由于过去几个世纪的脑力劳动，才发生了如此强大、如此热火朝天、如此威武雄壮的1793年的武装革命！这是一座雄伟壮丽的建筑物；这座建筑物（不嫌重复地说）之所以倒塌，只是因为当时的改革家们还不十分善于以人的机体为其社会哲学的基础，只是因为他们不懂得十分坚决地把平等，真正而完全的平等的颠扑不破的教义写入并固定在自己共和国宪法的基础法规中！

因此，请不要再向我们夸耀士兵的愚昧无知是什么军事美德吧：西庇阿和凯撒从未抱怨过自己的士兵们的智慧过多。希腊和罗马的士兵从战场上归来就是公民，他们必定比我们当代的士兵更有学识；希腊和罗马的军队完全可与我们的军队相匹敌。

由此可见，所谓科学和艺术会削弱人的意志、使人失去战斗勇气的这种反对意见，并不比其他反对意见更高明。诚然，科学和艺术的目的并不是不管怎样也要培养、颂扬好战的欲望，并使其长存下去；恰恰相反，科学和艺术的必然作用是逐步促进普遍持久的和平。但是在这一结果未达到以前，科学和艺术是绝不会放弃其作战的潜能的；我要说的是：艺术家和科学家愈希望取得这一结果，他们就愈是勇敢地支持正义事业，并按照这么一句明智的古谚行事："如果你要和平，你就得准备战争。"（"Si vis pacem, para bellum."）

可是，那些在各个时期把自己的论敌称作哲学家、百科全书派、共和党人等而不停地、有时极为残酷地迫害真正的艺术家和真正的科学家的人，那些不久前还在大肆宣扬愚昧无知的人，那些甚至今天还在乞灵于盲从的信条或书报检查员的剪刀的人，那些与平等为敌的伪善者，他们终于认识到蒙昧主义的学说会永远地遭到普遍谴责，现在突然改变策略，力求把自己过去的一切不公正行为都栽到自己论敌的头上。因此，他们引述别的时代的某些邪说——我们向来毫不犹豫地加以揭露的邪说——的文字，运用巴西尔和爱斯科巴尔等人所推崇的三段论法，便下结论说：公有制必然要同科学和艺术势不两立。①

① 我不知道有哪一个现代共产主义者，至少有哪一个作家，不是无保留地接受科学和艺术的。可是有人却在报纸上和公诉状中指责《人道主义者》报想要废除艺术。我仔细地研究过关于这份报纸的诉讼案件：从预审、辩论、甚至从王家律师引证的事实中所得出的结论是：《人道主义者》报在其纲领中同在其他任何地方一样，都持相反的见解。它把艺术归属于娱乐需要的范畴，因而将其置于物质需要和精神需要之后。

那些在此问题上为反对我们的学说而提出的卑鄙而荒谬的胡言之所以在短时间内具有某种影响力，那是因为有一位共产主义作家缺乏周到的考虑，对于强加给《人道主义者》报的那些言论似乎当作真有其事而加以接受。——原注糊涂的诽谤者们！可是，你们却不能再继续否认这一点了：卢梭所不信任的，绝不是共产主义者（特别是现代共产主义者），而是你们，并且仅仅是你们。的确，你们对此能提出什么异议呢？你们这些封建制度和征服成果的卑劣的继承者，你们只能以战争来支持你们的关于民族优越性、独特民族性和民族主义的有害而骄横的原则，你们只能依靠愚昧无知和消极服从来维持你们军队的纪律！你们无论在战时，还是在和平时期，只有作为艺术的破坏者才可能取胜，甚至才能够活下来，而你们竟敢把我们视为野蛮人！……不，不是的，公有制绝不是反常的产物，它并非与艺术精华格格不入，也不是文学和科学的敌人。它不仅毫不需要摒弃、破坏科学和艺术，而且它还通过把科学和艺术的光辉和实际益处与它的高尚道德结合起来，总有一天会把现在还生活在文明法外的六亿野蛮人和未开化的人都吸引到文明方面来。公有制度正要通过完善人类的一切知识，用最后的大石永远封住战争和革命的深渊!!!

假如科学和艺术的发展得到更为有力的、始终如一的和广泛的推动，假如把科学和艺术引向有助于改善社会秩序[①]，它们本来是可以得到快速的发展的；无疑，它们现在并没有发展得那样快。不过，我们还应当把多少重要成就归功于科学和艺术啊！物理学、化学、数学、解剖学和卫生学等学科过去和现在不是天天都在扩大自己的领域吗？是什么东西把谬误和盲信的宝座打得粉碎呢？是

① 我并不是那种只把进步理解成摇摆、波动的人：这种想法是危险的。我认为，真正的进步，即未来的进步，是在人类知识的所有门类中同时出现而又持续不断的进步。只有共产主义思想才能在无可动摇的基础上导致和促成这样理解的进步。一切表明，人类看来终将走上这条道路。——原注

什么东西把思想从偏见和迷信的襁褓中解放出来呢？是科学和艺术。建筑、绘画、雕刻、音乐、天文、航海、印刷和机械工程学等方面的奇迹从何而来呢？来自于科学和艺术。在荷马、维吉尔、卢克莱修、亚里士多德、柏拉图、塔西佗、普鲁塔克、冯德涅尔、摩莱里等派人物的笔下，是什么东西把诗歌的美味甘露和哲学的香脂注进我们的心田呢？是什么东西向我们揭示了过去若干世纪的最隐藏的奥秘，从而为未来的胜利揭开序幕呢？难道不仍然是科学和艺术吗？科学和艺术这样出色地为我们的事业服务，怎么是我们会打算把它们废除呢？保守派们，请回答吧……！

因此，我们来赞赏自己学说的力量吧。我们的论敌向我们射来的所有毒箭，结果反射中了他们自己；他们越是攻击公有制度，就越是向公有制度表达引人注目的敬意；他们在这一点上与那些崇奉多神教的民族相似，即如圣徒所说，这些民族张开嘴本来是为了咒骂基督的，可是，却违反自己的意愿，说出了赞美基督的话。

事实上，当我们认真地深思这个问题的时候，我们对当前制度的大多数大政治家的孤高自傲和背信弃义的态度不是充满鄙视和怜悯的感情吗？的确，如果他们不能使自己的极豪华的宫殿和极华丽的纪念碑同周围发臭的或不体面的建筑物隔绝开来，那么，这些宫殿和纪念碑要失去多少价值啊！科学和艺术的冒牌的大力士们并未能清除卢浮宫和杜依勒利宫周围堆集的丑陋的茅舍、废墟和瓦砾，以及肮脏得令人作呕的板屋，这些东西阻塞着这两座宫殿，使行人深感碍眼，而且四十多年来这些人仍然使先贤祠和马德莱娜教堂处在污泥和垃圾的包围之中。关于他们，又有什么好说的呢？他们承揽和动工的确很多，但是似乎什么都完不成。多么没有预见性，多么因循守旧，多么混乱和浪费啊！为什么要在半世纪内同时建筑五十座建筑物，而不是开始只建筑一两座，并在一年内予以完成呢？

其次，你们的博物馆、你们的宫殿和你们的富丽堂皇的纪念碑，如果大多数公民由于判定为贫困和无知而被排除在外，那么对他们来说，这些东西会有什么魅力呢？多少成为你们的骄傲和引起你们赞美的东西对于许多人产生的影响却并不美妙啊！比如说，如果人们在那些被你们千方百计地废除神圣爱餐[1]的教人虔诚的教堂内很少有崇敬和默念的感情，那又有什么可奇怪的呢？人们在那座墨丘利[2]教堂（交易所）内，比在邦迪森林中还一百倍地不安全，在那里，诗的圣火又怎么能够照透我们的心灵呢？我们在滑铁卢狮子雕像、凯旋门、罗斯巴赫圆柱和旺多姆广场圆柱等艺术杰作和胜利象征面前低下一会儿头以示尊敬，都是枉然的！完全相反的印象会很快地占据我们的心灵。确实，那些可怜的胜利纪念品，在智者的眼里如果不是表明荒唐行径和野蛮行为，又表明什么呢？因为那些华美的碑文是艺术家蘸着人血雕刻而成的啊！那些傲慢的石碑和青铜像是用我们同胞的骨肉雕刻和浇铸出来的啊！！！

啊！的确没有谁比我更敬重艺术的天才了；但是，我承认，单看你们的大理石雕像和死气沉沉的油画，并不足以使我感受到那种美妙的愉快和那种难以形容的热情，唯有火热的情感或自然界

---

① 早期的基督教徒们，不论他们对社会的贡献有多大差别，都共同生活在一起，他们把这种充满兄弟之情的进餐称为爱餐。——原注

② 墨丘利是古罗马神话中的商业之神，是商人的保护神。

的多样性和感染力才能传递这种热情的。确实，当艺术缺乏生命力时，艺术会成为什么东西呢？……为什么我在迅速浏览了凡尔赛博物馆和卢浮宫画廊之后，突然停留在普森[1]、穆里略、弗罗奈塞、提戚安纳和拉斐尔的画前，并且停留了很久呢？……为什么呢？因为我在这些画里发现了生命和感情。这边，基督被钉在十字架上，这幅基督受难像在我看来充满了感情和爱！我在他的前额上看到了巨大革命的光轮！那边，我在一幅描绘一个失节妇女的朴素画面上，读到高尚而寓意深远的题词，我的心灵和思想受到多么大的触动啊！那题词是：

“让你们中间没有罪过的人向她扔第一块石头吧！”

你们曾经到过杜伊勒利公园吗？你们在那里是否注意到那个威风凛凛，仿佛对王宫投以阴沉和威胁的目光的雕像呢？这块栩栩如生的大理石像是斯巴达克的肖像。他站在那里，两手交叉在胸前；他的右手愤怒地按在他的斗士剑上，左手托着自己宽阔的前额；他的神态表明是在进行着伟大而果敢的思考；他的整个面貌流露着憎恨和报复、期望解放和视死如归的表情！可以说他的嘴巴就要张开，以猛烈而凄厉的声音再次高喊：

“奴隶的儿子们，如果你们想成为自由人，冲击的时刻来到了！”

我曾多少次把目光集中在这个远古时代野蛮行为的伟大牺牲者的雕像上，不由自主地陷入庄严而悲痛的沉思之中——这是带感情的深思啊！

---

① 尼古拉·普森(1594—1665年)，法国卓越的写生画家。

但是，如果说我站在我们大师们的杰作面前深感激动，那么当我看到所有堆满了我们的博物馆并弄得它丑恶不堪的那一堆无声无息的木乃伊时，我却感到这些东西多么平淡无味啊！我也同样感到那些只善于以毫无思想内容的大量词句塞满自己的演说或自己的作品的信口开河的演说家和平庸的文人，是多么冷漠无情啊！

总而言之，艺术的奇迹和艺术的美将把大自然点缀得更加壮丽，这就是在我们平等者那里将要看到的。然而，平等者所需要的、尤其所喜爱的，还是太阳、空气和光线、鲜花和草木、凉爽的丛林和川流不息的泉水，还有在肥沃草原的金黄色沙石上潺潺流过的清澈小溪，等等，等等。

现代制度的辩护士们，那些挥霍无度的宴会和那些金碧辉煌的客厅同以上的一切相比，算得了什么呢？在宴会和客厅中难得握到友爱之手，心灵枯竭颓废，胸中抑闷，才华衰萎。你们花费那么多气力在自己的商品市场和最奢华的商店里陈列出来的那一切浮华之物和个人财富，算得了什么呢？[①]

① 有些人谴责统一的建筑格式，说它为了整体的庄严而牺牲局部的多样化和优美。他们举例说，我们使行人看不到那些陈列着工业奇迹的富丽堂皇的商店。他们是完全错误的：可以说，作为公有制度特征的现象之一，就是能够到处都完全彻底地铲除一切恶习和弊端，同时能够最大限度地汇集一切优点。因此，在公有制度下，工业和艺术的奇迹非但不被埋没，不被盲目而无秩序地分散到各处，而且能够很容易秩序井然地和均匀地集中到同一点上。

此外，通过废除贸易和取消个体所有制，我们平等者永远不必担忧盗窃和小偷，肯定会及时地、一劳永逸地拆除我们的小店主和有产者花费很大力气为自己筑起的那一切昏暗而粗糙的围墙，消灭那覆盖着我们的城墙、甚至我们最美丽的纪念碑的一切丑恶而不道德的脏东西。如果他们认为有必要把宫殿的某些正面改成玻璃墙壁或金属墙壁，那时有谁会来妨碍他们作局部的改动呢？——原注是的，我再说一遍，如果你们想要我们相信你们爱科学和热衷于科学，相信你们的热忱和你们的艺术力量，那么，就请你们至少去消灭那些寒碜的茅屋和那些潮湿而阴冷的草舍吧！在这些茅屋和草舍中缺乏空气和阳光，被贫困和疲劳弄得疲惫不堪的村民们晚上回到那里时，还要同生活环境和恶劣天气进行斗争。请把城市工人们在里面做工、勉强度日和死亡的那些令人作呕的肮脏小屋不留痕迹地消灭吧！请你们把那些使肉体、精神和心灵同时败坏的肮脏的、满是泥泞的乡村，那些污秽腐败的城市，都变成漂亮而舒适的住宅区吧！如果这个任务是你们力不胜任的话，那就让共产主义去完成吧！共产主义将能充分满足、甚至超过人们所寄予的一切希望!!!

我想我已经证明，公有制是一种最有利于科学和艺术的制度，是唯一真正有利的制度。我已经达到了本章的目的了。

但是，我们上面看到，在宣传平等的学派中间，只有一位著名的人物曾经起来反对科学和艺术。卢梭憎恨科学和艺术以及其他一些类似的事物的原因究竟何在呢？让读者了解这些原因，我想是不无益处的。我会从中发现一些无法驳倒的论据来反驳我们的诽谤者，并反对我们的拥护者的某些谬见；对于支持我在本章和其他几章中已作的论证，这将是一个决定性的结论。

第十六章　卢梭错误的真正原因

当人们肤浅地阅读卢梭反对科学和艺术的鲁莽的、攻击性的演说时，就会首先以为这些演说是一种深刻信念的结果，以为他是在猛烈咒骂科学和艺术的本质本身。然而，当人们通过更深入的研究来探索作者的内心想法时，就会很容易地信服，事情绝非如此。例如，只要读一读第戎科学院敢于授奖的那篇著名演说，就会看到，他的思想每时每刻地、甚至在其最辛辣的讽刺中，都被无数的疑虑、犹豫和困惑缠绕着，弄得隐晦模糊；他甚至好像常常感到内疚，并准备随时收回自己说过的话。的确，如果说卢梭毫无保留地怒斥古典著作的评注家、华而不实的演说家、诡辩家，一句话，怒斥那一群把文学和科学的祭坛变成奴役和卖淫市场的可鄙的**一知半解者**，[①]如果说他在绝望中粗暴地摇撼教堂的圆柱，以便把那些渎神者埋葬在教堂的废墟之下，我们也同样看到，只隔了几行字，他就恭敬地拜倒在像莱布尼茨、牛顿、培根、培卡里亚等这一类真正的学者面前，拜倒在这些成为人类光荣的伟大世界主义者面前！他大声疾呼：正是应该由这些人来打碎科学的祭坛，从中取出一切珍宝！

---

① 对某些文人来说，没有什么是神圣和可尊敬的东西：什么良心、思想、朋友、荣誉、尊严、祖国，他们为了可耻的贪欲，有时甚至为说一句笑话的单纯快乐，就把这一切献出。——原注

众所周知，卢梭的基本思想，是使所有的人把平等和节制的原则铭记在心中。多么值得赞扬的、善良的意图啊！然而不幸的是，卢梭在哲学和社会科学方面缺乏一套清晰而完整的思想，这就很难使他的道德充满活力：他的天才往往只掌握事实或真理的一个范畴。正因为如此，他有时对社会统一和人类理性的胜利感到无望，从而认为不得不诉诸非正常的、超自然的手段，把谬误和真理这两种性质不同的原则糅合在一起。

因此，比如说，卢梭曾看到当时几乎所有的著名艺术家和作家都过着富裕和奢华的生活，有时甚至过着荒淫无度的生活；他看到他们毫不感到内疚地极力奉承成了他们的保护人的贵族和暴君；最后，他看到奢侈和暴政与科学和艺术在同时并进，也可以说是并肩前进。卢梭对这种吻合深感惊讶，而且被迫害和贫困所激怒，于是便立下了汉尼拔式的誓言[①]来反对科学和艺术，甚至反对整个文明。他怀着反对罪恶的炽烈的热情，却把只是荒淫和普遍堕落的结果的事物，把只是反映荒淫和堕落的事物，作为这二者的根源。在卢梭的思想里，这种悲观的考虑，又加上了这么一种痛苦的想法：贵族阶级已如此强大和暴虐，也许终有一天会把科学和艺术垄断在自己的手中；人民眼看财富、特权、偏见和武力，以及智力的优势和与此相关的威望结为一体来钳制他们，这时科学和艺术作为反人民的武器就更为可怕了。

在这里，用归纳法来推论的危险便十分清楚地表现出来。实

① 汉尼拔是古代迦太基的名将。当他十岁时，迦太基被罗马击败，损失惨重。当时汉尼拔就在神殿前立下誓言，要对罗马进行终生不渝的斗争，后来他终于实现了自己的誓言。

质上，问题的症结何在呢？在于结束不平等和剥削。您说，科学和艺术是强有力的武器，而几乎总是由暴政凶残地加以滥用；于是您就马上禁止弱者利用它们。多么有害的逻辑啊！因为您建议强者放弃他所掌握的武器是枉费心机的；他不会理睬您的建议；而那样，您却由于剥夺弱者最后的反抗手段，完全把弱者交给强者随意支配和摆布。在我看来，把压迫者所使用的那类武器交给被压迫者，以此来建立均衡，岂不是更为合理吗？请您相信，如果您这样做，压迫者不久就会放弃非正义的统治，因为他很快就会厌倦这种双方势均力敌的、因而没有把握取胜的斗争方式。何况他的心中充满这么一种有益的恐惧：失败对他来说，是既可耻而又可怕的。

值得指出的是，卢梭的一切错误和谬见，都是从我刚才所说的那种推理的弱点产生出来的。他的著作里有许多支持我所提出的看法的证据。例如，卢梭在他的《论人类不平等的起源》的演说中，很尊重人的机体生理规律，并指责了洛克和孔狄亚克在这方面的怯懦。随后不久，他却在自己的《爱弥尔》一书中以下列词句谴责一切生理学家："他们使贫民失去了对自己贫困的最后慰藉，使强者和富者失去了对自己欲望的约束；他们从心灵深处夺去了对犯罪行为的忏悔。"

不，不，共产主义学派的生理学家们绝不是这样做的，而是恰恰相反！他们相信，幸福在人间是可以实现的，但是要依人所能赋予自身能力、社会生活和外部世界[①]的某种行动和方向而定；他们始终不渝地劝告人把自己的全部活动转移并集中在这个目标上，

① 我把人以外的一切东西都叫做外部世界。——原注

并竭力避开可能诱使人离开这个目标的一切东西。因此，共产主义生理学家们不是给人无力的安慰，不是使人把精力浪费在迷信活动上，不是把人的思想引导到或消耗在含糊的和假想的领域，也不是循着幻想和失望的道路把人引到痛苦的现实中，而是善于赋予人一切精神力量、一切希望所具备的能力，同时鲜明生动地和无可置疑地向人证明：人所寻求的、仿佛经常避开他的那种幸福，圣经时代中的奶和蜜汁横流的那种乐土，实际上就在人间，在人所能及的范围内，甚至就在他的手边。

至于防止和消灭祸害并使压迫者、堕落者和恶人变得博爱和有理性的办法，他们提出以下两点：

一、以顽强的、坚决的、无往不胜的反抗来对抗犯罪行为或不正义的行为。

二、而他们认为，有一种可以获得这种结果的崇高的、强有力的可靠办法，这种办法不求助于其他一切，而从人的心中消除忧虑和不安的阴影；这种办法就是在社会生活中使个人的生活甜蜜和幸福，并形成这样的社会风气，即每个人只有对一切人表现得仁慈、宽宏、友爱、热心，才能获得尊敬、名誉、安全和幸福！

由此可见，共产主义生理学家们之所以把自己的推动力和反应力放在现世，而不是放在什么别的地方，是因为他们深信，那种显得模糊和遥远的希望或恐惧几乎永远不能充分抑制和完全消灭人的不良倾向的。的确，经验证明，对刽子手的恐惧比对地狱的恐惧更能防止凶杀行为和犯罪行为的发生；对平等的爱和幸福感比进天堂的希望会造就出更多的慈善家！

某些平等主义哲学家、甚至共产主义哲学家（马布利、罗伯斯比尔、邦纳罗蒂),曾像卢梭一样认为,无信仰或怀疑论必然会破坏整个社会秩序和一切道德。激进党的某些著名政论家(皮埃尔·勒鲁、德·波特尔等先生)尽管证实怀疑论已成为普遍的、合理的、必然的东西,但也怀着大致相同的心情。

在这些作家看来,这种忧虑似乎是严重的和令人不安的,这根本不值得惊奇,因为他们在作这样的推论时,所指的是绝对的无信仰和怀疑论,这种阴郁而令人不安的怀疑论没有任何补偿地夺去了人的最后幻想。他们尽管抱有善良的意图,却还没有找到摆脱怀疑、竞争、分散和无政府状态的办法!他们是这样来表述自己的思想的:

“生产时像竞争者一样,分配时像仇敌一样,生活时像兄弟一样。”(蒲鲁东)

“我们在寻求未来的城市。”(勒鲁)

“探索不为理性的权威铺设道路,它便不能同秩序并存。我们的论点就是这样:只有理性才能使我们避免探索的破坏。从今以后,任何其他权威都是不可能的。”(德·波特)

至于德·波特先生,他曾出色地发挥了自己的思想,且看:“我们否定了地狱、天堂和捏造出来的为神父所利用的上帝,这样做得很对,因为这种欺骗是灾难的无穷无尽的源泉;但是,我们并没有提出什么东西来代替他们。谎言(有时是有益的)消灭后所遗留下来的空白,并没有为一贯神圣的真理所填补;这是一件很大的坏事。社会处于比以前更加糟糕的状态中。必须赶快宣布那些只能被人类利用、并且为人类而利用的、非来自想象的、不供任何人思辨之用的东西。如果过于迟缓,有什么办法能够阻止富人愈来愈把穷人逼到痛苦的忍耐的极点呢?又有什么办法能使穷人不发怒，不强夺富人，甚至置富人于死地呢？至于我，我是看不出有什么办法的。”

不过，这位比利时学者十分推崇我们的哲学原则，他隔了几行字就接下去说：“我无须再来证明缺乏任何原则和任何共同的联系的危险性。至于由启示或启发而来的权威和基于信仰或习惯的权威的不足，我通过一个事实，即探索的存在就证明了这一点。只要有探索，就有怀疑，如果不靠信念，就不可能摆脱怀疑。当不再有信仰的时候，就会近于否定，除非更接近知识。如果人们不再信仰，就必须要有知识。

“不过，请人们正确理解我的意思。

“我想用以代替信教者的那些有学识的人，既不是什么博士，也不是什么学者，就是说，不是那些因为懂得一鳞半爪就自认为无所不知的人，[①]不是那些基本不受管理的人，而是那些已向自己并能向别人证明其可靠原则的人。这种人肯定是很容易接受管理的，因为他们本身会欢迎通过自由与平等来建立秩序的所有措施。

“自由是组成社会的每一个有理性的人所需要的，正如公正或秩序是这些人的联合所需要的一样。权威侵犯自由：人们所接受

① 我不来谈德·波特先生在有学识的人与学者这两个词之间所作的细微的区别。在我看来，这两个词是同义语；当然，他无疑只是想反对滥用这两个词而已。就实质上说来，德·波特先生的思想是正确而深刻的。只凭一张或几张博士文凭，并不足以成为真正的学者。不应当把科学同博学混为一谈。博学的人脑子里装有许多知识，但他在推理时却可能犯错误；换句话说，他的智慧与其说是精确和深刻，毋宁说是肤浅的。其他一些人掌握了某一门科学的全部，但也只是埋头于专业而已。这并不是我所理解的学者。在我看来，真正的天才的特点在于：以远大的眼光看到人与外部世界之间存在的整个已知的关系，深刻理解一般的原则和基本真理，并使它们协调起来，从而能够从这些真理和这些原则中得出其一切自然的结果，并确定新的关系。——原注

的一切戒律和一切教条之所以成为专横和暴政的强有力手段，并不是因为它们是正义的和正确的，而是因为它们是强加的。权威与专制之间有着基本的联系……从今以后，除了探索的权威之外，便不可能有任何其他权威；因为出版是探索的工具，这个工具是不可摧毁的，而探索便同它连在一起……人们是否认为不可能发现那种既把国王也把人民中的一切反社会的欲望视为荒谬欲望的人道主义标准呢？至于我，我不是这样认为的，因为我对人类和社会的未来抱有信心；如果人类和社会永远失去一切权威，那么它们就会消亡。”（引自《社会研究》，第68页）

简单地说，德·波特先生希望用以代替信仰的权威的，正是科学的权威。这种科学的基础应该是怎么样的呢？《社会研究》的作者所全心全意地号召的、在他看来我们能迅速达到的那个人道主义的目标是什么呢？我们将不厌其烦地重复说，这个可靠的标准就是对（一）人、（二）社会组织、（三）外部世界这三种事物的认识；这个目标，这个同时又是完善的人道主义手段，就是平等主义的、普遍的公有制！

我们的思想比我们刚才谈到的那些思想具有不可思议的优越性，保证这一点的是：唯理论的共产主义者们绝不怕撞击盲目信仰[①]的暗礁或绝对怀疑论的峭壁：他们拥有比理想的宗教更好的

① 超自然的信仰会带来严重的危险。历史向我们证明，这种信仰为暴政提供保护，它往往以漠然的态度或克己的精神来抑制被压迫者反抗和求解放的任何愿望和任何意图，从而鼓励暴政的侵占和狂暴行为。当巴黎被诺尔曼人包围时，修士们逃到圣日尔曼区，并向胖子路易建议求和。他们用从《圣经》上摘下来的语句为这种双重的怯懦辩护：“如果有人要您的斗篷，您就把您的祭服也送给他；如果有人在某一个城市中追捕您，您就逃到另一个城市去。”——原注

东西，他们拥有的是社会的宗教！确实，可能在这种条件下，人们才能够毫不犹豫、毫无阻碍地打碎谬误的宝座。不然，怎么来答复当面对你提出如下责备的人呢：

“你们夺去我天上的乐园，我希望有个地上的乐园！”

概而言之，缺乏总的综合，乃是卢梭天才的暗礁。卢梭曾在什么地方说过，他有一种断断续续写作的懒惰习惯。不幸的是，他往往也这样地进行思考。我们遗憾地在他的著作中发现的那些令人失望的怪论和为数不少的矛盾，由此可以得到解释。如果卢梭能抛弃那种据某一事实就做出原则的结论，以及用未知来解释已知的有害方法，如果他不是完全沉溺于感情和想象之中，而是把感觉的证据和理性之光看作可靠的标准，总之，如果他不是竭力想使人的精神习惯于他认为是必要的虚构事物，而是大胆地在人类机体的规律中寻求对平等和道德的真正承认，亦即唯一实在而永久的承认，那么他是永远不会想到要成为科学和艺术的敌人，从而成为野蛮生活的辩护士的。

迷恋于抽象概念的危险，将通过对人、外部世界和社会环境进行统一的、复合的研究而得以避免。但是，为了取得丰富的成果，这种研究必须是全面的，而且要同时包括各个方面的关系。例如，如果是研究人的话，那你就要研究他的肉体和精神、气质和性格、神经和血液，以及思想和才华。对社会环境和外部世界你也要这样做；然后，再把这三种个别的综合归在一起，那时你便会获得一个总的综合：你便会获得一种哲学，亦即得到具有完全可靠性的首要原则！

目前，对具体人和具体世界的这种合理的、综合的研究，正开始压倒那绕着自己打转的抽象推理的无益苦恼。

我在本章中所论述的一切见解，只不过是新哲学的一点点序论而已。显然，在这里，我只能打下一些基础。

第十七章　政治法

我在第三章中已经证明，平等主义的公社是社会统一的天然基础和典型；它也是政治统一的基础和典型。在第一种情况下，是行动、生产、消费的统一，即是目标的统一；在第二种情况下，则是管理和分配的统一。我们的父辈在1793年就十分懂得这个真理。他们曾把法国划分为省、县和公社，然后使所有这些部分彼此联系起来，从而达到管理的集中。大家晓得，他们曾从政治的集中获得何等巨大的好处。但是，可叹啊！这一伟大成果无论在他们手里成了多么强有力的杠杆，未来的问题却并未因此而得到解决。无产阶级的和国民公会中的那部分清教徒[①]的革新努力依旧瘫痪了；法国革命时刻遇到障碍和遭受攻击，最后，突然停止往前发展了。为什么呢？那是因为它没敢挖掉联邦制和垄断制的最危险的根子，因为它没有依靠完全由人民构成的基础，没有依靠真正的和完全的民主。总之一句话，如果说第二年的宪法宣布了政治的统一，那么，对建成平等的大厦来说，还缺少社会的统一！

现在，人们还在谈论统一和平等；然而，这两个词只不过完全

① 指国民公会中雅各宾派。

是空洞和伪善的惯用语而已。如果中央政府屈从于无政府状态和垄断，那么公社的解放和同一性便只是一种滑稽可笑的虚构而已！国家依然由有产者、无产者、雇主和雇用工人、有表决权的公民和无表决权的公民所组成；它有肮脏而贫困的乡村，有规模不大、充满污泥的城市和一个庞大的首都；这个首都是个一滴一滴地吮吸社会机体其余部分的血液和营养、独吞最丰富的工业品、垄断艺术和智慧的贪得无厌的吸血鬼；结果，它所呈现出来的，只是一切反常现象、邪恶行为和卑劣行径的臭水塘和排水沟！

我们的公有制组织可避免上述一切弊病。在这种制度下，公社与国家机体[①]、继而与伟大的人道主义公有制密切地联系在一起，它不论在政治方面还是在社会方面，都真正享有其自身固有的生活。国家这个词就其本义来说，只是彼此平等的公社的集合体，但却是和谐的、有智慧的集合体。正是从这个整体中，从各个公社之间存在的和谐中，产生出、表现出和不断增长着这种能克服一切障碍的集体力量，这种引导社会机体一切成员的总的和统一的智慧。这种智慧以简单邀请的方式向社会成员友爱地指出应履行的任务。最后，它使人人都充分享受到公共教育、公共财富，以及精神上和智力上的快乐。

因此，任何地方都将丝毫没有低下和优越、被统治和统治的因素。公社之间和公民之间，处处存在着利益和愿望的最完善的共

① 我在第一和第三章中曾谈过省议会。在行政机构尚不完善的过渡时期中，这种政治机构无疑是有益的；但是当公有制度完全确立时，所有这些过渡时期的机构便是无益的了。那时，除了公社之外，将只有民族代表会议及那个庞大的全人类代表会议；至于这些代表会议，我马上就要讲到。——原注

同性。人与人之间除了娱乐和庆祝、共同工作和相互服务的关系之外，再永远没有别的关系；除了同情和感激、平等和博爱之外，再永远没有别的感情！同样，一切竞争、一切纠纷、一切民族仇恨，都将由于没有助长这些东西的因素而不再发展并归于消灭。在共同祖国的祭坛上，一切活动、需要、精神和心灵都表现出完全一致，在我们平等者中间只有同一个家庭，即人类的大家庭！

是的，再说一遍，在完全和谐的公有社会中，一切事情可以说都是自然而然地进行的，因为一切法律、一切社会关系都将是自然规律的真实反映。在这种社会里，任何人都不必害怕无能、偏见、贪欲、骄傲、野心等的有害影响。因而，没有任何组织会比政治组织更简单更容易的了。没有任何东西会比无论行政方面还是立法和行政方面的政权机构更不为人所追求、争夺和嫉妒、更不会侵犯公共财产和公共自由的了。所有当选者，所有的法律代表都得一丝不苟地、热心地、灵巧地履行自己的一切职责；可以说他们会像天体倾向于中心那样和谐地、必然地服从于根本法（平等和公有制）。

我认为，强调这个推理是多余的。经我在本书中作了一切论证之后，下面这个问题不就十分明显了吗：立法者和行政人员由于受有教化的民族的根本法和公众理性的双重支配，将再不会受专断和专制的诱惑了（而且，他们所担负的职责只是短时期的）。

确认、协调、批准、鼓励、活跃和促进工业、艺术和科学的发展，这将是法律的主要目的。指明、规定和管理共同的劳动和娱乐，制定实际的治安措施和卫生措施——所有这一切亦都属于法律的管辖范围。法律将不会是含混不清、模糊难懂、模棱两可、暧昧不明、富有弹性、凭空臆断的，也不会是万能的。法律拥有行善的效力，而将无力为恶。因为不要忘记，一切章程和法令、一切决议和决定，都应该严格地、忠实地以根本法为依据，都只应是根本法的应用和发展，否则就被视作完全无效。

这个原则本来不是什么新东西。它差不多向来为几乎一切多少有点开化的民族所公认。实际上，我们法庭的判决是什么呢？如果不是有关根本法的法律或条令的运用和执行，这种判决会是什么呢？你们把合伙公司的章程加以研究，便可以看出，这些微不足道的商业民主中的任何一项都不行使绝对的主权，它们都服从于基本协约，它们都必须使自己的行动局限在该协约所规定的范围之内。

彼此平等互为兄弟的一代人，处于如此坚固的基础上，还会担心什么流弊吗？他们的心灵和智慧由于受到良好的教育而将习惯于共同的幸福。那时政治的职能将成为次要的，不论采取什么方式，根本法都不会有所变更，公有制的未来都不会受到损害。这难道不是无可置疑的吗？在我们的制度中，政治结构只会影响完善性的程度大小；那时，至少在所有可能的情况下，这永远是一种追求完善的问题。

在提出这一点之后，我还需要做的，就只是确定究竟什么是最有利的方式了。

例如，我们假定全体人民举行一次集会来讨论这个问题。会上发表了各种不同的观点。下面叙述的，便是这些观点的概要和实质。

共产主义者、改良主义者、正统主义者、教条主义者

正统主义者向共产主义者说，你们谈论根本法，这很好；但是你们在根本法中添上了“平等”和“公有制”这两个词，由此便开始出现疯狂和叛乱。社会制度中只有三种根本法，这就是构成君主政体、所有权和宗教崇拜的永恒而神圣的法律；这就是合法王朝及所有其他特权的神圣的至高无上的权力，而这一切特权则是上帝本身在不平等的财产权和天主教信仰的不可动摇的基础上确立的。除此而外，便只有渎神和无政府状态、犯罪行为和革命！你们的平等和公有制的学说，即使不是一种不道德的和掠夺的恶劣制度，也无非是一种愚蠢的空想！

共产主义者——谩骂不是论证；用谩骂来代替推理，那是适得其反，谩骂成为居心不良和丑恶动机的通常表现，而且几乎是明证。因此，请您稍微克制一下，听我来讲吧。

您说，仅仅你们有永恒的根本法。但是怎样来认识这些神圣的字眼呢？是按照一系列篡夺行为和不公正的行为、压迫和野蛮行为来认识吗？你们竟敢把这一类行为奉为权利，而实际上它们的罪恶根源却来自征服和暴力。

不，不，这种造成那么多混乱和贫困的法律，这种不通过争执和暴力就从来实行不了的法律，根本不是什么绝对法律。如果说你们引用的法律是永恒不变的话，为什么这些法律又那么经常不被其崇拜者所赏识，反而受到他们的践踏呢？为什么你们推翻了克洛维斯和查理大帝的王权呢？为什么加贝王朝前四代为之倾倒

的欧洲君主政体时代的几千座炮塔和城堡眼看被推倒和拆除呢？如果说王朝权位的世袭是一条神圣的法律，为什么它竟被你们的教皇自己所违犯呢？只拿法国来说吧，教皇曾两次亲手把皇冠和铁冠加在叛乱的诸侯（查理大帝）和大胆的士兵（拿破仑）的头上呢！

最后，如果说这是永恒而普遍的法律，那么为什么它在大半个古代世界中不曾发生效力，为什么它在半个现代世界中也不发生效力呢？总之一句话，怎么能够相信，那在大西洋彼岸是罪行和谬误的东西，在欧洲大陆上竟成了才智和美德呢？

我们的根本法绝不是那样反复无常和变化莫测的。它既没有时间性，也没有空间性，既不分种族，也不承认特权：它像思想一样，具有普遍性；像大海一样，无边无际；像未来一样，不可战胜。我认为这种法律体现在整个自然界中，体现在巨大的星球和最小的昆虫中。

啊，你们这些否认我们的基本信条的真实性和万能性的狂妄的诡辩家们，你们瞧瞧这些照耀着你们的庞大的天体吧——这些信条就是用鲜明而美丽的字体写在这些天体上的。谁认不出这些信条和不宣布这些信条的效力，谁就是瞎子，比瞎子还要瞎上一千倍！

假如在宇宙的一切大物体内以如此令人赞赏的协调和如此奇妙的规律性表现出来的那种完全的平等和均衡，那种巧妙的和谐和一致，稍有一会儿停止支配宇宙的运动，那么整个自然界就会突然陷入混乱状态！！！

因此，你们不要以嘲笑、侮辱和仇恨来纠缠我们，而最好是同我们一起安下心来，听一听这种不断向我们发出的内在的、神圣的呼声吧：

“宇宙间没有任何东西是孤立地存在和专靠自己而生存的。人们所以给予，是为了有所获得；所以获得，是为了有所给予。假如没有这种大家给予每个人、每个人给予大家的相互而经常性的赠与，一切生命都会枯竭。”

还请听一听言辞尖刻而富有判断力的拉伯雷所说的话吧。请看吧，他认为那种关于世界处于公有规律之外的思想是多么可憎和荒诞！请看吧，他认为这条永恒的规律是多么的高尚。

他大声疾呼：“那里，各个天体间将没有任何正常的运动；一切都处于混乱之中。月球将成为暗红色的；太阳既然不对月亮承担任何义务，它为什么要向月球提供自己的光呢？太阳将不照射地球，各个星球也不对地球发生有益的影响，因为地球停止用蒸气和蒸发物来给它们提供养料。各种元素之间没有转化，没有嬗变；也没有任何联系。因为一个自认为对另一个没有义务，另一个也丝毫不曾帮助过它。土地将不分泌水；水不转化为气，气不形成火；火不来温暖土地；土地什么也不生长；雨不降，光不照，风不吹；既无夏，也无秋。这种互相间没有丝毫授受的世界只是一个彼此倾轧的世界，是一个比掷骰子的玩意儿还要混乱的世界。人们也不彼此支援。一个人不管他多少次呼叫求救：起火了！涨大水了！杀人了！那也无济于事。谁都不来援助他。为什么呢？因为他丝毫不曾帮助过别人，别人对他也没有丝毫的义务。简单说来，信仰、期望、博爱，都将被驱除出这个世界。代之而出现的，是不信任、鄙视和仇恨，同时还伴随着各种各样的恶事、诅咒和灾难。人

对人变成了豺狼、狼人和妖魔；人们都成了强盗、杀人犯、放毒者、作恶者、心术不正者和满怀恶意的人，每个人都反对其他一切人。实质上，就是在空气中养鱼、在海底牧鹿，也比忍受这种互相间毫无授受的世界的行乞生活还容易一些。反之，请设想另一种世界的情况吧。在那个世界中，每个人都帮助别人，每个人都负有义务，大家都是债务人，大家都是债权人。啊！天体的有规律的运行是多么和谐啊！自然界将由于自己的产物、自己的创造而感到多么愉快啊！我一想到这种情形就喜不自胜！人与人之间充满和平、友爱、慈爱、忠实、安宁、愉快和欢乐！没有任何诉讼，没有任何争吵，没有任何战争；在那里，谁也不是重利盘剥者，谁也不是吝啬者、贪婪者，谁也不拒绝别人的要求。真正的上帝啊！这不就是黄金时代、萨图宁治下的升平时代，不就是其中一切别的美德都不存在而只有博爱在主宰、支配、统治并获得胜利的奥林匹克地区的观念吗？大家都善良，大家都幸福，大家都高尚，大家都公正。啊，幸福的世界啊！因为，自然界创造人只是为了有所赐予和有所获得的啊！”

这种淳朴而古老的文体的每一行字流露出多么真挚和深刻的感情啊！这两句经常被提及的话：让大家都成为债务人，让大家都成为债权人，拉伯雷用来说明什么意思呢？这不显然是毕达哥拉斯和伊壁鸠鲁的“一切都应该成为朋友间所共有的”那句美妙格言的另一种说法吗？大家都善良，大家都幸福，大家都公正，大家都高尚，这些词句使我们对于我们未来的国家具有多么广阔的概念啊！在另一段话里，他更确切地表达了自己的思想：他毫不含糊地做出财产和劳动公有的结论，做出最彻底、最完全的公有制的结论。和我们一样，他深信在公有制度下，一切事情都是自然而然地进行的，他曾用两行字概括地表述了自己的平等主义法典：

“你想做什么就做什么！”

“去吧，去享乐吧，去玩赏吧！”

只要教育、偏见、法律和习惯还没有败坏我们的感情和理性，我们就会尤其从自己的内心深处感受到公有制原则的全部真实性和力量。是的，我已反复说过许多次了：这些神圣的法律，已被铭记在我们的心中，镌刻在我们的神经里，灌注在我们的血液中，并同我们共呼吸；它们是我们的生存，特别是我们的幸福所必需的。

每个人可以说都是社会的缩影。人体的任何一个肢体都不会拒绝履行自己的职能，都不会不去推进共同的工作。在人身上，我们根本看不到我们不平等社会中的那种贫富悬殊的可怕情景。那里根本没有命里注定要流血流汗、为贪得无厌的窃据者提供独占的、过度的享乐，而自己却处于麻木的垂死状态之中的无产者。赤贫现象乃是我们的社会机体的一个可恶的缺陷，它使十分之九的公民经常过着半死不活的、麻木不仁的生活。赤贫现象在我们每个人所代表的小世界中是根本不存在的：各个肢体间充满着团结气氛和最完美的博爱精神。我们多么应该赞美人的机体中的这种公有方面的先见之明；由于这种先见之明，致令各个器官非常有规律地、平均地分得营养；上千条的血管透过极细微的空隙；作为共同劳动成果的有益津液被妥善地供给各个器官。在这种分配中，只考虑到一条规律：每一部分的需要！我们多么应该赞美那些距离似乎形成生命之热和活动的中心点最远的部分的特殊协调啊！

我们很快认识到：一切都已预见到了，而且距离中心最远的各部分完全不必担心在现代社会机体内那种使无产者十分恐惧和遭到极大折磨的致人死命的垄断！

如果现在我们在形成思想的那些高级部位中来考察生命，我们不是同样看到，我们每个器官的正常工作都需要全部器官的和谐协助吗？我们不是看到，任何一个器官都不想支配或削弱别的器官，而相反地却愿意帮助和加强别的器官吗？因此，这里仍然是公有规律在发生作用。这种规律愈是有力和完善，人在智力方面便上升得愈高。

教条主义者——大规模聚会是缺乏智慧和良好秩序的。在民主中，狂人支配贤人。秩序是自由的守护神，是任何社会的保护原则。而秩序的保障则是知识和所有权。唯一合法的最高权威是理性的权威。

共产主义者——我是最拥护理性的最高权威的，但是我所拥护的是那种在科学上得到证明和论证的理性，即如德·波特先生所说的，那种把一切反社会的欲望归于荒谬行为之列的理性。至于那依时间和地点而改变的、抽象的和随意的理性：今天是美德，明天则是罪过；在比利牛斯山脉这边是真理，而在山脉那边则是谬误；至于那只是用金钱来衡量的所谓的理性；至于那只由直接税册证实和表明的理性；至于那种既无远见而又自私的理性，这种理性使其崇拜者如此沉醉于统治欲和自爱之中，以致如果他们有胆量的话，就会为满足自己微小的任性要求而牺牲全人类！这样的理性如果说不是又一种厚颜无耻的行为，又是什么呢？这不是一种剥削者早就采用的拒不受理申诉，以抵制被剥削者的要求，使后者永远处于奴隶地位，又是什么呢？无疑，这种残酷的嘲笑在某些教条主义的天才们看来可能绝妙之至，但是说句实在话，它与我们的原则和人类的智慧能有什么共同之处呢？

教条主义者——共产主义者只是一些捣乱分子和无政府主义者，他们只有用普遍破坏和制造普遍不幸的办法，才能实现其愚蠢而可耻的理论。建立在贫困、愚蠢和罪行基础上的平等——这就是他们所梦寐以求的美妙的社会理想。他们希望把这种社会建立在所有宗教和一切道德的废墟之上。支持这种堕落之源的卑劣野心家大有人在。开明的改革家和恶棍们都声称在为人类的幸福而工作。对于社会秩序来说，雄辩的无产者同古代的斯巴达克一样危险。他们把自己的笔变成匕首，把自己的言论变成燃烧的火炬！如果财产拥有者神经错乱到这种程度，以致随便向无产者提供亵渎神圣的法律殿堂的手段，那么，这将会怎么样呢？他们难道什么事也不用担心吗？（《评论杂志》，1841 年 9 月号）

正统主义者——由法律赋予它所规定的所有权的性质，这称为合法性。合法性要求人作出最大牺牲。如果说我们服从自己所协助制定的法律不需要特别费力的话，那么，服从我们发现已经制定好的法律，便要费力得多。然而，这却是必需的法律，反对它是十分危险的。王子据以继承王位的权利，同樵夫的儿子据以继承他父亲的茅屋的权利是同样的。当上面的合法性遭到侵犯，那么下面的合法性也就处于危险之中。如果原则在某一点上遭到了破坏，那么它在所有其他各点上便都会遭到破坏，因为原则是带有普遍性的。

正是由于你们(现政府)给社会秩序带来巨大损害,他们(共产主义者)才出来干预政治:你们为满足权力和财富的奢望而牺牲了根本法。从你们对共产主义的追究和采取的严厉措施中,在逻辑上会得出什么结论呢?只有一个结论:维护君主权利的所有权,承认神权的合法性!!!(《法兰西报》,1841 年 11 月 19 日)

共产主义者——上面我已驳斥了正统主义者的论据。这些论据在共产主义原则和健全的理智面前经不住检验,它们应该受到彻底的谴责。但是,如果要从所有权的观点来推论,我承认,我看不出在逻辑上能对此提出什么异议。实际上,这就等于把一切反共产主义流派置于被告席上,用他们自己的鞭子来鞭打他们自己,完全否定他们对我们所作的、尚未在胡说八道中加上恶意中伤的那些责难:教条主义者的指控,中庸派的夸夸其谈,以及反对平等的改良主义者的诡辩。

现在,问题已经清楚地摆出来了。是平等还是不平等,是神权统治还是共产主义,在这两种制度之间是根本没有中间道路的!

是的,这就是事物的力量不可克服地引导我们去的方向;用千百种幻想来安慰自己是无济于事的,在暴风雨中摇摆是徒劳无益的,摇板终将要损坏。不管人们干什么,既要避免两种结局中的这一种,又要避开那一种,这是绝对不可能的。因此,这要由聪慧而诚实的人来作出抉择,并且要尽快地作出抉择。

让共产主义的敌人们为争夺统治权而相互倾轧吧!让他们激烈地争夺无产阶级获得的战利品(dépouilles opimes)[①]吧!最后,

① dépeuilles opimes:古罗马大将亲手杀死敌将后所获得的盔甲等战利品。

让反对平等的全部军队像卡德摩斯的那些毒龙[①]一样去自相残杀吧！这是很可以理解的：对荣誉和财富的渴望就像炽烈的炭火；这种欲望愈得到助长，它就愈加贪得无厌，它使那些崇拜荣誉和财富的人头脑昏昏，精神错乱。

然而，假如无产者，假如支持平等的人们参加了这类争斗，假如他们为争斗的某一方（无论为哪一方，即使是为专门从事政治斗争的我们的激进党人这一方）而耗尽自己的气力，在我看来，这就是他们对自己的真正利益没有很好了解的一个明显的证据。

可喜的是，人们往往能够相信这一点：阴谋和伪善每天都在丧失自己的阵地，并且诗人咏诵下列诗句时的那个政治上盲目和混乱的时代好像已一去不复返了：

我在双方营垒中目睹渎神的欺骗；
那个人民之子在狂暴情绪的驱使下
亲自扼杀自己的祖国……
甚至那个逃亡者也起来反对他！
所有的塔克文尼[②]都为政治效忠，
他们在血战中摧残自己的生命，
以共和国的名义去追求锁链，
最后是为选择暴君而斗争！

① 这里作者引述的希腊神话不够确切，正确的应是：英雄卡德摩斯杀死毒龙之后，把它的牙齿埋在土中，结果从土里长出许多武士来，他们之间互相残杀，直到剩下最后五个人。

② 塔克文尼（公元前六世纪）是传说中的古罗马的末代皇帝，他的残暴统治引起了罗马的贵族与庶民的起义，结果塔克文尼的政权被推翻，在罗马建立起共和国。

所谓温和派和保守派的先生们，现在我要向你们讲话了！为什么有这么多荒谬的诽谤和疯狂的攻击呢？无产者有时想起来反对把他们推向饥饿和绝望境地的社会秩序，对于这一点值得那么大惊小怪吗？如果说凄惨的恐惧情景如此经常地搅扰你们的安宁和睡眠，那么这是谁的过错呢？你们说，你们担心你们的文明会被人民的巨流所吞没。……那好哇！就请你们为激流挖掘一条十分宽阔而美丽的河床，使它永远不再感到有溢出河床的需要吧！

噢！你们说什么让进步和理性之车超越于政治风暴威严地行进！那就请你们赶快同我们一道宣布这个该永远封闭革命深渊的新的社会象征吧！那就请让挨饿的贫民自由地同你们坐在一起吧：在平等的宴会上人人都有座位！！！

教条主义者——民主政体历来导致无政府状态或专制主义，并且充满极端的行为。孟德斯鸠曾说过："法国过大，不能成为共和国。"

共产主义者——这种主张就其原则来说，即就长远而言，是既狭隘而又错误的。在民主政体中，政治权限能比在君主政体中更统一、更集中。国民公会的历史就证明了这一点。然而，这种人民代表大会还只是真正民主政体的不完整的体现而已，因为它被束缚在政体平等的狭隘范围之内，而且要对十四个世纪的社会联邦制和所有权制度进行斗争。但是，在我们这个比以往不同的时代，在业已取得的进步面前，孟德斯鸠的这个轻率的判断能算作什么呢？

随便来说，难道机器的发明、铁路和蒸汽机的发明就没有引起什么变化吗？今天，当我们那些最边远的城市由于这些发明不久彼此只相隔几个钟头的路程的时候，当周游法国所需时间比十八世纪周游海尔维第共和国或威尼斯共和国所需时间可能要少得多的时候，谁还敢于支持这个论断呢？目前，我们所能指出的大民族和小民族政治生活之间的唯一重要差别，乃是前者比后者拥有多得多的力量和资源，足以使人尊重它的内部自由和对外的独立。

在你们称作古代共和国的骚乱和恐怖活动的问题上，你们在我们面前喋喋不休地进行令人厌烦的夸张；可是这类夸张能说明什么呢？难道这种吓唬人的手法还没有完全过时吗？诚然，我根本无意宣称那些古代共和国是共和国的典型。但是，那时所建立的制度，就大多数而言，要比其他治理方式优越得多。仅仅为了这一点，历史就该称颂这句格言："我宁愿暴风雨般的自由，而不要安稳的奴隶地位！"此外，我们马上就会看到，而且我已多次地证明，在公有制度下，人们根本不必担心这后一种弊端。

古代的民主政体可能是在探索中前进的，并且可能迷路；这是充沛的人类智慧在自己炽烈的活动中的一次试验。哲学产生了诡辩家，雄辩术生出了唱高调的演说家，民主政体则产生了野心勃勃的蛊惑人心者。古代民主政体是以微薄的福利为基础的，并沾上了征服欲，有谁会对它的过失感到惊奇呢？而以劳动、普遍富裕、传播知识和公共教育为基础的未来的民主，绝不是以奴役和暴力来压制任何人的那种忐忑不安的少数人的民主：它在自己的腹内孕育着三个尚未被世人所知的处女：普天下的自由、平等和博爱！

改良主义者——我从您的全部话语中所清楚地感觉到的，就是共产主义竟敢于否定人民的绝对主权。难道不应该担心你们的原则将引导你们在公有制度的顶点上建立独裁统治,从而建立专制统治吗?

共产主义者——在完全和谐的公有制度下,如果不是要把自然、科学和理性的权威理解为独裁,那么,是不可能有任何独裁的。可是,把那只有一个宗旨、一个目的——通过最无限制的自由和最完美的秩序将人们引向幸福——的事,指责为专制或暴政,这难道不是愚蠢和荒唐到极点吗?

至于人民的主权,我再说一遍,是不可能有任何离开自然规律的绝对的东西的。然而,公有状况包含极大的潜能和力量,可把所有的人和每个人的智慧、感情和利益与自然等同起来。经过以上阐述之后,就不难想象,我们的社会法律的直接结果,乃是使占少数者迅速而不断地减少,直至统一的组织依照进步规律最后完全建立起来为止。那时,人们会看到,纯粹的民主政体将毫无障碍地、没有斗争地、受到普遍欢迎地、自动而不是被强制地提出来,并且永久地确立下来;它不仅作为约定的法律,而且进一步作为必然的事实,作为正常的法律,作为不可抗拒的自然结果确立下来!

下面这一思想,也许是社会契约中最深刻的思想:"公众的商定是一回事,普遍的意愿又是一回事。"的确,要使任何一项法律真正成为人民的法律,仅凭大多数公民表决或通过是不够的,还必须科学地证明,这一法律是符合所有人的利益的。那么,比赞成或同意这类法律更为重要的,乃是融会到法律之中。通过表决来预断真理;通过完全赞同来承认真理。

因此,勒得律—罗兰先生在昂热市刑事法庭上所讲的下面一段话，实在是民主方面的一个严重的不着边际的异端邪说："如果在选举改革之后，人民还是不幸的话，那么他们就再没有权利抱怨了。"

然而，一切权利中最宝贵、最不受时效约束的，难道不就是幸福权吗？卢梭似乎已预见到此类诡辩；当他写完我前面提到的那句话之后，又继续写道："披着人民政权外衣的暴政，是最恶劣的暴政。在没有社会平等的情况下，选举愈扩大，被剥削者身上的锁链就愈沉重：人们不是有一个主人，而是有成千个。"连波拿巴本人也比勒德律—罗兰先生民主得多。他当时曾给里昂科学院写过这样引人注目的话："你们不要接受只是几个人能据以占有一切的民法；因为，少数公民占有土地，必然会导致所有其他公民在政治上处于奴隶地位。凡是发生这种情形的地方，就根本没有公民。在那里，我只看到受压迫的奴隶和压迫人的奴隶，而压迫人的奴隶比受压迫的奴隶更卑鄙……这两种人都拴在铁球上：一个是脖子上套着锁链，另一个是手里拿着锁链！"

但是，有人嚷道，政治改革就是改革社会结构的手段。我回答说，当人民正在进行革命时，当人民受到强烈的推动时，这一点并不是不可能的；但是，就是在这种情况下，胜利对于无产阶级来说，仍是一桩十分碰运气的事情。何况当我们目前的改良主义者宣布所有制的特权是神圣不可侵犯之时，他们不是在大大修改这个微不足道的让步吗？怎么？你们承认人民有政治权利，但是却拒绝给他们日常需要的粮食和教育，你们通过贫困和愚昧给他们戴上脚镣手铐！可以说，这不就是像命令瘫痪的病人走路吗？请听一听爱尔维修约在一百年前就此问题所说的话吧：

"必须消灭那种保证少数人享乐而把一切重担都加在其他人肩上的特权。这种特权就是知识方面的特权；人人都有获取知识的权利，因而应该使所有的人就像得到食物和呼吸的空气一样，免费得到知识。

"然而，知识完全属于财富，而政权又完全依靠知识；政权把财富和知识都集中在少数人的手中，这少数人只有在人民的社会组织面前才会放弃权力。

"只要这种丑恶而又十分荒谬的特权未被直接而有力地打开缺口，大多数人就寸步难行——除非人民一跃跳过把他们与幸福隔开的空间！"

现在是否需要举些例子呢？我在那么多例子面前简直难于选择。在法国，特别是在英国的选举时期，发生了多少丑事啊！那里，在市内集会的场所，你会看到那作为主人的人民衣衫褴褛，快要饿死；有时又在你面前出现卑怯地向高傲的绅士伸手乞讨的公民，而那绅士从自己豪华的马车上傲慢地丢给他们几个先令。你会看到那高尚的英格兰，整个英格兰分成两个阵营——教唆堕落者和受腐化者：富人们到处都在出卖良心和本国的自由；穷人们到处都在进行那种可耻的交易①。但是谁能描绘出那些喧闹的狂欢、那些丑恶的排场、那些粗野的角逐、那些令人厌恶的纵乐，以及未来的议员本人在竞选讲坛上带头去干的所有那些下贱无耻和卑

① 有些人反驳说，如果实行了普选，贵族最终会破产。难道贵族掌握了政权后，不是有上千种办法一手给东西，而另一只手又把它取回吗？有人说，在英国最近的选举中，托利党（保守党的前身。——译注）花费大量金钱进行贿选。现在，如果有谁认为这些钱似乎花得太多，那他就未免太天真了。——原注

鄙龌龊的行为呢？当人们无耻地把投票箱变成出卖人的器皿时，还能要求人们对法令表示什么尊重吗？老实说，在什么地方能找到更加令人信服的证据来证明在政治权利和社会奴隶地位这种古怪的结合中所隐藏的一切反常和欺骗的现象呢？我坚决地坚持这最后一句话中所包含的思想：这是主要的思想。

设想在法国已颁布实行普选令，那会发生什么情况呢？披着雅各宾派的斗篷，换上布鲁图式的服装的阴谋家们，马上就成群结队地拥到集会场所。在那里，他们千百次地去握无产者的手，向无产者滥许最诱人的诺言。这些假仁假义的朋友中间是不是有许多人会当选呢？这是值得担心的事，因为：第一，几乎只有他们高居显要的地位，只有他们有足够的金钱负担当代表的一切费用；第二，人民既没有受过足够的教育，也没有足够的时间到这一群人中间去寻找自己真正的朋友；第三，人民还处在直接依附于财富的地位，他们还受着饥饿的支配。

我们的政界的伪君子们到达巴黎之后，首先关心的是互相进行勾结，来保证自己的统治地位。可能其中少数人会在拯救社会的口实下，建议实行独裁的管理，而不提出任何组织原则。甚至可能在他们中间已有相当胆大妄为的人，竟幻想实行书报检查法和镇压法，来迫害社会进步的捍卫者。人民在这十年来所得到的这类教训有多少啊！现在，巴尔特、梅里鲁、巴乌、梯也尔、巴鲁、莫甘、列尔米尼都是些什么人呢？佩带斯巴达克式利剑、曾对个体占有发出慷慨激昂的咒骂的拉麦涅先生现在变成了什么样的人呢？头上戴着选举的王冠和头盔、手中拿着宝剑的勒德律—罗兰，这位本应该佩戴着这些东西以胜利者的姿态走进波旁王宫的昙花一现的长裤汉[①]干了些什么事呢？是的，我们看到他走进议会；可是天哪！……(Quantùm mutatus ab illo!)(他的变化多大啊！)他头盔的脸甲低垂着，几乎一膝着地，以此在国王面前表示抛弃他在讲坛上所作的自我吹嘘!!!

无产者们，各国人民谋求复兴的机会有时在一个世纪内只出现片刻！当这个时刻来到时，务请你们当心，不要因为争吵和分裂而错过了它！你们从现在起就应想到，只有研究社会问题，你们才有可能利用这个时刻！……

请不要根据以上所述推论，认为在实行普选的情况下，我们没有希望令人采纳我们的原则。我们是完全相信这些原则的潜能的。可是，当我们一方面看到有某些暗礁，另一方面又看到实在的、宁静的海岸时，我们为什么对于扬帆驶向这条美丽的海岸要犹豫不决呢[②]？

改良主义者——我同意，您的担心是有一定根据的。但是，批评比组织更容易。您刚才谈到纯粹的民主政体。设想一下子把全

① sans-culotte：长裤汉(无套裤汉)，即不穿贵族所穿的短裤者；这是十八世纪末法国资产阶级大革命时期贵族对广大革命群众带有鄙视意味的称呼。

② 《国民报》声称，共产主义在阻挠改革和革命。我有确凿的理由认为，《国民报》等报刊并不怎么关心选举改革。这家报纸有时还装腔作势地在自己的栏内刊上"政治主权"和"普选权"这类词句，这无非是雄辩家的预防措施，用作谩骂公有制度的引言而已。它希望能够诱使某些目光短浅的革命者放松对公有制度的研究。如果《国民报》不是在玩弄花招掩饰其破坏自由的阴谋，那么它为什么不去向思想宣战，而去做检查机关的非正式的帮凶，并且吹捧九月法案呢？为什么《国民报》自己不提出一个社会组织方案呢？因为《国民报》不会不知道，不断地向一切人和向每个人证明，存在着解决人类问题的可靠办法，存在着防止新的政治船舶沉没的安全港，这不但不会起什么麻痹和削弱作用，相反，除此之外，再没有什么更能粉碎政治上的怀疑论和冷漠态度的锁链了。——原注

体人民都集中起来，岂不是荒谬绝伦吗？既然如此，如果某个失去理智的演说家建议给予妇女甚至儿童以选举权，那也不是毫无道理的。

共产主义者——如果您知道我们的制度的全部能力，也许您就不会作这样的推断。共产主义的立法机关同我们当代的议会几乎毫无共同之处。那里根本看不到像现在这样，一个不学无术的军人或有产者来侈谈高深的科学；看不到只晓得一点点煤矿名称的律师来谈论煤矿问题；也看不到商人一头栽进我们四万条法案和法令的难点中去。在未来的制度下，演说家对他所谈问题的一切方面将会十分内行；立法者将永远在深知底细的情况下行事。一切艺术、一切科学、一切工艺，都会不断有其代表者。无论是老年人、成年男子、妇女或青年，谁都不会被逐出法律的殿堂之外；恰恰相反，凡是愿意把自己的一得之见贡献于共同事业的个人都将受到欢迎。那时，政治的集会同时就是议会、研究所、科学院、学校，等等，等等；而且不必担心这种新的机构会产生任何杂乱和混乱现象；政治机构的全部职能只限于证实和公布一切成就和发现，同样，社会管理机关的职能则在于经常调节和进行所有社会产品的分配，公平而又充裕地把这些产品分给所有的人，或者是向一切具有善良意愿的人们发出号召他们参加共同劳动的兄弟般的邀请。

至于会议的地点和方式，我想现在可以不必考虑这件事。不论是召开民族代表会议还是全人类代表会议，我看不出它们会比召开公社会议更困难。不必像现在这样选择和派遣某些公民担负特殊使命；只要每年选定一个位于中心地点的公社，把民族代表会议设在那里，再选定另一个公社，把全人类代表会议设在那里就行了。不管居住在这些公社里的是什么公民，他们都总是能够出色地履行立法职责的。因为，我再说一遍，请不要忘记，社会的组织将十分简化，以致政治机器仿佛是自然而然地运转。教育将如此有力，知识将这样广泛普及，重要的真理是这么明显，这么令人信服，以致只有在疯人院里才会找到它的反对者，如果说在正常制度下还有疯子的话。这类最高政权，毫无疑义地比那种往往只是通过各种选举和议会的鬼把戏而组成的私有制的最高政权要高超得多。

第十八章　几条基本真理①

一

宇宙中只有一个唯一的本源：这一本源既是能动的，也是受动的，既是肉体的，也是精神的。

一切物体，一切生物，都具有其所固有的一定属性、一定性质和一定能量。

物质和自然两个词是哲学用以确定一切物体、一切生物共同的性质、属性和能量之总和的总名称。这样所理解的物质，本身即包含着活动、引力、智慧、和谐以及完善性等全部本源。

二

世界，就这个词的广义来说，在它赖以构成和得以表现的一切方面，它是一个整体，虽然抽象地说它是可以划分的。因此，任何一种多少有所发展的思想的首要努力之处，以及任何理性的首要任务，都是不断地力图把握和恢复整体。人们用以表示世界的这个词，很完美地表达出它的统一的性质是怎么样的：宇宙一词的含义是，它既是一个整体，又有其多样性。

---

① 这些真理在这里只是作为我们哲学思想的概要加以陈述，它们将在专著中得到进一步的发挥。——原注

因此，当智慧具有无所不包的广度时，就将只有一门科学——百科全书学。

三

“自然界”一词指的是一切事件的永恒而普遍的联系，是生物和运动的始因，即我们并不掌握的原因。它是一个在组合与分解、生殖与转化的不断循环中运转的无限的整体。

每一个生物都是有机体。自然界是绝对的有机体。任何个体生物只有在自然界这个总的有机体内才能够生存，而且它的生命就是自然界这个总的有机体的一种表现，因而它是部分的有机体，就是说，是不完全的有机体。

四

原子是世界的元素，运动是世界的本源。世界自行存在：创世，即从虚无中创造出某物，这是不可能的。

世界生命的表现有别于个体生物生命的表现，世界把个体生物包含在它的巨大的统一体中：只有世界本身才具有完全的、绝对的、普遍的生命。从力学定律的观点来观察世界时，可以把它看作是一种具有自己的齿轮、传动带、滑轮、发条和重锤的灵巧的机器。

但是，如果说世界整个说来组织得很奇妙，那么，它内部的齿轮系统和它的小发条，在我看来，则尚未完全连接好。

五

引力乃是一切物质现象和精神现象的原因；这是普遍生命的

基本规律，是分子借以互相吸引、集聚、归类、协调、互相支持、同化和形成物体的那种力量；同时也是物体和生物借以分化和形成各自的特殊性的那种力量。没有这个规律便不可能有任何生物存在。引力是我们在整个自然界中都看得到其作用的那种力量；它不仅按同质量成正比、同距离的平方成反比的方式，对称为物质的物体发生影响，而且它在精神和智力范围内也完全遵循同样的规律，发生同样的作用，这一真理也一样重要。

六

原子、其次是分子等等的集聚是引力定律的结果。物体的秩序与和谐，在不同程度上，是以这些元素结合的方式、它们的排列为转移的。排列规律支配着自然界的一切运动，它存在于一切事物之中。数论正是以排列规律为基础的。人与外部世界的关系决定于排列规律，卫生学是建立在排列规律基础上的。社会组织也是由排列规律所支配，它的价值也由排列规律所决定。这正是我在本书中已证明过的。

七

人，广而言之，动物，是各种不同的有机分子的一种组织，这些分子结合得非常好，其中每一个分子都找到了与它的形态最相适合的位置。

由于这些无数的结合，便形成各种器官，这些器官相互结合，便形成器官群，最后形成了器官的总体。

正是这种富有活力而又和谐的器官总体构成生命。

血液循环是生命和健康的基本规律之一。血液从动物的各个部分不断地流注于心脏，而心脏则输出血液让它按照动物的每个肢体的需要把营养和生命分配给动物的整个身体。

脑是神经的本源，是感觉、感情和智力的中枢。

最高贵的职能：意识、思维、意志、智慧，以及生命现象，无非是各器官的和谐的活动。

各个器官彼此愈相适应，它们便愈能协调地和迅速地相互发生作用；动物在生物序列中上升得愈高，它拥有的智慧就越多。

八

在外部世界的影响下，器官会个别地或集体地发生变化；同样，外部世界则受人的各种能力的个别的或同时的作用。可以说，人能按照自己的愿望塑造大地。人正是以土地上所有的一切来维持和充实自己的有机生命，来发展自己的机体的。① 因而，再没有比下面这一说法更正确的了："人与其说是自己体质的产物，毋宁说是其物质环境和精神环境的产物。"

---

① 人凭自己的全部能力，只靠吸收作用而生存。人之所以要学习、了解和增长知识，是因为他要吸收、领会人类智慧已在他的周围并为他而产生和创造的东西；这就是把作为人类先前劳动成果的思想、知识和感情变成自己的东西，在自己的身上体现出来。他每天都比他的祖先更有力地向前迈进；他被吸引着不断地向自己生命的顶点攀登，就如同磁石之向着磁极一样；同时，他确实有时会遭到某些阻力，要经历千百次的停顿、千百个阴暗地方和千百条崎岖不平的弯路。

但是，如果说没有什么东西比这种把人类联系起来并像生命一样世代相传下去的紧密一致的关系更真实的话，那么这种一致关系却并未使那些让人们认识重要真理的伟大天才们失去任何光辉；这些真理已不可磨灭地写在人类的神圣旗帜上了。——原注

九

机体的最美妙现象之一是生殖现象。胚胎的发现证明了分子的智慧。精液元素，从它在有感觉有思想的动物中应该构成的相类似部分提取出来，仍具有其原始状态的某种记忆：人种所以保存下来，子女所以同父母相似，其原因就在这里。

十

欲望是活动的动力，它必然起源于感觉。它依照赋予它的方向，即依照完全与社会状况不可分的方向，而在不同程度上成为好的或坏的欲望。因此，任何道德都在于如下这一点：即我们欲望的总和，应该十分符合公共利益，以致使我们必然永远保持良好的行为。

十一

任何一种真理都是理性努力的酬报，但是对理性本身的监督并不是绝对的。实际上，在知识方面有种种规律，因而有种种真理，它们虽然还未被人所理解，然而却仍然存在着：聪明的理性将它们宣布出来，并证明它们是存在着的，我们感到需要它们。因此，信念需要有两种相互关联的东西：感性的证实和理性的照耀。

任何信念的基础和标准都建筑在关于对人及其一切变异因素的综合而完善的认识上。

全世界的公有制度是唯一合理的宗教，是人类唯一的正常状态。

这种宗教，是业经证实的科学的必然结果，它是一切善、美、一切完善性的典型、萌芽和源泉。

科学把一切对超自然的和来世的生活和人物的信仰都归诸虚幻而危险的谬误之列。[①]

因此,我们看到,在这一章中没有任何东西显示出可能存在什么无形体的、非物质的实体;我们是把自己的学说建筑在生理学和普通物理学之上的。再者,这些思想,就其本源而言,并不像某些人可能想象的那样,是什么十分新奇的和反基督教的。毕达哥拉斯、伊壁鸠鲁、德谟克利特、亚里士多德、迪凯尔、阿斯克列皮亚德、哈伦等都是这些思想的最卓越的创始者。后来,这些思想是在亚历山大学派中,在那些由于知识渊博而被称为诺斯替教信徒的著名的基督教哲学家中间得到进一步阐明的。还值得指出的是,连最正统的主教们也往往预感到甚至领会了这些思想。圣徒耶利米曾是伊壁鸠鲁的仰慕者。在他反对约维亚恩的第二部书中,他情愿援引伊壁鸠鲁的话,把伊壁鸠鲁看作是其美德使得优秀的基督教徒们都自惭形秽的人。伊壁鸠鲁的生活极其简朴,一点点干

① 我丝毫无意责备创立过去的宗教的一切人。像摩西、琐罗斯德(古波斯祆教创始人。——译注)、耶稣等都应该被看作杰出的立法者。最后两位,在我看来,是抱着极纯洁的意愿和最值得称赞的热忱的。他们曾向人传授淳朴而高尚的道德。如果说,就他们的宗教信条来说,他们走的是迷途,那么他们的错误是很容易从他们当时的社会经济以及整个物理学和自然科学不完善这一点上得到解释的。我还乐意承认,在神甫中间,许多人的行为是正直的,或者,至少是具有可敬的动机的。甚至现在还有许多基督教神甫花尽自己的心血,慷慨地付出自己的努力,希望给人类带来某种改善或某种安慰。徒劳的希望!无力的安慰!所以,我仍然无法掩饰这一点,即一切宗教信条现在已完全丧失了其存在的理由,并且阻碍和牵制着社会的进步(参看第十六章)。请读者相信,在这里我是本着自己的信念、那成熟的和火热的信念的全部真诚来说话的,因为这种信念是长期而辛勤的观察和不断的、广泛的思考的结果。我希望在自己的另一本著作(本书的补充著作)中再来作清楚的、明晰的、确切的和令人信服的论证,以支持我刚才发表的见解。——原注

酪、面包和白水便是他的最可口的食品。

德尔图良是基督教徒中的最有学问的人之一，他曾主张：凡是没有形体的东西，即是乌有之物，以此反对阿别略；他还坚持说：任何实体都有形体[①]（《德尔图良反对普拉克谢伊》，第 7 章），用以反对普拉克谢伊。而这个学说在头四届世界基督教代表大会上并没有受到谴责。

使徒圣保罗也绝不是同这些真理格格不入的。在其《书函》中，我们发现许多段落证实了这种论断。他完全不相信物体的非物质性，也完全不相信有什么有别于世界的存在物，像拉麦涅所断言的那样；因为圣保罗曾经说过，"神是普遍的存在体，我们的生命、活动和存在都依靠他"（"In Deo vivimus, et movemur, et sumus"）。另一次，他在一次著名的演说中曾大声疾呼道："我曾在你们一个殿堂的正面墙壁上读到：Deo ignoto（献给未知之神）：雅典人，这就是我向你们宣布的神。"

圣保罗还写过下面一段经文："行动有千差万别之分，而神却只有一个，它在我们中间主宰着一切。"（《哥林多前书》第 12 章，第 6 节）

"我们身上的意志和行动，都是神产生的。"（《腓立比书》第 2 章，第 13 节）

那么，这些不同的词句，如果不意味着如我们所说的，宇宙是一切部分、一切个体、一切力量、一切能量的总和，又是指的什么呢？在这里，"神"，作恶和行善的神、未知之神等，这个词难道能意

① 无形体的生物是不可理解的东西。其原因在于，每一种生物都有其固有的形态，它局限于某一个地点，即它具有界限，因而这是一种有形体（霍布斯：《利维坦》，第十二章）。——原注

味着什么别的东西吗？它除了使自然界的整体、统一、和谐人格化这一目的之外，还能有别的目的吗？换句话说，这不就是我们那个自行存在的、既不完善又有智慧的、既统一而又多样化的世界吗？最后的两句话不就是否定自由意志，不就是关于行动无责任性的不言而喻的结论吗？

此外，假如圣保罗能够复活，他会对基督教所发生的奇怪偏向大吃一惊，也许还会大发脾气，并且他会和我们一样，宣扬这个极合理、极美妙而又极高尚的生理学和普通物理学的规律，这不是显而易见的吗？

本书主体部分的概要

根　本　法

第一条。所有的人，不论什么种族、什么肤色，也不论他们现在和过去属于什么地区，都将亲如手足般地生活。

第二条。除了个人目前所使用的东西以外，没有任何属于个人所有的东西。

第三条。在公有制度下，只有一种产业。这种产业由各公社一切有价值之物的总和而组成。

第四条。中央产业管理机关将十分关心地注意使各公社经常保持同等的富庶。——即如第三章中所指出的那样。

第五条。公社的一切产品、一切财富，都不断地并且永远地由大家支配。每个人都能广泛地、充分自由地在整个产业范围内获得他所需要的东西，亦即必需的、实用的和称心的东西。

第六条。凡以公共利益为目的的一切工作均系社会职务。公社宣布这一切工作同样光荣。

第七条。每个强健的人(男子、妇女、儿童)都应邀自由担任某种职务,如同第五和第十章中所规定的那样,根据自己的嗜好、需要、个人才能,以自己的活动和知识,亦即用自己的体力和智力来协助公有社会。

第八条。在公有社会中只有平等的人。

在它的一切制度、措施、条例和探讨中,特别是在教育方面,它将永远不忽略下述原则:“从所有人的意识中,从所有人的心灵中,把谋求统治权、特权、优越性、优先权、优越地位,总之一句话,把谋求任何特殊权力的极微弱的意图和愿望,都铲除干净。”[①]

分配法和经济法

第一条。世界划分为许多公社,公社的领土必须是极均等、极规则和尽可能连在一起的。全部公社互相联系,首先形成称作民族共同体的第一种管理中心,然后再形成称为全人类共同体的第二种管理中心。

第二条。如果某一公社位于仍然荒芜的地区,便在那里发展工艺;如根本法所规定的那样,由邻近的公社给它提供食物。这种情况终将变得极少。

① 一旦人们深刻地理解了下述包含永恒智慧的真理,就不会对上述一切提出任何反驳:“一、组织得正常的劳动,对于人来说,既是一种需要,也是一种乐事;二、有天才的人,除了要求舆论的自由表达以外,他不需要其他活动动力、其他媒介和其他推动;他除了自己的卓越才能之外,不需要其他优越条件。”——原注

第三条。各公社不断互相往来和友善相处，或者借助于运送食品和履行其他公共职责，或者通过举行频繁的、多种多样的节庆活动（各个公社交替地作为这些活动的场所），来达到这一点。

第四条。分散的一家一户为公有的大家庭所代替。

每个公社只有一个食堂。

大家在一起用餐、工作、学习和娱乐。

每个成年人（妇女或男子）都有各自的住所。

儿童都睡在公共的宿舍内。

工业法和农业法

第一条。按照分工方式，工作将在公共的工场内进行。

第二条。公有精神将不断促使人们改进旧机器和发明新机器，以减轻劳动强度，逐渐使之轻松、卫生和吸引人。

第三条。一切工场都将布置得很完善，在卫生、舒适、美观和吸引人方面都将保持良好的状态。

第四条。在田间劳动方面将采取类似的措施。在要实行改进的方面，其中有使用蒸汽机车和设置可移动的不透水的帐篷。

第五条。将在全球各地组织劳动大军，进行耕作、造林、普遍灌溉、开凿运河、修筑铁路、修筑江河大堤等大规模的工程。

两性结合法，此项法律用以防止任何的不睦和荒淫

第一条。相爱、深厚的同情和心心相印，形成两性的结合，并使这种结合具有合法性。

第二条。两性间完全平等。

第三条。除了相爱之外，任何其他关系都不能把男女双方结合在一起。

第四条。已分居的情人，只要他们彼此还有所依恋，可以破镜重圆，不受任何阻挠。①

第五条。公有社会只构成一个唯一的家庭，②一个唯一的管理单位。它将一视同仁地不断关怀自己的全体成员。

教育法

第一条。教育将是普遍的、平等的、连贯的、工业和农业方面的。

第二条。每个公社都将为每一性别建造专用房屋，此种房屋将按照不同的年龄隔成若干个单间。每套房子都将具备卫生、舒适、娱乐等一切理想条件。

第三条。教育的三个主要目的是：一、身体强壮和灵活；二、智力发展；三、心地善良而有毅力。

第四条。为便于各种训练和学习，每所学校将分成许多班或组。

第五条。同对待成年人一样，永远不对儿童使用任何强制措

---

①　必须指出，在公有制度下，夫妇的分居不仅不会导致他们相互鄙视和仇视，而且也不会引起他们之间的尊敬、友爱、亲善的关系的破裂。——原注

②　那时，famille（家庭，家族，科）一词才恢复其原始的意义：这是实情。博物学家从来不把两个生物的个别结合称作 famille，他们过去和现在都是对整个种类才使用这个名称的。——原注

施。凭公有制度的力量、靠以平等为基础的学习和教育本身所具有的吸引力，就足以促使儿童向一切好的方面发展。

第六条。教学将涉及广博的知识，既有理论又有实践。

第七条。在思辨性科学和实验性科学方面，将让人类智慧的远见和洞察力有充分的自由；这些科学的目的，或者在于探讨自然界的奥秘，或者在于改进娱乐性和实用性的工艺。

卫生法

第一条。一切公社都将设在对健康最有利的地点，它们的位置和分布都将做到具有空气流通、温暖、明亮、清洁等方面的一切优点。

第二条。马厩、畜栏、屠宰场、鞣革厂、大工厂、玻璃厂、高炉、五金厂、洗染厂和某些化学实验室，总之，凡是对健康有害的一切东西，都将分散设在农村地区。

第三条。劳动大军的使命是帮助改良气候，以及普遍美化大地。

第四条。最有经验的人将注意使饮食、衣服、浴室和公共浴池等等都具备优良的质量，并适合每个人的体质。

第五条。将尽心竭力地保证大家的睡眠和休息，铲除思想和心灵中引起不安、忧虑和烦恼的最微小的根源。

警察法，其作用在于避免混乱、拥挤和任何不幸事故

第一条。食物和产品的运输工作只在街上除运输者外没有什

么行人时进行。

第二条。公社宫内，行人靠规定的某一边（右边或左边）行走。

第三条。任何有危险的牲畜都不得四处乱窜，也绝不许跑进宫殿里来。

第四条。采取各种预防和牢靠措施，以避免任何人或从高处跌下，或因什么物件落下，或因什么轮船机舱或蒸汽机车等爆炸而造成死伤。

第五条。工程人员要运用全部精力和才能，来预防因大雷雨、暴风雨、河水泛滥和地震所造成的后果。他们将通过给江河筑堤、或修建不可逾越的堤坝、或在所有必要的地点建筑水闸和渡槽、或挖掘地下水渠等等，来努力达到这一目的。

政　治　法

第一条。统一乃是任何政治结构的基础。确认、协调、批准、鼓励、活跃和促进工业、艺术和科学的发展，这就是政治法的目的和宗旨。

第二条。政治的平等永远不能同教育和福利方面的平等隔绝开来。

第三条。任何政治法都必须严格而忠实地以根本法——平等和公有制——为依据，否则是完全无力和无效的。

第四条。每个到达一定年龄的人都可以参加公众会议：老人、成年男子、妇女、青年尽管程度不同，但都同样被宣布为有以口头或书面发表自己意见的权能。

第五条。每一个建议和每一项提案，当获得人们的完全赞同，或者至少获得普遍的赞成时,便以法律公布之。

第六条。每个公社都将设有政治会议,来指导属于公社管理范围以内的种种活动。每个民族将设有自己的会议,来指导属于该民族管理范围以内的种种活动。最后,大规模的全人类的代表会议,将管理全球的共同活动。①

第七条。民族代表会议每年指定一个位于全国中心的公社作为下年度举行例会的会址。全人类代表会议也这样做。

第八条。不论是民族代表会议或全人类代表会议,都没有特殊的代表。凡是路过或者由于其他原因而正在举行会议的公社里的人,都当然是法律的传达者。

结　论

我已写完我在本书一开始所宣布的草案。我并不想说书中没有任何缺点。谁都不会比我更深切地感觉到,本书还有有待改进之处。但就所述原则的纯洁性来说,我内心觉得,我在这一点上是绝对没有什么差错的。我并不认为人们能正大光明地责备我对偏见作了什么让步,或指责我拿轻率而鲁莽的臆断来冒险。

假如我首先提出我的著作的哲学部分,那是适合思想的自然程序和更符合正确的方法的。但有若干重要原因,使我放弃了这个打算。我担心,假如我那样做的话,我的书对读者的吸引力就会

① 不言而喻,这种划分丝毫不会限制享乐的平等和利益的一致。它的目的只是有助于使公有社会的施工、管理和经济更迅速、更容易实行。——原注

大大减少，而变得枯燥无味，读者研究我们体系的兴趣也就会降低。我曾想，如果相反地我先启发人们的想象力和思想，那么我便会很容易吸引大多数读者来研究我们的哲学原则。因而，在我看来，首先把公有制度的组织方案加以概述是适宜的。

那些有逻辑头脑的人，当等到我们的哲学发表的时候，将能很容易用科学方法来解决本书中那些未经十分严格证明的主要问题。[①] 至于社会制度不准许其享有足够的教育，以致不能十分内行地进行推理的人们，他们无疑将凭感觉来弥补我答应作的准确而明显的证明：正直的人们总是认为正确的东西是可以实行的。我这里不去考虑是否不会存在某些仍然受虚荣心、嫉妒、自私、野心等根深蒂固的习惯所支配的人；今天，有些人甚至对明摆着的事实也加以否定。在只存在反常和颠倒现象的社会秩序中遇到这样的人，那有什么可奇怪的呢？但是我已经说过的话，足以使他们今后胆敢向我们放射的毒箭变钝和无力。

然而，由于对某些反对意见（有时是自相矛盾的反对意见）批驳仍不够有力，我在结束本书以前，不能不强调我对其已经作过的驳斥。

反对意见——“既然在你们的公有制度下，每个人只要因为是人就能分享舒适的生活，那么谁也不再想做工作，因为人天生就是喜欢清闲和懒惰的。”

答复——我已经证明，人们结合起来从事共同的劳动，这就足以使劳动变得有趣而丰富多彩，而且在我们的公共工场中，工作分

① 在次要问题上，人们感到有某种缺陷是没有什么关系的。——原注

配得十分有秩序、十分合理,以致庞大的工程会异常迅速地进行,显得像做游戏一样。特别是对研究过人体生理学的人来说,你们的反对意见变得更加可怜:在他们看来,人是一种相当活跃的生物,是一种充满活力、生命力和难以满足的愿望的生物,而且他的天生的爱好和固有的志向与任何有益的工作相符,这一切已经得到充分的证明。在他们看来,毋庸置疑的是,被不求甚解的人们称作懒惰的那种对休息和安宁的爱好,只是趋向于一定的舒适之点的合理倾向。摩莱里说:"但是,由于这个支点本身容易变动,就像我们的自然感情的周期循一定的对象范围而变化那样,人也就不得不改变自己的位置:同一种休息状态会令人难受,要作出努力取得另一种休息状态。我们的软弱无力经常阻碍或延缓我们为使自己处于新状态而作的努力。因此,要劝告人们求助于别人,去寻找能够给予援助的人,要配得上这种援助;要劝告人们在为自己的舒服而行动的同时,也要为他人的舒服作出应有的贡献;要进行分工,以便减轻劳动的繁重程度。"

如果说有什么东西破坏这种有益的劝告的话,那正是某些专横的制度。这类制度主张只为少数人确立一种被称之为荣华富贵的恒久的安逸状态,而把令人厌恶的劳动和艰辛留给他人。这种区分使一部分人无所事事、悠闲自在,而使另一部分人厌倦和憎恶强加于他们身上的枯燥无味的劳动。确实,如果没有任何东西使人背离自己的真实本性的话,人生来就是为了从事活动、而且是从事有益的活动的一种生物。我们还确实看到,那种被称为有钱有势的人物,为了摆脱难受的清闲,在追求令人疲倦的狂乱的寻欢作乐活动。

因此，我有充分的理由来支持这样一个命题：

“在公有制度下，每个人都会自觉自愿地来担负某种职责。”而且我进一步认为，人们将愉快地听从领导人的忠告，因为那时的忠告会符合每个人的意愿，那些忠告对于受劝告者实现其愿望将有所帮助。

反对意见——“您曾提出这样的公式作为你们的基本信条之一：‘最无限制的自由会导致最完善的秩序。’这是多么稀奇古怪的论调！如果您废除了任何强制、任何刑罚和体罚，那么人们对于作恶的兴趣往往会超过对共同利益的关心。因此，您怎么能够期望你们的制度有朝一日会站得住脚呢？因为必须承认，永远会有本性堕落的人，他们渴望统治和压制别人，并不断地使社会上许许多多混乱和分裂的因素存在下去。只要有几个为强烈欲念所驱使的公民不服从你们共和国的意愿，这就足以破坏共和国的基础。”

答复——我认为，有一点是无可争议的，即在公有制度下，每个人只有在共同的幸福中才能找到个人的幸福。因此，如我曾证明的那样，正确理解的自由，是与无政府状态、混乱和狂暴行为毫无共同之处的。“自由”一词，就其真谛来说，无非意味着按照符合我们的本性的方式处事的能力和服从我们的机体的规律的能力；我们机体的规律是颠扑不破的，它是一切意志的源泉和不可抗拒的规则；这是珍贵的规律，因为它就寓于我们谋求幸福的意向之中。现在再回过头来谈谈我曾经作过的比喻。我要说的是，人在社会机体内，正好比是人的机体的某一个肢体。可是，对人体所作的研究，已向我们精确地证明，在生物体内，没有任何一个肢体或任何一个器官有朝一日会故意想给别的肢体和别的器官造成损害，会有与整个机体的健康和生命相抵触的或独立于这种健康和生命之外的利益，会一旦对履行自己的义务、对促进生物的和谐和健康表示拒绝或踌躇，最后，会决心阻碍和恶意扰乱共同的利益。

当某个器官背离这种生理规律时，那由此能得出什么结论呢？结论只能是，这个器官出现了某种功能紊乱，患了某种疾病，或者受了某种损伤。

因此，十分显然，人的自由、人的充分而完全的自由本身不会成为混乱的因素。因为，我们已经看到，本性已把一定程度的幸福或惩罚，同一切好的或坏的行动，同任何与整体利益或个别利益相符合或相抵触的行为联系起来[①]。当这两种利益之间发生轻微的斗争或细小的分歧之时，这便是一个不容置疑的证据，证明在社会机体内存在骚乱、无政府状态、混乱和破坏！

但是，再说一遍，难道应当指责的是人的自由吗？不是的。应当指责的是人的愚昧无知、人的软弱无力，而这一点正是完全相反的。很显然，犯错误的人是根本没有自由的，因为他自己在危害自己。因此，我理所当然地认为自己有充分的理由来支持这个极好的、而在你们看来却是非常轻率的公式："最无限制的自由导致最完善的秩序。"

---

① 由于某些人正是靠犯罪行为获得了财富、奢华、享乐、尊严和权势，便以为这些人对于上述规则来说是个例外，那是不正确的。纵然罪恶在发生作用，纵然它使人心受触动并使之变得冷酷无情，使财富积累、宫殿堆砌，并且周围都拥有雇佣的刺客、仆从和堡垒，这也都是枉然的，它永远不能完全摆脱仇恨的和受公众鄙视的噩梦，以及不安和恐惧的袭击。——原注

反对意见——“您刚才所作的论断无非是否定自由意志，它的直接结论就是对行动不负责任。它使犯罪者不感到内疚，并取消一切道德的善和恶、正义和非正义的准则。在这种制度下，人只不过是卑微的自动机而已；这是人类全部尊严的完全毁灭。”

答复——我完全看不出，人怎么会由于这种使他免于犯错误的有益的无能为力，由于这种让他得到自由只是为了满足其个人幸福和社会幸福的无能为力，竟而失去自己的尊严呢？照我看来，能够有意识地害人害己，那是一种可悲的特权。此外，如果你们怒骂自由意志的敌人，我们是很容易得到宽慰的；我们不可能同卓越的人物一起被开除，因为像毕达哥拉斯、柏拉图、亚里士多德、西塞罗那样一些人远在我们以前就成了所谓蠢材和渎神者了。耶利米、圣保罗、帕斯卡、莱布尼茨等等，甚至博絮埃本人，也都是所谓大罪人了，因为他们在关于自由意志的问题上都比怀疑论者走得更远。我现在只援引能够概括我刚才提到的那些卓越人物的共同思想的几段话。

“我知道，人的道路并不依人自身为转移，行路的人没有支配自己步伐的能力。”（耶利米，第 10 章，第 23 节）

“必然会选择最好的东西的人，就不自由吗？更恰当地说，能够最好地利用自己的自由意志，并始终使这种能力发挥作用，这才是真正的、最完善的自由。……如果人按照自身的爱好无任何限制而又心情愉快地永远向善，那是没有什么比这一点更有自主性的了。”（莱布尼茨）

“赋予意志以某种独立样子的，那就是自以为：我愿意这样，并且与此不同的意愿只能由我来决定。但是，除了对于那些无关紧要的事情之外，这些话都是虚假的。我们在说这些话时，我们心里所希望的，正如我们在实际上所希望的那样。凡是在采取具有一定重要性的决定时停步不前，以便宣称自己有表示愿意或不愿意的自由的人，那是在闹儿戏：他必然要依据头脑中产生出来的某种动机，来作出这样或那样的决定。因为，如果说为了证明自由意志而要对抗自己的不同意愿的动机，这是因为另一种动机（表明自己是自由的那个动机）在决定着意志，而这个新的动机恰恰证明，意志并不是自主的。”（图森：《论思想》）

至于无责任性的学说，那好得很哪！我对此的一切后果知道得并不比你们差。在你们看来，它有时竟成了可怕的怪影，我对这一点丝毫不感到惊奇……但是，这有什么办法呢？……难道你们竟荒唐到希望在当代能够依靠轻信和谎言，来抵消科学和理性的努力吗？你们不应对这种向你们揭示出一直侵蚀到整个社会秩序深处的令人可恨的痈疽、并向你们指出该可治愈这种痈疽的药剂的哲学发怒，而应大声疾呼去反对你们的有害而又无能的制度；你们要感谢那些具有大无畏精神的人，他们使你们抛弃自己的幻想和妄想，只是为了使你们免于掉进你们如此粗心大意地沉睡在它的边沿的深渊之中。不，不是的，道义上的无责任性绝不是一把刃口上蘸着毒药的残酷无情的匕首；只要你们愿意的话，它就会成为一把能治愈自己刺破的伤口的阿喀琉斯[1]梭镖。假如我们内心里的确相信，整个社会只是一个大匪窟，一个大的害人场所，里面所有的纸牌都做上了暗号，所有玩纸牌的人都戴上假面具伪装起来，

① 阿喀琉斯是古希腊长诗《伊利亚特》中的主人公。

那么我们对自己也会感到厌恶，并且终会想到去建立这样一种社会秩序，在这种社会秩序下，人可以无忧无虑地、没有危险地、而且无须终日惶恐不安地去充分实现自己最热烈企求的目标。

反对意见——“共产主义没有历史传统，任何时候任何地方都不曾实行过公有制度。”

答复——那必定是有什么十分不体面的事情需要维护，才竟至于提出这样可怜的反对意见；世界上最无文化教养的农民、刚入学的小学生都会轻而易举地驳倒这种反对意见：只要用下面这句已成谚语的朴素的话来回答就够了：一切事情都有自己的开始。

确实，如果为了立足于世，一种新生的真理必须出示资历证书，那么可完善性会变成什么东西呢？糊涂人啊！难道你们看不出，这样一来你们就会直接落入绝对静止状态吗？难道发明了对科学有极大贡献的奇妙的算术表的毕达哥拉斯，有过历史传统吗？难道阿基米德、伽利略、牛顿有过历史传统吗？难道因为他们没有先驱者，几何学就成了不那么精确的科学吗？地球也因此就不那么有规律地围绕着自己的轴心旋转了吗？天体就不那么绕着自己的中心运转了吗？难道火药、火炮、指南针、蒸汽、铁路、印刷术、新大陆、机器、避雷针、医学、化学、煤气，等等，等等，由于它们的卓越发明者罗吉尔·培根、施瓦尔茨、富尔敦、谷登堡、哥伦布、伏康孙、富兰克林、希波克拉底、拉瓦锡等都没有历史传统，由于他们大多数人都遭到了虐待、侮辱和迫害，这些东西便只是一些神话或愚蠢的空想故事了吗？

真是奇怪的反常现象！“当某种真理问世时，人们便开始咒骂并粗暴对待那个带来这种真理的人；然后，他们强占了这个真理；

由于真理是不朽的，他们没有把真理同它的发明者一起杀掉，这个真理便成了他们的遗产。”（拉马丁）

不论就事实而言，还是就人们想从中得出的结论而言，这种反对意见都是空前虚伪和荒谬的。难道这一点现在还需要证明吗？“我们没有历史传统吗？”请问，毕达哥拉斯、普罗塔哥拉、琐罗亚斯德、摩西、米诺斯、莱喀古士、亚奇斯、克列昂米尼都是些什么人呢？苏格拉底、柏拉图、伊壁鸠鲁、芝诺、孔子、普卢塔克、地安那的阿波洛尼、耶稣又是些什么人呢？——是共产主义者。那些坚贞不屈地忍受迫害和折磨的基督教派推行什么学说呢？——共产主义。戒行派、诺斯替教哲学家、通联派、尼古拉派、摩拉维亚兄弟派，都是些什么人呢？圣徒托马斯、圣徒瓦西里、圣徒奥古斯丁，以及差不多所有早期教会的神父们，都是些什么人呢？——也都是共产主义者。托马斯·莫尔、康帕内拉、摩莱里、费尼隆、弗列利、洛克、哈林顿、冯德涅尔、爱尔维修、卢梭、马布利，以及其他许许多多我未曾提到的著名的哲学家们，难道他们不也都是共产主义者，都是著名的共产主义作家吗？再浸礼派、威克里夫派或洛拉尔特派、胡斯派、教友派、韦尔登派、亚尔毕派等等，如果不是为了建立财产和劳动公有制，又为什么投火自焚和自杀呢？

这就是作为哲学思想已得到证明的公有制传统。如果现在有人想肯定公有制也有实践的传统，就请读一读古代史好了。你会看到，公有制曾在克里特岛长期受到推崇，它在斯巴达竟存在过近六百年之久！请读一读凯撒等人的《评述》，你便会看到，古代日耳曼民族并不知有什么另外的生活方式，没有哪一个民族比他们更健康、强壮、愉快、友善、勇敢和不可制伏！请你读一读旅行史：可靠的证据和不容置疑的证明会使你相信，秘鲁和差不多整个新大陆，在欧洲人未把战争和屠杀带往那里以前，公有制从来没有中断过！你还会相信，耶稣会教徒在巴拉圭建立财产和劳动公有制并不曾遇到过什么阻碍，尽管他们在那里实行专制（这种专制明显违背原则），他们仍然坚持了好几个世纪，使他们治下的人民获得了很多的幸福。难道公有制不曾长期在宾夕法尼亚和北美洲繁荣昌盛吗？难道我们现在不是还可以在这两个地方找到它们存在过的活生生的证据吗？难道在欧洲本土，在德国全境以及匈牙利、波希米亚等国的一部分地区，摩拉维亚兄弟派不是曾经到处建立十分富裕、十分幸福的公有团体吗？尽管遭受种种迫害，其中有许多团体不是迄今还存在着吗？几千个著名的寺院获得大量的财富、崇高的声誉和巨大的政治影响，靠的只是它们的公有制，难道这一点也不值得一提吗？毫无疑义，所有这些团体都是不完善的或有缺陷的；然而，它们依靠这样薄弱的、松散的和不正规的成分，有什么事情不曾做成的呢？因此今天，在完善程度提高的情况下，一切科学都在突飞猛进，我们所设想的公有制度，亦即以平等、自由、博爱和理性主义为基础的统一的、完备的、全面的、全人类的公有制度，无疑是什么奇迹都能创造出来的!!!

反对意见——“你们的制度不是新的制度；它像世界一样古老；它曾经常做试验，而这种试验却从未成功过。因此，公有制只是为了玩弄想象而随意杜撰出来的纯粹空想；这是全部历史所证明了的。”

答复——看看我们的论敌们每次在他们的某一种诡辩破产时怎样善于改变自己的策略，是很有趣味的。“我们这些 1842 年的共产主义者的制度,从世界创始时起就遭到了失败。"好一个奇妙的逻辑啊!可是,如果它不曾存在过,它又怎么会失败呢?因为没有任何东西证明,现代的共产主义和古代的共产主义该是一回事。事实上,在不违反一切最基本的逻辑规律的情况下要得出结论说:既然从前曾经以这样或那样的方式发生过某种事情,那么将来也会或者经常会以同样的方式发生,尤其当那些必然对各种事件和人类的行动发生影响、并决定其性质和现实性的种种情况和所有原因都不相同的时候,也是如此,这样的结论难道是可能的吗?例如,有谁胆敢坚持认为科学并没有发现和改变任何东西呢?有谁认为现代文明会同那根本不知什么叫印刷术、蒸汽、铁路、机器等等的古代文明一样,也要惧怕那相同的障碍呢?

肯定地说,没有什么人会比我们更深信历史教训的价值。我把历史看作是一部奇妙的见解和思想的汇编,是一座给我们指出通向未来的道路的光辉的灯塔。但是,正因为我们相信自己并非像我们的论敌那样肤浅地研究历史,我们才抛弃绝对权威这一信条。

不,我们根本不主张无异议地、恭顺地接受一切类比、一切蹩脚的、臆想的和无远见的比拟。这些类比和比拟是某些只会把推断建筑在局部事实上而不会综合的诡辩家们力图从历史中抽取出来的。时代不同,风尚也就不同了。因此,只有首先十分认真地对构成我们时代的一切事物作出评价,只有利用历史作为检验和推理,我们才能正确判断一切事物。

反对意见——"共产主义者想建立这样一种社会组织,在这种社会组织中谁都不是所有主,也就是说,他们想为贫困和普遍的奴

隶制确立基础。”(拉麦涅:《论人民的过去和将来》)

答复——在我们陈述以上的一切之后，还希望让谁相信，公有制度的必然而永久的结果就是破坏和毁灭，共产主义者想把整个地球变成一片大荒野呢？啊！如果听信某些人的话，这不就意味着，为了驱犁耕地，必须先请公正人来划定犁应该走的地点吗？这不就好像是(Risum teneatis![1])，一旦人类想拔除我们的祖先由于愚昧，我甚至说是由于荒唐而如此不幸地在土地上建立起的杀人壁垒时，连土壤也会消失，并化为轻飘飘的蒸汽吗？

无论怎样刁难、嘲弄、指责或花言巧语地蒙骗，都是徒然的，任何时候都不能把“所有权”一词与“财富”一词等同起来。前者包含有滥用、分割、垄断、独占的意思，它势必导致自私、对抗、争斗和统治。“财富”一词则不包含任何这类东西的。

爱尔维修说:“使邪恶永世长存的，正是在邪恶里面掺入的那一小部分善；人们多少世纪以来都在这一点上弄错。”这一思想完全适用于我们所研究的问题。所有权本身确实包含有坏的一面和好的一面(uti et abuti[2])。坏的一面是独占性、缺乏博爱、分散性、垄断、对抗、剥削、暴政等等；大家晓得，共产主义是鞭挞这一切罪恶的。好的一面是占有物的价值、富足、使用和享用。然而，还有什么社会制度比公有制度更能保证这些福利，更能洗清它们的一切污垢呢？

说必须使所有权社会化，就等于是说废话。但是，说可以使一

① Risum teneatis!(拉丁语)——请忍住笑吧!

② uti et abuti(拉丁语)，照字面解释是使用和滥用的意思。

切财富、一切供人享乐的东西社会化，并且迫切需要使它们成为公共的东西，这是既符合语法和逻辑的规律，也符合神圣而高尚的哲学规律。实际上我们大家希望什么呢？增加我们的财产，扩充我们的财富：富裕起来！但是，达到这一目的的唯一手段，不就是一切劳动工具、一切劳动生产品、一切财富的社会化吗？这不就是一切活动、一切努力、一切才能、一切精力的集中、汇聚、结合、联合和协调吗？总之一句话，这不就是全面的、完全的公有制，不就是全世界的公有制吗？

如果我们的论敌愿意费点力气对这些真理进行一番思考的话，他们也会和我们一样清楚地理解这些真理的。然而，推理是令人疲倦的事。大概，在他们看来，辱骂和诡辩是更舒服和更有风度。因此，我们不得不经常地进行斗争，来逐一地批驳和摧垮他们的一切反对意见和他们的一切诽谤。[①]

总而言之，我们已看到，我们的制度是完美无缺的，它既有出色的辉煌成效，又有极为正确、极为可靠的原则，甚至还得到历史的最光荣、最神圣、最庄严的承认！！！

① 另外一些反对意见，在《平等主义者》、《拉麦涅自己批驳自己》和《公有制年鉴》等书中都已经作过驳斥了。——原注

第十九章　关于过渡性制度的对话

共产主义者、改良主义者、保守主义者、伊加利亚分子

改良主义者——共产主义打算在一天之内把一切已确认的权利、一切风俗、一切最根深蒂固的习惯统统消灭，难道它找到什么魔杖了吗？例如，他们如果不是神经错乱，怎么能希望立刻把一切小市镇、城市和乡村都变成富丽堂皇的公社呢？

统一的共产主义者——不错，共产主义的目的是要把一切小市镇、城市和乡村都变成富丽堂皇的公社的。但是，难道由此就能得出结论说，我们脑子里充满了你们如此热心地力图用来玷污我们名誉的那些荒唐思想吗？不，这一点你们也知道得很清楚。假如共产主义已经实行，假如它掌握了国家最高政权，它便会承认，便会完整地宣布它的原则的一切结果；它会以慎重而又迅速的步伐一直向着目标前进——“大胆地应用那从福音书和哲学中吸取来的人人平等和博爱的原则，并借助一口气改成的法律立即加以实行。”[①]

① 这段话是从拉马丁先生那里引来的(《在马考尔研究院的演讲》)。——原注

这就是“立刻实行公有制度”一语包括和暗含的意义，它并不意味着也不可能意味着任何其他的意思。同某些人的十分愚蠢的说法相反，我们的确丝毫无意立刻地、毫不犹豫地、毫不踌躇地、不加考虑地把巴黎、波尔多、里昂以及法国和世界的一切城市都加以消灭。任何人都不比我们更懂得，要破，就必须同时有能力去立。我们的箴言之一是：毫不浪费，毫不拖延，少受偶然性的支配。因此，共产主义将利用它所必需的时间，来进行这种使你们胆战心惊的巨大而奇妙的变革。为此，它会在我们的劳动大军的制度中找到异常巨大的资源。它尤其乐于接受这种不可避免的推迟，因为这种推迟丝毫不致危害革新的成就，而是恰恰相反，因为正如邦纳罗蒂所说的：“这些由不平等而诞生的首都，那里正在酝酿着革命的因素。这些首都曾那么多次地做过暴政的工具，却有时也成为自由的发祥地。假如明智的人们能够指导那里的运动，并接着懂得消除过分拥挤和臃肿的现象，这些城市便会切实地有助于确立真正的秩序。”

保守主义者——“你们是否也已找到一种办法，宛如使用魔法一样，把这个苦难的尘世骤然变成天堂呢？”

统一的共产主义者——至于你们只在其中看到纷争、骚动、混乱、无政府状态、动荡不安、钩心斗角、无穷无尽的纠纷的那种初期组织和那些紧急措施，那就请你们放心好了：共产主义会有简单、迅速而又妥善的办法来满足一切要求，只要这些要求不是在慢性神经错乱状态下提出来的。就这方面来说，它只要这样办就行了：一、把一切财富、一切产品都集中在公共仓库内；二、把这些产品加以公正和兄弟般的分配，不断地向公有社会各点供应。就这点来说，任何时代都不曾比我们这个时代更加有利。至于家具和衣服，在整个欧洲的商店里到处都堆得满满的，足可供十年之用。那么为什么人类中一大半人勉强用那些有失体面的和令人厌恶的破烂衣裳来遮身呢？谈谈住房问题吧！不幸的贱民们，请你们高兴吧，请你们抛弃你们的茅舍和陋屋吧！就这一点来说，统计表明，现在就存在供所有的人使用的舒适而又卫生的住所，不会使任何人感到丝毫不自在，除非其利己主义和自傲心没有止境。几千座豪华的规模巨大的宫殿和城堡，完全或几乎完全是闲着的啊！有成千上万座公共建筑物啊！有多少座富丽堂皇的旅馆啊！如果在管理住宅方面注意到正当的节约和合理的指导，安排起来将会多么容易，而且谁也不会感到不方便的啊！你们要证据吗？那就拿巴黎残废军人院做例子吧。谁能相信，在这样一个不算大的地方，三四千人的住房、穿衣、饮食、取暖和洗衣都弄得舒舒适适呢？如果不是管理人员的粗心或贪婪，他们受到的照顾还可以好得多。他们得到这种福利，完全应归功于公有制。如果他们各取自己的那部分收入，他们马上就会陷于贫困。

改良主义者——但是仅有住房、家具、衣服、取暖和洗衣是不够的，必须考虑的主要是饮食。首先，怎样避免囤积和饥荒呢？怎样使你们的公共仓库装得满满的呢？请回想一下，我们的祖先和有名的公安委员会正是在这方面遇到了绊脚石的。

统一的共产主义者——我正在等您提出这个问题。正因为共产主义没有忘记，我们的祖先把局部的、折中的改革变成了不幸的、血腥的实验，它才循着另一条途径前进。假如国民公会或公安委员会当时采取了我刚才说过的那些措施以及我以后还要讲的措

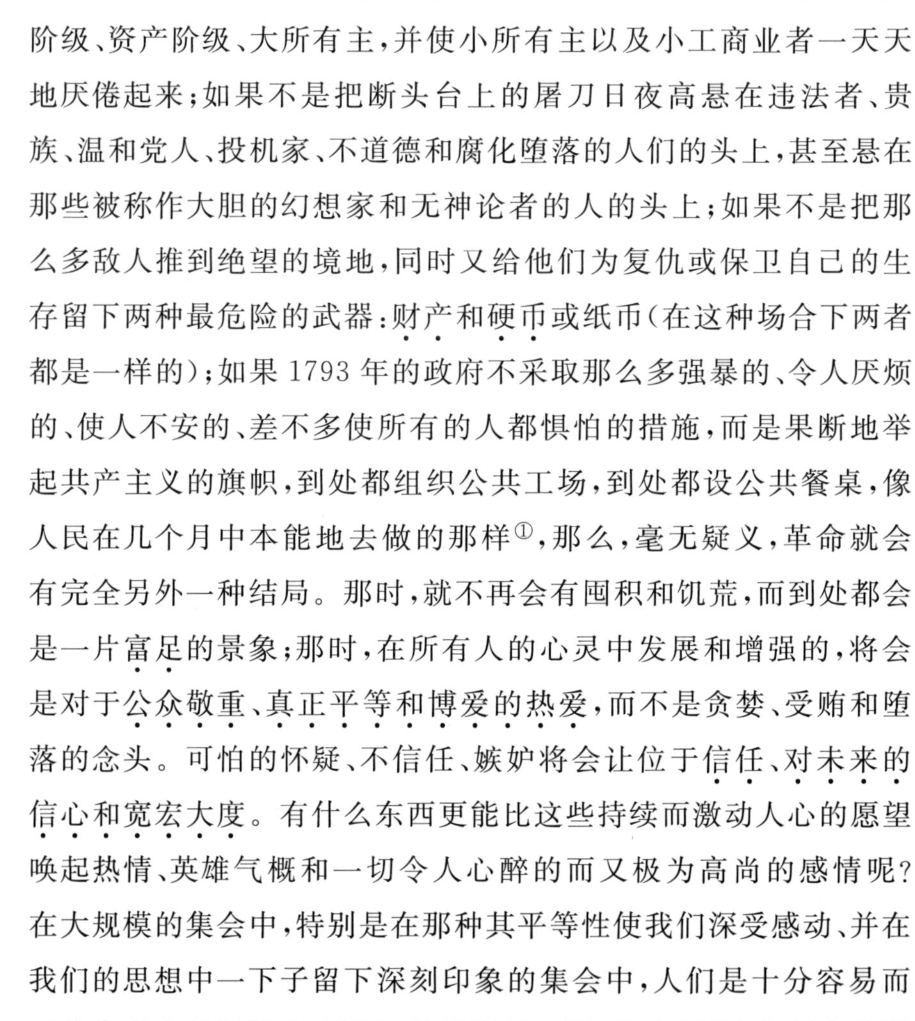

施，它们本可以使世界上避免多少可怕的灾难啊！如果不是由于不断大量发行纸币、征收实物税、征调和限价等等，天天激怒贵族阶级、资产阶级、大所有主，并使小所有主以及小工商业者一天天地厌倦起来；如果不是把断头台上的屠刀日夜高悬在违法者、贵族、温和党人、投机家、不道德和腐化堕落的人们的头上，甚至悬在那些被称作大胆的幻想家和无神论者的人的头上；如果不是把那么多敌人推到绝望的境地，同时又给他们为复仇或保卫自己的生存留下两种最危险的武器：**财产**和**硬币**或纸币（在这种场合下两者都是一样的）；如果1793年的政府不采取那么多强暴的、令人厌烦的、使人不安的、差不多使所有的人都惧怕的措施，而是果断地举起共产主义的旗帜，到处都组织公共工场，到处都设公共餐桌，像人民在几个月中本能地去做的那样[①]，那么，毫无疑义，革命就会有完全另外一种结局。那时，就不再会有囤积和饥荒，而到处都会是一片**富足**的景象；那时，在所有人的心灵中发展和增强的，将会是对于**公众敬重**、**真正平等和博爱的热爱**，而不是贪婪、受贿和堕落的念头。可怕的怀疑、不信任、嫉妒将会让位于**信任**、**对未来的信心和宽宏大度**。有什么东西更能比这些持续而激动人心的愿望唤起热情、英雄气概和一切令人心醉的而又极为高尚的感情呢？在大规模的集会中，特别是在那种其平等性使我们深受感动、并在我们的思想中一下子留下深刻印象的集会中，人们是十分容易而又非常有力地汲取和交流这种意愿的。啊，私有制（这个制度是骚

① 公民们在每条街上把桌子放在门前，每个人把自己的食品带来。那些只能带很少的东西的人也和最富有的人一样地受到欢迎。罗伯斯比尔第一个把这种兄弟般的聚餐会归功于雅各宾党人。——原注

乱和纠纷的坏根子）的卓越而勇敢的受害者们：啊，孔多塞！啊，德穆兰！啊，丹东！啊，肖梅特！啊，克罗茨！[①] 啊，罗伯斯比尔！啊，圣鞠斯特！啊，比洛·瓦雷纳！你们怎么还没有认清，公有制就是用来摧垮你们要加以战胜的敌人的最有力的、最高尚的武器呢？这是用来一下子消灭和铲除一切缺陷、一切卑鄙行为、一切不道德行为和一切变节行为的唯一手段，而不是用来一棍子打死和消灭众人、消灭你们的同胞的手段啊！你们本来不应落到亲手拔除法国革命殿堂的最坚固的柱梁、自取灭亡、相继自杀和相互残杀这种残酷而可悲的境地的啊！

改良主义者——你们的理论无疑是诱人的；可是，一旦涉及实际办法时，这些理论却充满了错误。当看到你们胆大妄为到这种地步，竟至要把祖国的神圣祭坛埋入混乱和废墟之中的时候，对于你们的僵硬的逻辑难道什么都不用担心吗？由于你们想推广和普及可敬的博爱原则，你们竟然破坏博爱原则的一切动力，并使社会的统一失去其最后的聚集之点，难道你们还看不出来吗？

统一的共产主义者——我欣然同意你所说的这一点，我们无论如何要竭尽全力地反对民族主义的某些原则，例如，1823 年富瓦将军在讲坛上发表的一篇漂亮演说中极不妥当地赞美过的那些原则；那篇演说的实质性结论是：

“对西班牙的战争既是不明智的行为，又是政治上的犯罪行为。你们想要征讨的那些人，正是维护正义事业的人。他们的失

① 肖梅特和克罗茨具有一些共产主义思想，不过这些思想还是模糊而不明确的。——原注

败将意味着一切自由的毁灭和狂热行为的胜利。这就是我内心的信念；但是，我首先是个法国人。如果你们下令宣战，我将衷心祝愿我们作战成功，并将为此而竭尽全力。”

有两位大诗人曾用下列的诗句痛斥这种奇谈怪论和这些轻率的、罪过的言辞：

到第二个时代，人们把祖国歌颂，
这棵树枝繁叶茂，但却在血泊中长成，
全体武装的人民仿佛受报复的魔怪附身，
蹂躏战败者，岂管他呻吟。
……新闻摧毁了祖国的围篱；
这样的时刻来到了：各族人民皆兄弟！

（贝朗热：《四个历史时代》）

在靠近各国边界的地方，
每一棵麦穗都沾上人血的腥味；
各族人民，伸出手来吧，
你们要结成神圣同盟。

（贝朗热：《各族人民的神圣同盟》）

为什么我们要互相仇恨？为什么要在各族
人民中设下这些上帝所鄙视的疆界或河川？
我们在天空中看到边界线的痕迹吗？
天穹中有城墙、界碑和中心吗？
民族，这个漂亮的名词，只不过表示野蛮而已。

难道爱只达到你的脚步所及之处？
扯碎这些旗帜吧！你们要倾听另一个呼声：
只有利己主义和仇恨才有祖国，
博爱是没有祖国的。

（拉马丁）

我完全同意这些很有说服力的词句。不，不是的，我们的博爱绝不是短暂的、狭隘的、利己主义的博爱。它绝不是集中在家庭小圈子之内的，也不是只限于乡村、市镇和区县等范围内的；它不会在教堂的门前消灭，也不会在边界上中止；它以同一种利益和同一种爱把所有的人都联结起来。

有人说："但是，这个学说会产生极可悲的后果的：如果所有的民族都具有同等的权利来获得你的同情，如果你不被强烈的偏爱所鼓励，你怎样来抵抗侵略和征服呢？"这些顾虑往往会有某种意义，但是绝不能用来反对共产主义。没有任何一种制度能比我们的制度更迅速地、自然而然地和有力地把一切高尚的感情联系在一起，它是反对一切非正义行为和反对一切暴政的保障和不可战胜的盾牌。

保守主义者——有什么必要提出所有这些反对意见呢？即使共产主义仅有关于婚姻和家庭的令人厌恶的学说这一条与它对抗，这对于它的实行来说，就是一个不可克服的障碍。

统一的共产主义者——再没有比不愿倾听别人意见的人更昏聩的了。我们的笔下从来不曾写过、我们嘴里也从来不曾说过想要即刻摧毁家庭和打破婚姻桎梏的话。正如在完全和谐的公有制度下不可能保留这些有害的制度一样，只要私有制仍然存在，只要新的秩序还未来淳化我们现在的风俗和习惯，便想把这些制度加以废除，也同样是轻举妄动的行为。无论分散的一家一户的悲惨后果如何，无论不可解除的一夫一妻制所产生的，以及在它支配下所不断增加的强制如何可耻，暴行如何可怕，犯罪行为如何骇人听闻，这种不正常的制度目前仍是 Minima de malis[①]，我们从来毫不踌躇地承认这一点。我们比谁都更明白，在这个污浊和不信任、伪善和卖淫的大海中间，一句话，在所谓社会秩序中日益泛滥的各式各样邪恶行为的大海中间，家庭差不多成了大多数人寄托希望的唯一所在，成了还能够找到真正的帮助、保护与安全、真正的安慰、友谊和爱情的唯一庇护所。可惜！能够实现这些美好希望的家庭是多么少啊！

保守主义者——所有这些推论并未使我忘记你们的制度中的主要之点。宁愿死亡一千次，也强于放弃我们的特权和财富、强于忍受卑贱而繁重的劳动，特别是比起让自己同粗野的人们一道套上你们那令人厌恶的平等枷锁要好得多！

伊加利亚派共产主义者——伊加利亚制度已预先把一切规定好了。它宽容和尊重一切既得的权利、一切习惯，它使一切要求都得到充分而完全的满足。请听：

过渡性社会组织的原则

“一、绝对平等、财产公有和义务劳动的制度在五十年后才完

① Minima de malis（拉丁语）——最小的邪恶。

全实行。二、在此五十年内，所有权将予维持，劳动仍是自由和非义务性的。三、现有的财产不论如何不均等，都将受到尊重；但是，从即日起，包括未来的所得在内，不平等现象递减和平等现象递增的制度，将作为从旧的无限制的不平等制度向未来的完全平等和公有的制度的过渡。四、今天的一切所有主仍继续保持自己的财产。只是在未来的继承、赠与和获得方面才可以进行改革。五、在公有制开始实行时，将不强迫任何目前年满十五岁的人从事劳动。但是现在诞生的和还不满十五岁的儿童，以及今后出生的儿童，都将获得一般的基本工艺教育，以便当建立公有制时，能够从事某种职业。六、从即日起，一切法律之宗旨都将是减少富人的多余的部分、改善穷人的命运和在一切方面逐渐确立平等。七、预算可不予缩减，但课税基础和使用将有所不同。八、贫民、日用必需品和劳动一概免除纳税。九、财富和剩余部分要征收累进税。十、一切无益的公共开支全部取消。十一、一切公职均予补偿或付酬。十二、一切公职的补偿和报酬都将充分而适度。十三、工人的工资要进行调整，日用必需品价格将予以规定，做到每个农民、每个工人和每个所有主都能够靠自己的劳动所得或所有权方面的所得过舒适的生活。十四、每年至少拨款五亿，用于向工人提供工作和向农民提供住房。十五、为此，将立刻着手进行旨在建立公有制度的一切准备工作。十六、尽早取消军队，但取消时将给予一定的报酬。十七、在此以前，则发给军队专门军饷，利用它来进行公益劳动。十八、人民的土地尽可能地相继用来实行公有制度，将其变为城市、乡村或农场，并交给一部分贫民耕种。十九、采取一切措施来增加人口和禁止独身。二十、鼓励和便利

工人结婚。二十一、对新的一代的教养和教育将是社会主要关注的目标之一。二十二、教养和教育的目的是培养能够实行公有制度的公民和工人。二十三、必要时,每年拨款一亿来办理此项事业。竭尽全力来培养一切必不可少的教师。共和国将保证教师及其家庭的幸福,并把他们看作是最重要的公职人员。"(《伊加利亚旅行记》的原文节录)

伊加利亚分子把自己所讲的,大体概述如下:

"分配食品、衣服、住宅或降低其价格;增加工资;规定有利于贫民的捐税;分发货币;发行强制性的公债;印发纸币;尊重一切宗教信仰及一切既得权利;保持刑法典及刑事诉讼法典,但要加以修改;例如,在医院、学校和工场等进行局部的应用;在城市、市镇和乡村,一区区地、一家家地逐步实行改革。除了这些和平的、谨慎的、可靠的改革外,我只有看到无政府状态、混乱、强制和暴力!"

统一的共产主义者——你们采取这些不彻底的措施是不能令任何人满意的。只要你们不消灭特权的最后残余,人民就永远会担心它死灰复燃,卷土重来;人民将永远不会给予你们充分而完全的信任;然而,这种信任对于你们是必不可少的。至于你们打算一步步地或一下子加以消灭的贵族阶级,他们也会同样怨恨你们的。相反,你们势必要给他们带来的日益增加的不断的创伤,每天都会唤起他们的悲愤和仇恨。难道能够认为,作为财产和货币的所有主的贵族,那时会没有任何念头和意图,来利用你们荒唐地留给他们的武器吗?他们会不去秘密策划诸如诽谤、叛变、囤积居奇和制造饥荒等成千上万的恶毒阴谋吗?消除所有这些危险的唯一方法,就是使革新的敌人失去其唯一的影响手段和暴政的唯一要素,即财产和货币，难道不是这样吗？

人们在谈论人道主义和宽宏大量。如果一个人在解除一个穷凶极恶和绝望挣扎的敌人的武器之后，立刻又把杀人凶器交回给这个敌人，那么人们会怎么说他呢？非但不会说他仁慈宽宏，反而会说他假充好汉、精神失常，难道不是这样吗？他在某种程度上重新激起敌人进行流血的战斗，这难道不就是为对方作真正的效劳吗？请不要说我们的看法会导致强制和压迫吧！恰恰相反，我们的全部政策在于："禁止束缚和为害"。当我们做到这一点时，任何一种制度都不会比我们所理解的共产主义更不会使人厌烦，而是更能使人容忍和宽宏大量。怎么能怀疑它会有任何仇恨和复仇的思想呢？难道它不是已经证明，贵族和最残酷的暴君本身归根到底都是那反常的、骨肉相残的制度的受害者，他们也是值得同情吗？难道它不是把他们的政策和有害的法律，与其看作是蓄意犯罪的行为，毋宁看作是可悲的荒唐举动吗？难道它在对私有制度的罪恶和惊人的谬误进行毁灭性的攻击中，在其主张废除的事项中，把人同物混淆在一起了吗？

我是否需要现在补充说明，共产主义没有使用暴力和强制的任何打算，也没有这样做的任何必要呢？不，让有特权的人们自由自在地沉溺于自己的习惯，甚至游手好闲去吧！——这不会有多大关系的：人民对于他们不动手出力已经习惯了，人民将给予他们必要的时间，让他们自愿地来参加共同劳动，促进共同祖国的富庶。人民的全部要求就是要他们不再坚持对财富的有害垄断。为此，人民将心甘情愿地供给他们必需的、实用的、甚至惬意的东西，直到他们决定到兄弟般的宴会上去占得一席地位，结束当初由于他们自己的缘故而被开除出宴会的那种状态。而且我们深信，所有的派别以及所有的心灵的这种幸福的结合，会进行得比人们所想象的要迅速。况且一旦老的一代过去了，新的一代将不会存在任何令人反感和反常的举动：教育是会为此把良好的秩序建立起来的。

对于那些担心共产主义政府最初会陷于孤立和失去保护的人，我只要向他们陈述下列想法就够了。

例如，我设想，在社会革命成功的翌日，新政府即通令在所有各公共场所设立公共餐桌。我设想，它在住宅、家具、衣服等方面，也采取同样的措施。难道能认为，在这些显著的、辉煌的和可喜的成绩面前，会有很多人，很多工人、小商人、小农业主，甚至小所有主还能长期地叫嚷什么乌托邦吗？还会怀疑实现共产主义的可能性吗？难道能认为，那些总共占人口十分之九的无数不幸者和受歧视的群众，会不热情地拥护公有制的事业吗？他们会宁愿全部被杀也不同意放弃这个已被他们享受到一刹那的人间乐园，而重新戴上私有制的锁链，经受地狱的一切苦刑，即重新尝受他们过去的一切苦难、一切疲劳和一切贫困、一切屈辱、一切不安和一切忧虑，一句话，去重新经受社会的一切非正义行为。难道不是这样吗？如果有人反驳说，一切贵族、一切暴君将立刻组成新的神圣同盟来反对第一个主张共产主义的政府，这种反驳不是枉费心机吗？全世界能对这样的政府有什么办法呢？况且如果这个政府能够组成的话，它会拥有巨大的资源来打破和粉碎这个丑恶的同盟的。在把留在私人手里的已变得毫无用处的全部货币都收回到国库以后，这个政府有什么事情不能办啊！那时，如果需要的话，招募五十万外国人来援助，有什么会比这更轻而易举的呢？瓦解敌人，争

取敌将，使他们的军队起义，使他们的省份发生暴动等等，等等，会有什么困难吗？

因此，我无须责备自己竟贸然提出轻率的主张：我在本书一开始就曾断言，有一种可靠的办法，可以保证不需向境外派遣三四十万以上的军队就能使公有制事业在一个大国中取胜；如果迫不得已非采取战争这种极端措施不可的话，也保证用不了十年战争就可以使各族人民得到普遍的解放。

我这本书写到这里就结束了。我将在我的《公有制度史》一书中对我的思想作全面的发挥和必要的说明。我自信已经相当充分地考查了这个主题，足能给关于公有制的科学带来一道光彩。请人们考虑我的善良动机，而原谅我这种大胆的思想。

附录(一) 德萨米著作中曾经被马克思标出过的各段[①]

《自己反驳自己的拉麦涅》,1841年巴黎版

第18页

平等要以账目平衡表来检定,如果可以这样说的话。更正确地说,如果人们都能够同等地发挥自己的能力,满足自己的需要,他们便是平等的‖[②]。

第66—67页

单独一个人,可以说,是个不完全的生物。当人寻求自己同类人的社会时,他只服从自然界的权威的呼声,这种呼声经常地向他喊叫:孤独的人真可怜啊(Voe Soli!)! 西塞罗说,蜜蜂的集合并不是为了酿蜜,而是它们因本性嗜好亲近,来建造蜂窝;就本性来说,比蜜蜂更加热爱平等的人们同样要把自己的行动和思想统一起来!"认为社会应该把自己的存在只归功于:没有别人的帮助,我们就无法获得我们物质生活所需要的一切,这种说法是不正确的。不是的,即使人们的一切物质需要由于像神的魔杖的指点一样就能得到满足的话,他就是为了要醉心于宁静、无为和冥想,也还是离不开人的。"不是的,他会逃避离群索居的生活的;他希望教和学。的确,社

① 德萨米著作(*Lamennais refuté par lui-même*, *Calomnies et politique de M. Cabet*, *Code de la Communauté*)中的这些段内有些行是马克思在阅读时所标出和画过线的。页数指的是法文原文。

② 这个符号是马克思所加的。

会生活比离群索居者的愉快更可取得多。

第68页

尽管有政策上的缺陷和罪过，而目前，协作社事业已经取得了胜利；自然社会是一个简单和肯定不移的事实，这已成了公理。此外，只是把对人有关的社会因素组成整体、亦即按照自然规律来建立政治社会而已。

第90—91页

不是的，对我们来说，我们的道德绝不是野蛮人的某种偶像；它既不需要强制，也不需要自我折磨，等等。我们要对它作这样的解释："它是最适于实现博爱的一切正确手段的总和，是使人获致幸福的最正确途径和最捷便的道路。"

《卡贝先生的诽谤和政策》

第12页

有时这是帝国的以前的一位代表，是你们伊加利亚的信徒和热衷者，是曾经给过您十万法郎的最大富翁；有时这是赖德律—罗兰先生；有时这是本应向您提供保证书的别的什么人。我想，您还会把某些希望寄托在《独立杂志》上，等等。

第12页

……依照《直线》杂志(它系援引我在《平民》杂志上所发表的论文中的字句)看来，布奥伊所以犯错误，不就是仿佛因为他觉得自我牺牲精神是与人的本性相抵触的吗?

究竟是怎么一回事呢?《平民》杂志所说的正好相反。这里的原文是："布奥伊先生绝不敌视共产主义理论；但是他把这些理论看作是过于高超的东西。他说，这个制度是以自我牺牲精神为基础的，而在他看来自我牺牲精神则是与人的本性相抵触的，这种情形使他对共产主义有所戒备。布奥伊先生搞错了：共产主义既不需要经常放弃个人利益，也不需要经常牺牲。"

第35页

结果怎么是：您极善意地欢迎一切作家和批评家，欢迎反平等和反革命的作家，而在不久以前您还欢迎过巴黎的《劳动报》。您说，该报宣布自己是工人的朋友和当局的朋友，而该报的目的毫无疑义只是要实现艾米尔·日拉丹这样背信弃义地向当局暗示的著名的怠工政策的；结果怎么竟是：您毫无区别地对所有政论家、共产主义者、唯灵论者、唯物主义者，以及您所称作阿贝尔派、巴贝夫主义者，等等，都一律加以责难呢？

第 38 页

在你们的《平民》杂志的最后一期中，您在抱怨趋于极端的独立和平等的精神。但是，您自以为您不再是社会进步的极端分子了吗？您不是想说："没有我，就没有共产主义者"吗？实质上，正如您在您的《法国革命史》中所说的："没有罗伯斯比尔，就没有革命！"您是否认为，我们在重犯你们的保护人罗伯斯比尔曾断送革命、曾用自己的幻想代替神圣的哲学、把个人独裁置于原则独裁之上的那一系列的错误呢？

第 38 页

先生，您不感觉所有自我牺牲精神、放弃个人利益这些伟大的字眼同你的其他学说和表述不相称到什么程度吗？而您的这些学说和表述，我们在您的著作中到处都可以找到：平等、相互关系、压制、报应法则……放弃个人利益的世界和自我牺牲精神的世界——都是卑鄙的行为，是非正义和侮辱的世界……如果我倒下去了，我将成为英雄和烈士，等等，等等。

第 42 页

从这些事实可以得出什么结论呢？只要我们的社会法还带有一点点特权的痕迹，只要私有制度还继续存在，所有的人现在和将来都有可能被人收买。现在，贿买是普遍流行的风气。它已成了一切立宪政府的主要手段；Corrumpere et corrumpi saeculum vocatur①！许多人由于自己的罪过而道德堕落和名位扫地。

第 43 页

名利心和伪善、虚荣心和爱受贿——这就是我们现代文明的平衡！一些可怕而悲惨的真相！一些不得已而加以隐讳的真相！可是在我看来，这些真相却是应该大声宣布的，因为它们会迫使我们去寻求办法来摆脱那腐

① Corrumpere et corrumpi saeculum vocatur！（拉丁语）——使人腐化和自甘腐化，可谓是这个时代的一种趋势！

蚀着我们的邪恶！我深信，由于这种寻求的结果，我们会达到一种社会状态，在这种社会状态下，贿买将绝对不可能，正好与它现在如此盛行的情况相反。

第 45 页

从所有这一切得出的合乎逻辑的结论是：在关怀共同的幸福上，任何时候都不应该把希望寄托在某一个人身上，无论他是怎样一个人，而要把希望寄托在原则上；人民只应该归附于真理，而不管真理来自哪一方面。

《公有法典》，1842 年巴黎版

第 14 页

同时，每种生产都是以劳动为基础的。凡是享用社会生产品的人，因而，就必须参加劳动。因为社会，正如我们已经说过那样，是为抵抗一切不利的偶然事件和各种各样落后现象的一种团结一致的联合组织；因为在社会中实行相互服务，实行一切愿望、利益、才能和努力的结合，所以，我们说，由此可见，假如我们愿意服从自然规律、完全实现团结一致的原则，我们就必须先来开始把土地和一切生产品变成为一种巨大的统一的社会财产。

第 15 页

人们絮絮不休地武断说，政治的国家是依照家庭组成的。但是，难道会有一个狂妄到这种程度的家庭，会有一个腐化堕落或丧失理智到这种程度的兄弟社团，竟敢每天把一切东西，甚至把他们生活所必需的东西，都作为决一胜负的赌注——以致其中一个社团或两个社团由于运气而获胜，把全部东西赢光，于是获胜者在他们同胞濒于饿死的同时，竟独自享受过分丰裕的食粮，而不会感到不安。难道这种情形是可以想象的吗？

第 18 页

但是在这一点上，有人又发出卑鄙的刁难和喋喋不休的令人讨厌的高谈阔论。说什么在体力、才能、天资上，以及在自我牺牲精神等等方面，人们天生就是不平等……

第 19 页

人们正是为了预防自己免于遭到危险、恐惧和屈从起见，为了预防将来可能发生的、因而谁都不清楚的不幸事件起见，所以，一开始（每人单独地、大家共同地）就光明磊落地抛开每人所拥有的那些偶然的优越地位，而共同宣布了社会的平等和政治的平等，这难道不是显而易见的事吗？

第60页

当他们在年富力强时期就已经弯腰屈背、身体虚弱和暮气沉沉，宛如荒漠中枯萎的植物一样死去的时候，如果说这不是一种谋害行为，那他们是怎么死的呢？在我们的法典中事实上完全不曾载入这种谋害行为，而且与其把这种谋害行为归咎于人，毋宁归咎于事物秩序。这却是一种千真万确的谋害行为……

第70页

八、医学。这门科学将差不多完全废除。那时，医疗和保健技术将限于大家所熟悉的卫生学……

第75页

每个人都将很高兴地响应工作的领导人向一切有劳动能力的公民所发出的号召，自由地参加这一或那一农业劳动部门，去从事园艺、农耕，等等。

第249页

共产主义者。在完全和谐的公有制度下，只要不是把自然、科学和理性的权力理解为独裁的话，根本就没有什么独裁。因此，把那具有一个目标、一种意向：通过最无限制的自由和最完善的制度使人们获致幸福的事，斥责为专制或暴政，这不是愚蠢和狂妄透顶的表现吗？

第252页

教育完全属于财富，而政权又完全属于教育；政权把财富和教育都集中在少数人手中。这少数人只有在向人民的社会组织的力量让步时，才会放弃政权。

这种特权比荒谬的特权更令人反感，在它还未被直接而有力地打开一个缺口以前，大多数人民便寸步难行——除非人民一跃跳过使他们与幸福隔开的空间。

× 需要不需要举些例子呢？我很难选择这些例子。在法国、特别是在英国的选举时，发生了多少的丑事啊！

× ……但是谁能描绘出这些乱七八糟的现象、这些丑恶的场面、这些残酷的角逐、这些令人憎恶的狂欢——未来的议员在黑斯廷斯行动纲领中揭露出来的所有这些下贱无耻和卑鄙龌龊呢?

第253页

× 对于这些把投票箱无耻地变成了道德沦丧的导管的法令,能够要求人们表示什么尊敬吗?

第254页

| 请不要从上述一切就得到结论,认为在实施普选权的情况下,我们就会丧失运用我们的原则的希望;我们是完全相信有可能运用这些原则的。

第256页

至于会议的地点和方式,我想现在可以不必考虑这件事。至于召开民族代表会议或全人类代表会议的事,我看不出它会比召开一个公社的会议的事更困难一些。不必像现在这样选举和派遣具有ad hoc使命的公民;只要每年选定一个位于中心地点的公社,在那里召开全民族代表会议,另外选定一个位于中心地点的公社,在那里召开全人类代表会议就成。住在这些公社里的任何公民,他们永远都能够履行立法的职能。因此,我再说一遍,社会的组织将简化到这种程度,以致政治的机器仿佛是自然而然地在走动。教育将具有这样的力量,文化将普及到这种程度,重要的真理将是这样明显而令人信服,以致只有在疯人院里才会找到它的反对者,如果说在正常制度下还有疯人存在的话。

附录(二) 德萨米的空想共产主义

〔苏联〕维·彼·沃尔金　著　中国人民大学编译室　译

德萨米是十九世纪四十年代法国空想共产主义的最著名的代表人物之一。他属于当时共产主义运动的唯物主义派。在三十年代至四十年代期间，他参加过一些秘密的革命团体，其中之一就是在1839年5月组织过起义的“四季社”。1840年，他创办了《平均》杂志，这个刊物看来是与“平均主义工人社”有联系的；他无疑地与《公有杂志》编辑部关系密切，并曾在伯尔维利的第一次共产主义聚餐会上讲过话。德萨米在四十年代所出版的许多评论中，严厉地批判了卡贝的和平的“伊加利亚共产主义”(德萨米曾一度为卡贝所办的《民众报》撰稿)和拉梅耐的“基督教社会主义”①。1842—1843年，德萨米出版了他的最有名的著作——《公有法典》。他积极参加了1848年的革命，并曾加入布朗基领导的“中央共和社”，还出版了革命刊物《人权杂志》。德萨米学说的基本原则，在他的《公有法典》一书中阐述得最为完备。

一

德萨米认为，“公有”思想有极其深刻的历史根源。他提到的他那个时代的共产主义的先驱者，有毕达哥拉斯、柏拉图、斯多葛学派、享乐主义哲学家、戒行派、耶稣、辛尼加。在近代的思想家中，德萨米常以各种思想倾向极不相同的人作为他的导师。我们在他的书中可以看到拉伯雷、蒙田、康帕内拉、

① 一种社会思想派别；它的代表者企图使基督教教义带上社会主义色彩，并且把基督教描绘成劳动人民利益的保卫者和使劳动人民摆脱一切社会灾难的唯一工具。——译注

马基雅弗利、费尼隆、卢梭、巴贝夫、邦纳罗蒂，甚至西哀士的名字。当然，上述这些思想家，都可能对德萨米的共产主义思想倾向的发展起过某种推动作用，德萨米可能从他们那里吸取了某个论点。但是德萨米的真正的最亲密的导师毫无疑问应当说是摩莱里和爱尔维修。德萨米的社会哲学，就其根本论点来看，显然是非常接近摩莱里的社会哲学的。有时德萨米几乎是只字不易地重复摩莱里的论点。德萨米不仅常常引用爱尔维修的话，而且在他看来，爱尔维修就是哲学界的最高权威。德萨米称他为“不朽的爱尔维修”。① 对德萨米的学说有直接影响的是十八世纪唯物主义哲学和空想共产主义的传统。在近代作家中，对德萨米最有影响的显然是邦纳罗蒂和傅立叶。德萨米对圣西门主义者抱否定的态度，唯独对其中的勒鲁显然表示同情，他把圣西门主义者和圣西门对立起来，认为圣西门的弟子们背叛了圣西门。②

德萨米说，存在以统一的本原为基础，它同时既是积极的又是消极的，包括肉体与精神两方面。物质本身就具有运动原则、理性原则、引力、改进的能力③。自然是一统一的无限的整体，服从于普遍的和永恒的联系，永远在形成与瓦解的过程中循环不已④。由于承认了宇宙各部分的相互联系，使德萨米得出结论说，他所宣布的“公有法”正是自然本身体现出来的。世界的成分就是原子及其所固有的运动。世界自行存在。世界不可能用任何东西创造出来。普遍生活的基本规律就是引力。引力是一切物质现象与精神现象的起因。任何物体都是由原子和分子构成的。人，是动物，是有机分子的统一体，是器官的协调的总和。思想、情感、观念之所在，就是大脑。

德萨米关于人的学说几乎与爱尔维修的学说一字不差。他说，人的组织在外界的影响下发生变化，而人的活动又反过来影响外在世界。人，不仅是其组织的产物，而且是其周围的物质环境与精神环境的产物。人的出现于世，既没有随身带来恶习，也没有带来美德，他带来的只是能力和需要。需要驱使人去进行活动，与外界发生相互关系。人由于自己的感觉能力而产生欲

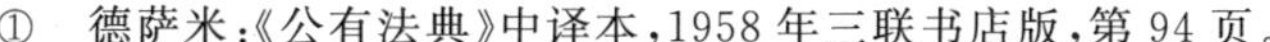

① 德萨米：《公有法典》中译本，1958年三联书店版，第94页。

② 同上书，第20页。

③ 同上书，第222页。

④ 在《公有杂志》里，我们可以看到略有不同的另一公式：“宇宙是第一性的，它是无穷的。个别现象是宇宙的存在方式。绝不能把理性妄加于宇宙。”

望,欲望又成为人积极活动的动机。“欲望”一词的意思,实际上就是引起行为的能力。没有必要将人的某种欲望从人的内心中驱除出去。自爱,是人的行为的基本动力,是“欲望之树”的枝干。欲望是好是坏,要看它的趋向,而欲望的趋向则完全决定于社会条件。最高的道德品质以人的机体的生理规律为基础。道德与自爱之间并不存在严格的界限。一个人如果有理性,有教养,那么他从个人利益也会得出这样的观念,即社会品格能保证最高的享受。德萨米承袭了十八世纪人道主义者和启蒙运动者的观点,认为人的一切自然需要都是正当的,并鼓吹发展人的一切能力。[①] 社会应当组织得能使欲望的总和符合于社会的利益,而那时所有的人就都会就范了。[②]

德萨米承认理性是认识真理的唯一工具。真理是客观的。有些真理即使还没有为人们所认识,但毕竟是存在的。理性发现真理,提倡真理,并证明真理之存在。要相信真理,必须有两个条件:感性的证实和理性的检验。理性应有无限的自由。科学把一切对超自然的信仰,把迷信来生来世看作是阻碍进步的极有害的错误。世界上没有非物质的东西:除存在以外,没有任何别的东西。“自然神论——这是人的虚构。”[③]

人们应当完全接受已为理性所判定的真理。为了寻求真理,在任何事物面前都不应退缩。哲学和科学的目的,就是引导人们走向幸福。[④] 但是,真理只有当它已具有完备形式的时候才能给人们以深刻的影响,才能印入人们的心灵深处。渐进地(部分地)传播真理是危险的。肤浅地掌握科学会使人变成利己主义者。渊博的学识会产生平等博爱的感情。科学反对私利之争,德萨米坚决反对卡贝。因为卡贝认为哲学问题是次要的,并鼓吹“荒谬的”思想,认为某些哲学问题只有学者才能理解,工人是不懂的。复杂难懂的不是哲学,而是哲学的用语,是诡辩家和政界人士用来顶替哲学的无稽之谈。真正的哲学乃是关于自然界中存在的物质的科学。这门知识是人们为了获得幸福而必须掌握的。如果人们忽视哲学在人们群众中的普及,哲学就会变成灾难。[⑤]

① 《公有法典》,第 162 页。

② 同上书,第 226 页。

③ 《公有》杂志,法文版,未注明出版日期。

④ 《公有法典》,第 97 页。

⑤ 同上书,第 95—97 页。

德萨米的哲学观点,像我们看到和已经谈到过的,直接受十八世纪法国唯物主义者的影响。他和他们一样承认世界上存在统一的本原——物质;他和他们一样激烈反对宗教迷信和宗教偏见;他也和他们一样没有能再提高一步用唯物主义的观点来看社会的发展。德萨米的"社会哲学"就其根本原则和方法来看,极似狄德罗和霍尔巴赫的"社会哲学"。德萨米确信存在着社会生活的永恒的、确定不移的规律。这种规律是自然所赋予的,而且是符合人的自然特性的。① 立法者只是发现这个规律并把它公布出来。"关于人的科学"是专门研究人的能力、人的需要和欲望,并揭示与此相适应的社会组织的规律的,这门科学提供了判断社会组织的标准。应当认为正是这种从人的本性得出的规律才是社会的基本规律。政治制度是常要发生变革的,而基本规律是不变的。

德萨米认为合乎本性的社会生活原则是幸福、自由、平等、博爱、统一和共有。

幸福是最合乎我们本性的状况。幸福就在于人的自由而全面的发展,人的一切生理需要、智力需要和精神需要的充分满足。②

自由是一切社会力量的最强大的动力。自由是实现人的一切自然愿望(德萨米附带说明,这绝不是无理要求)的可能。人愈自由,国家也就愈繁荣。最无限制的自由,会带来最完善的秩序。在组织健全的社会里,自由既为个人造福,也为全共和国造福。知识和理性是使自由不致蜕变为利己主义的保证。知识和理性教人要懂得这样一个真理:只有在共同的幸福中才能找到个人的幸福,只有为别人造福才能保证自己幸福。

平等是和谐与均衡的必要条件。没有平等,就不可能有社会秩序,社会里就会充满纠纷。③

博爱是一种把一切个人愿望和能力结合于一致利益之中的感情。博爱是在自由和平等的基础上成长,同时又是自由和平等的最可靠的保证。

统一表现为一切利害和一切愿望的密切联系与同一性,表现为一切祸福

① 《公有法典》,第 9—10 页。

② 1840 年,在《平均》杂志里,德萨米也谈到人的能力的充分而协调的发展。

③ 在我们上面引用过的《平均》杂志的同一篇文章里(1840 年),德萨米说:"一旦平等消失,整个社会大厦就会瓦解。没有实际的平等,就没有任何稳固的东西。"

的共同性。

公有是协作制的最简单而又最完善的形式，是克服在揭示社会原则和实现统一与博爱道路上的障碍的正确方法。它能满足一切需要，使一切欲望合理发展。共有合乎人的本性的要求，合乎理性与科学的要求①。

这个社会生活原则的体系前后贯串的人文主义性质是毋庸争辩的。在这个体系中，贯串着幸福是人的社会生活目的的思想，一切都是从这个思想出发。一切都是为了使人的个性能自由地和全面地发展，为了造成真正合乎人情的社会秩序。十八世纪启蒙运动者的人文主义传统不仅为德萨米所全部继承下来，而且在他的关于社会原则的学说中得到了进一步的发展。

二

虽然，“永恒的和确定不移的”规律也是合乎人的本性的，然而，照德萨米看来，这些规律已被人们“遗忘了”，未被应用于实际存在的社会组织中。社会所以拒绝社会生活的自然规律，究其基本原因，还在于人们的愚昧无知和错误推断。有理性思维的人绝不会危害共同利益，就像人体的一个器官绝不会故意危害别的器官一样。德萨米认为，我们的祖先违反了自然，由于自己头脑糊涂或由于自己愚昧无知，确立了私有制，从而使土地上布满了壁障。“私有制”一词包含有滥用、分割、垄断、特殊化的意思。私有制使人的欲望畸形地发展，产生了利己主义、个人主义、斗争、统治。② 健全的道德是与私有制不相容的。德萨米说，个人所有制（显然是指大私有制）实质上就是没收大量零落的地产。德萨米在他的“卡贝先生的污蔑和政客手腕”的评论中把私有制叫做潘多拉的祸害盒子。③ 由于拉梅耐从宗教观点出发，把现存的社会混乱现象说成是合法的和永世长存的，德萨米尖锐地批判了他，并痛骂他“把私有制奉为神明”④。

德萨米认为，他那个时代的主要缺点是，追求个人利益的极其严重的无

① 《公有法典》，第 5—8 页。

② 同上书，第 244 页。

③ 潘多拉，希腊神话中的美女，她由于好奇，打开了装着各种各样祸害的盒子并把祸害散布出来。“潘多拉的盒子”喻为一切灾祸的源泉。——译者

④ 《自己驳倒自己的拉梅耐》，1841 年巴黎版，第 5—6 页。

政府状态,阶级对抗,对无产阶级的剥削和惨无人道的压迫。现代工业就是血腥的搏斗场。劳动不能保证不受贫困,工人总感到朝不保夕。现代伦理学家和哲学家的学术工作都不着实际。社会总走不出不平等和垄断、投机和破产、奴役和暴政的圈子。在这个社会里,一切都听任机会摆布。这个社会的特点是社会成员之间彼此隔阂,没有同情,一切活动领域中都是一片混乱。

德萨米说,在现存社会里,社会产品的分配是根据私有制的原则。这种分配制度必然引起极度的不平等。在消费品十分丰富而且供过于求的情况下,社会上的一部分人却因饥饿而死,而另一部分人则挥霍无度。少数人把自己的工作推到别人身上,自己却悠闲自在;其他的人则从事繁重的劳动。一些人无所事事,而另一些人则厌恶自己的无味的、冗长的、累人的工作。同时,从事社会所最必需的工作的人——农夫和手工业者——肩负着超过自然界限的重荷。他们的劳动真正是苦役。这种在不平等和竞争的基础上建立起来的、没有同情心的社会制度,是不道德的。违反共同利益的、不合理的个人利益的发展,是这种令人生厌的社会组织的后果,是社会病态的征兆。个人利益突出,个人利益和社会利益脱节,就使人们处处都只为自己着想。这样,人就变成了利己主义欲望的奴隶。追求私利的人们的结合绝不是本来意义的社会。财产的不平等是社会万恶之源。然而只有少数勇敢的革新者才敢于抨击万恶之源——不平等。德萨米认为摩莱里和爱尔维修首先就是这种勇敢的革新者。

德萨米指出现存制度的缺点时,往往也企图揭示这个制度的发展动态。他屡次提到城市发展和城市贫民增加、农民逃离农村等引起的恶果问题。但是他不能理解这个过程的历史规律性,因此,他对这个问题的论断带有简单的说教性质。他说城市的发展会使懒汉增多,从而会使"风气败坏"。社会上建立的是金钱的势力。一切人都追逐财富。拥有财富的人,以及想从财富的所有者那里夺取财富的人,都被奢侈腐蚀了他们的灵魂。贪财是一切罪行的起因。小商人和小手工业者之间的没有同情心的接连不断的竞争,使他们互相残杀,而使垄断组织得以实行残暴的统治。剥削者和淫乱之徒,钱多得不知往哪里放,偏要虚情假意地制定节制和道德的法律;劳动者却只能挣得一口被汗水和眼泪滴湿了的黑面包。高利贷者、骗子、赌棍逍遥享受;创造生活的农民、工人、演员、学者却生活困苦。德萨米引用雷诺的话说:"千百万受压迫的人陆续地经过这个世界，却不认识世界；他们一个人跟着一个人的脚步走，既不交谈，也没有什么乐趣，他们和自己的苦难的弟兄们只是习惯地走同一条道路，吸入同样的脏空气。”[①]这种生活引起反抗情绪，引起人们咒骂现代文明制度，是很自然的。德萨米有意无意地重复十八世纪法国政论家兰盖[②]的话道，现代的奴隶制比以往的奴隶制更加残酷；无产者比奴隶更没有生活保障，因此也比奴隶更加关心明天。

德萨米显然受到傅立叶的影响，因此和他一样，激烈地反对商业。德萨米认为商业是私有制的孪生兄弟。在商业工作中才干和诚实不顶用，只有欺诈和舞弊才吃得开。商业所引起的投机倒把，是国家内的第二种势力；它将政府也置于其影响之下。商业是既破坏工业，又破坏农业的寄生体。商人之间的钩心斗角，他们的投机倒把造成经济混乱。商业中的垄断和对抗，同样是对社会生活有害的。在殖民地剥削中表现得十分触目的重商主义精神极端卑劣，违反了博爱原则，这是不道德的，是自私自利的。这种精神是已发展到最高点的现存制度的最有害的毒痈[③]。

迄今为止，社会已残酷地浪费了多少人的劳动。像中国的长城、埃及的金字塔等建筑，都是浪费人类劳动的鲜明例证。德萨米说，现在，由于社会上还有许多不做好事的掮客和寄生虫，人的劳动还在无谓地被浪费着。德萨米认为官僚、包买商和许多经商的人如店员、经纪人、跑街等都属于寄生虫之列。这班寄生虫阻碍并打乱了社会机器的运转，使公平分配成为不可能的事。他们的主要工具就是钱。在德萨米看来，钱的发明乃是人类的一个极其可怕的灾祸。由于这个发明而需要设置许多不必要的职务——警卫、宪兵、狱吏和刽子手。

为了说明当代社会中工人的困苦状况，德萨米举出当时英国矿井的劳动条件作为鲜明的例子，那里广泛地采用女工和童工，但却不采取任何措施保护劳动者的生命和健康。资产阶级的自私、贪婪和残忍，使这种措施根本行不通。德萨米说，资产者像炼丹术士一样，能利用任何东西变出钱来，他们利用饥渴、寒暖、眼泪、忧急、儿童的痴呆、垂死的挣扎以及无产者的尸体，都能

① 《公有法典》，第 49 页。

② 兰盖，《民事法律理论》一书的作者，书中极尖锐地评述了雇佣工人的状况。

③ 《公有法典》，第 72、77—79 页。

变出钱来。工人住在不见阳光和空气污浊的破烂的小茅屋里。在当时腐败的城市和贫困的乡村中到处存在不平等、涣散和赤贫的情况下,工人生活的卫生条件不可能得到保证。①

德萨米进一步研究当代社会的政治制度时,坚决反对对资产阶级议会制度和资产阶级民主抱有幻想。他说(当然是就寡头统治的七月王朝的条件来说),议会斗争对于人民的事业只会有害,会使人民脱离实际的革命斗争。②最坏的一种暴政就是以人民政权伪装的暴政。说到人民的政治权利,如果这种"权利"与奴隶式的社会地位结合起来,如果拒绝给人民以面包和教育,那就是骗人的话。德萨米认为,在社会地位不平等的条件下,选举权愈广(也就是说剥削者的活动范围愈广),被剥削者身上的锁链只会愈沉重。普遍的选举权也不是铲除社会祸害的灵丹妙药。当所有者不得不同意实行普选权时,他还会用买选票的办法左右选举的结果,就像英国所做的那样。在英国,选民分成两个阵营——买选票的和卖选票的。德萨米说,选举权往往是一种卑劣的欺骗,因为到处都有用金钱来衡量本国自由的富人,到处都有会与他们达成可耻交易的穷人。③ 我们可以看出,德萨米显然是低估了政治权利对为共产主义而斗争的事业的意义。在他看来,在现存社会制度下的政治改革一般都是徒劳无益的,这种改革只有在社会革命的情况下才会有良好的结果。德萨米就根据这种论点在1848年革命时在《人权杂志》上提出了实行普遍的、直接的、无记名的投票,以及无限制的言论自由和出版自由的要求。

贫困和愚昧是束缚人民的锁链。贫民本身往往会成为他们的压迫者——野心家与暴君的支柱。德萨米引述爱尔维修的话说,必须取消那种使一些人能将沉重的负担加在别人身上而自己却享清福的特权。这种特权就是当时仅为少数人所享受的教育。一切人都有受教育权,但只有有钱人才真正享受到这种权利。

当代社会的缺点也在科学和艺术的状况中反映出来。大多数公民由于贫困和愚昧,不能享有科学和艺术珍宝。资产阶级喜爱艺术珍宝是假的,他

① 《公有法典》,第146—148页。

② 《平均》杂志,1840年法文版第1期。

③ 《自己驳倒自己的拉梅耐》,见加罗迪《科学社会主义在法国的起源》,1948年巴黎版,第210页。

们竟眼看艺术珍宝备受现存制度的糟蹋而不加干涉。科学和艺术人才都向财富折腰,为奢华享受和专制政治服务。卢梭所以痛恨科学和艺术是可以理解的。但是,他也是不公平的:卢梭把灾难带来的结果看成了造成灾难的原因。绝不应当由于科学艺术被垄断它们的贵族用来对付人民,给人民套上枷锁,就认为人民不应当利用这种工具。相反地,必须赶快设法把这个工具赋予人民,要知道一切有权势的人都不会肯放弃这个工具的。[①] 科学和艺术能解放思想,破除迷信和偏见,正是科学和艺术在为未来准备条件。

德萨米之所以抨击卢梭,不仅是因为卢梭不正确地表述了科学和艺术的社会意义;他尤其坚决抨击卢梭,还因为卢梭支持人们的宗教幻想。德萨米说,不要给人空泛的安慰,不要把人的精力浪费在毫无意义的仪式上。自然神论永远只能使人民更加迷惘,只会使人愚钝。人的幸福就在这里,就在人世间,在可以达到的范围之内。仅仅对某种模糊的、遥远的东西寄予幻想,或者对之感到畏惧,是驱除不了邪念的。升入天堂的幻想并不能使人成为慈善家。人们必须不是迷信教育而是懂得必须受教育。宗教及其关于天堂的传教,应当改为宣传在人间创建天堂。[②] 在中世纪时,人们认为人间是暂时的住所,故土则在天上。德萨米说,我们既已丢开信仰,我们就相信,人间是我们唯一的故乡,我们的宗教完全是人世间的宗教。这就是蒙受诗的魔力的道德[③]。有人认为,人间是座泪池。德萨米问道,何以证明呢?人间是这样的繁荣,土地是这样的肥沃,为什么它不能成为幸福之地呢?一切幸福的因素都在我们的手边:自然的美妙,友谊,爱情,尊敬,社会生活,艺术和科学的乐趣。难道所有这一切还不足以使人们的心里充满兴奋的幸福感么?

三

德萨米关于未来社会的学说,就其某些论点来看,俨然是与十八世纪空想主义者的体系一致的,虽然他的学说中无疑地也受到稍后的社会思想

① 《公有法典》,第 183—186、217 页。

② 同上书,第 196—197 页。

③ 《卡贝先生的污蔑和政客手腕》,1842 年巴黎版。

家们的影响。德萨米反对现存的充满缺陷并违反人的本性的制度——以违背人的感情和理智的偏见为基础的制度,并与此相反地提出了自然的、从人的本性出发的、以我们已知的社会生活自然原则为基础的制度,这个制度的基本规律是永恒不变的规律。德萨米说,这种新制度的确立将会创造出一个原则,在这个原则之下,人既不会变坏,也不会变恶。为了创立这个原则,照德萨米的话说,他曾长时间地思考和分析现存的社会关系。德萨米对他的体系与现存社会关系的这种联系,显然是十分重视的。他在《公有文集》中说,他所提出的体系并不是脱离现存社会的各种因素而创造出来的理论。[①]

世界——德萨米重复摩莱里的话说——这是一张为一切人摆下的饭桌。根据自然的命令,它的产品应当用来满足人的需要。但是,生产产品需要劳动;因此一切享有产品的人都应当参加劳动。社会是团结一致的联合体,在这个联合体里,人们不断地相互服务,一切社会成员的愿望与利益,天才与努力都结合起来,这就像是一种共同预防一切偶然事故的组织。这个联合体的基本原则要求土地及其产品构成共同的社会财产。[②] 摩莱里记述的密西西比河两岸完全按自然本能生活着的野蛮人的公社,就是这种联合的典型。在这种公社里就像蜂房里一样,一切都是共同的,大家都是平等的,大家都是尽自己的能力劳动,大家都按照需要享有劳动产品。社会应当恢复自然和理性的永恒规律,恢复社会地位平等和绝对共有。在将来的社会里,私有制将消灭,除了当时人们所使用的什物而外,任何东西都将不再为某一个人所有。[③]构成共同财产的全社会的贵重物品将永远由大家来支配。

德萨米承认各人的能力生来是不平等的,但却认为这种不平等不等于应享有某种特权;社会的任务就在于防止因天生的不平等而产生不良的后果。德萨米坚决反对圣西门主义的“按能力计报酬,按工效定能力”的原则,而同情勒鲁的意见,认为这个原则是主张新的不平等,是要保留新的“才能贵族”[④]。能者多劳,但并不应当有任何额外的权利。

① 《公有文集》,1843 年巴黎版,第 10 页。

② 同上书,第 10—11 页。

③ 《公有法典》,第 229 页。

④ 同上书,第 20—21 页。

只有公有制才能充分保证人的最神圣的权利——生存权利。在公有制的条件下，习惯、教育、法律都将促使人们之间的友情增长，促进互助，有时也会激发英雄主义。公有制绝不可以建立在自我牺牲的基础上的。自我牺牲不是我们的本性；它是社会制度的产物，是剥削的产儿和盲目信仰的生身之父。如果说这是美德，那也只是奴隶的美德。自我牺牲可以成为暴政的护身符。在这上面建立社会，就等于从顶端开始建造金字塔。①

我们从德萨米对共产主义社会的论述中，可以找到不少线索证明他很熟悉十九世纪初期各种空想主义者的体系，特别是傅立叶的体系。在十八世纪的共产主义者——如摩莱里、巴贝夫主义者——的笔下，共产主义社会是一个统一的、集中的经济整体。较小的经济单位，他们是不大注意的。在德萨米的体系中，对共产主义社会的基本经济单位——"公社"——的阐述则占着主要地位，而且十分明显，在他的著作里，傅立叶关于法郎吉的描写对他很有启发。公社联合为省，省又联合为共和国，共和国再联合为全人类的大同社会。不论在省里或在共和国里，都不应有城市中心。公社每年一次向上级联合的中央管理机关报告本单位的状况。上级联合的中央管理机关在必要时可以将一个公社的财富重新分配给另一公社，注意保证各公社都同样有必要的丰富产品。② 各公社彼此和睦无间，在劳动中互相帮助，在节日时共同庆祝。

在建立公有制时，城乡之间的对立就会消灭，公社将集中城市和农村的一切优点。一个公社平均约有一万人。德萨米没有提出建成公社的划一的计划：他认为公社如何建立将视居民人数、自然环境、气候条件等等来决定。但是在这个问题上他还是说出了他的一些想法。例如，他认为住宅最好是设在全区的中央，而耕地、葡萄园、牧场则设在外围，住宅的周围则辟作花园、果园和菜园。公社既从事农业劳动，也从事工业劳动；为了进行工业生产，公社将设置公共的作坊。在土壤不适于经营农业的地方，则应把重点放在手工业

① 在1840年的《平均》杂志中，德萨米对自我牺牲的意义的看法有所不同，认为必须以自我牺牲作为社会大厦的基础。大概在这个问题上，他最初受到某些站在卢梭主义立场的空想主义者的影响，后来才转而采取另一种看法，这种看法更符合于他对人类本性的唯物主义的观点。

② 《公有法典》，第229页。

上。和傅立叶一样,德萨米在描写公社的生活条件时,赞美公社大厦、公社的公共厨房、公共食堂(餐厅)。也像在傅立叶的法郎吉中一样,每个公民都有舒适的个人宿舍(三间房子,并有浴室和厕所)。

德萨米确信,在公社里,社会力量将不断增大,社会生活将不断繁荣。公社居民将得到一切必需的、有用的、甚至是称心的东西,而且供应都极丰富;他们不论对自己的劳动,对娱乐,对自己的一切生活条件(称心的、各种花色、各种式样的衣服,公共食堂中富有营养的食品,舒适的宿舍)都感到愉快而有益。在公社中,一切消费品不能赶时髦和迎合轻率要求,而要合乎卫生和有益于人的健康发展。公社绝不从日常生活中取消珠宝、花朵、香水等用品。

我们已经知道,德萨米反对圣西门主义的"才能等级制",认为这是一种新式的贵族制。但是他同样坚决反对粗鄙的平均主义,反对数学式的平等。在他研究的四种分配与消费方式中——私有制,圣西门主义,绝对的平等和按比例的平等——他认为只有最后一种可以接受。每个公民都应当按自己的力量、自己的智慧和自己的能力参加共同劳动。每个人都有权按自己的需要取得共同劳动的产品和共享欢乐。

在劳动组织和分配这两个根本问题上,德萨米既然不肯放弃自己的共产主义,当然不会同意傅立叶的看法。但是在具体说明公社的劳动过程时,德萨米仍然重复了傅立叶讲法郎吉的劳动组织时所谈到的许多东西。公社中的劳动是一种引人入胜的劳动。人就其本性来说是有能动性的。公社的劳动是按公社社员的天然爱好分配给他们的,因此必定会使他们感到满意。人们对劳动既然有天然的爱好,所以联合起来进行的工作更具有吸引人的力量,而个体经营则令人生厌。人对多样化的天然喜好也能得到满足,因为劳动过程可以细分并可以常常更换:每个劳动者一天之内可以从一种劳动转到另一种劳动。单调的、持续过久的劳动终究会使人变得愚钝,细分后的劳动不需要多久的学习时间,可以保证生产过程更有秩序,速度更快,可以锻炼人的各种才能,加强人们友好的感情,打破行会的局限性。①

德萨米的公社中的劳动条件与他当时所处社会的劳动条件截然不同。劳动是在清洁舒适的厂房中进行,劳动原料已准备好,机器操作使劳动过程

① 《公有法典》,第55—58页。

十分简便，由于采用机器而使自然力更加服从于人的意志，劳动时间缩短到每天五至六小时。必须特别强调的是，德萨米特别重视公有条件下新机器的发明和迅速推广。劳动条件的所有这些改变不能不使劳动更具有吸引人的力量。除了劳动条件的改变以外，教育和舆论也有所影响：人们从吃奶的时候起就承受了劳动的习惯，懒惰会遭到大家的责备，出色的劳动会受到大家的尊敬。最后，在公有制条件下，对平等、对和睦的热爱使人的内心产生一种高贵的热情，这也使人要求劳动。

德萨米认为，在公有制条件下，许多不必要的职业都将消失，另外有许多职业的工人人数将大大缩减。他列出的这些职业的范围很值得研究。在这里面，除列有牧师、警察、税务员、法学家、公证人、律师、监狱看守和密探以外，我们还看到有酒馆和咖啡店的工作人员，除了军队和兵工厂工人以外，还列有史学家。德萨米特别憎恶法院工作人员，说这是些“到处散布仇恨和纠纷的害虫”。很难理解的是，为什么把军人也列在里面（我们看到，德萨米认为即使在共产主义条件下战争也是可能发生的）。尤其令人费解的是，为什么在一切科学部门中独独排挤历史学。

由于有了合理的劳动组织，由于劳动生产率的提高和寄生现象的消灭，社会的支出将缩减十分之九，而社会的产品将至少增加五倍。虽然劳动时间更短，而每个人所得的产品却将更多，而且质量也更好。因此，比较轻便的劳动将能保证公民们过美满的生活，再没有现在这些折磨我们的苦恼。德萨米又从节约的角度将公有制与个人主义的所有制加以比较，以说明公有制的优越性，他举出的例子和傅立叶的说法相似：整个公社只要有一个通风设备良好的、干燥的大谷仓，就能代替两千个小谷仓；一个酒窖、一个厨房就代替两千个酒窖和厨房，诸如此类等等。

德萨米预料到批评公有制的人一般都会这样反驳：任何人都不会愿意去做肮脏麻烦的工作。大家知道，傅立叶是把这种工作交给儿童去做的，用他的话说，儿童最爱弄脏东西。莫尔预料将来会出现某种自愿献身为社会服务的禁欲主义派来承担最麻烦的社会服务。德萨米反对这样来解决问题。他认为，麻烦的工作也是全体公民的义务，可以用抽签的办法分配给他们，而且还将采取某些方法来给予补偿（例如缩短工作时间等）。最后，由于在机械学和化学方面取得成就，人们可以逐渐不再做这些麻烦的工作。德萨米为了想尽可能生动地说明在公有制条件下劳动是吸引人的,是愉快的,竟发表了极其荒谬的说法,把公社中的劳动看作是游戏,是娱乐。①

德萨米认为,像无政府主义者所宣传的那种社会将突然放弃一切强制的情况,是不可能发生的。但是他认为强制的思想是违反自然的。在公有制条件下,在和谐的社会中,社会义务将不是强迫的。公民自己将自由地选择职业,根据自己的兴趣、需要和个人才能承担起社会任务,以自己的活动和知识来改进社会。德萨米认为,在公有制条件下,这种对职业的自由选择绝不会成为纠纷的原因。一切社会职务同样都是光荣的。各种职业同样有价值,同样吸引人,公民之间互相友爱,这些都将比个人的妄想更有力量。德萨米用蜜蜂、蚂蚁、海狸等的生活来作为可能实现这种自由秩序的例证。

在公有制时,没有完全不劳动的公民。全体公民成长到根据人的本性和人的发育而科学地规定的年龄,就得从事体力劳动;同样,根据科学的理由,有的公民将免除体力劳动。对于儿童、病人、体弱者,并不强迫他们劳动,因为劳动可能会使他们过于疲劳。劳动纪律都是自愿遵守,而不是靠什么命令来维持。德萨米说,这对现在的人来说是难以想象的,但是绝不可以用现在的观点来判断将来的人们。现在的人的恶劣品质是与人的本性没有关系的。在公有制建立以后,在私有制消灭以后,人们的心中自然而然会失去因私有制而产生的有害的欲念。② 公有制将会使公民们的感情和谐起来:在共产主义制度的各种条件的影响下,自私自利的念头将消失干净,而大公无私的精神将发扬起来。

公有制的一切优越性将在农业组织中明显地体现出来。公社在使用本区的各个地段时,都将考虑到土壤的特性,使每个地段都种上适应该种土壤的作物。公社将努力改良和美化自己的土地。像现存制度下伐光南部树林(当然是指法国南部)的那种只顾个人暂时利益的做法,到公社时是会绝迹的。农业劳动也和其他各种劳动一样,将是自由的,不是强迫进行的,而是根据领导者的一般号召进行的。牲畜和机器的广泛采用,将减轻农业劳动,而使这种劳动具有更大的吸引力。在农业中将广泛采取各种措施保护劳动,预

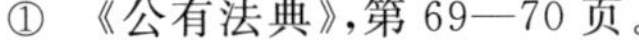

① 《公有法典》,第69—70页。

② 同上书,第53—55页。

防恶劣的气候条件：如设置篷车，保暖而又通风的防雨帐篷等等。[①]

未来社会中生活条件的改变必将影响到人的机体的变化。公有制——德萨米称之为“神圣的公有制”影响人的本性，使之更趋完善。人的体力倍增，人的寿命延长，人的智力也愈益发达。[②]

我们已经说过，人的道德品质也将发生变化。在共产主义条件下，行善是当然的事，作恶则是丧失理智。在共产主义条件下，热爱生活和履行人的义务之间将不再发生矛盾，因为社会组织将会完善得全然符合人的机体的特性。只有奠定了平等，真正的、和谐的社会才可能存在。因为随着平等的奠定，所有的人就会懂得，只有为共同的幸福而劳动才会得到个人的幸福。

公有制将使所有的人都能享受科学和艺术的成果。求知的欲望、对艺术作品的兴趣乃是一切人所固有的，就像科学和艺术才能为一切人所固有一样。共产主义制度将结束独享科学艺术成果的局面，并将促进科学艺术的发展。德萨米又说，公有制并不反对能提高我们的精神力量的、被正确理解的豪华。豪华，如果它无理地进行攫取的话，是件坏事；豪华是垄断和私有制把它变成坏事的。当科学和艺术的成就变成一切人的财产的时候，知识就不能成为私有制所固有的特权的渊源。在公有制条件下，人们当然也将器重天才，但是，在没有愚昧可资剥削的地方，学者就不能构成一个等级。科学人才和艺术人才也将从事这种或那种形式的工业或农业劳动。他们都要参加首要的工作，特别是当公社为公共利益而要求他们这样做的时候。

这样一来，在公有制条件下，脑力劳动和体力劳动将密切结合起来。社会鼓励人发展多方面的才能，而不怕自然需要的增长。任何人都不会去压抑科学和艺术的天才。科学和艺术也不会再是不公和邪恶的帮凶，它们将成为达到真正幸福、达到真正文明的手段。它们将完成自己原来的使命——成为社会积极性的动力。在未来的社会里，已不需要采取措施来防止各种谬论的有害影响：科学将是抵制各种谬论的盾牌。[③]

公社是社会生活和政治生活的统一体——它在目的上是统一的，在管理

① 《公有法典》，第63—67页。

② 同上书，第88页。

③ 同上书，第175—183页。

上也是统一的。共产主义社会的政治组织的唯一任务就是促进生产、科学和艺术的发展。在人人平等的国家机关中,充满了和谐与理性:当利害共同时,这里就不可能产生支配与服从的关系。这种和谐将是社会集体力量的基础,是社会的共同一致的理性的基础。人人平等,有如一个大家庭。在这个大家庭里,一切都是自然而然的,因为那时社会关系已是自然规律的真实的反映。那里已不需要"司法的力量"。调节经济生活的法律将只具有组织和指导的性质。德萨米的这个启示还带有相当温和的性质,颇似圣西门所说的,在未来社会中(未来社会的目的是使大多数人幸福),对人的管理制度、统治制度将由对物的管理制度、行政管理制度来代替。① 但是,德萨米并没有受这个提法的约束。在《公有杂志》中我们发现有这样的说法,在将来的社会里,法律、规章都再不是必要的了,它们将完全为习惯和原则所代替。在《公有法典》中德萨米宣称,在共产主义社会里,在生活和活动的一切基本问题上,命令将让位于聘请。所有的人都将乐于遵循领导人的意见,因为这些意见符合每个人的天生爱好和每个人的意志。

因此在组织正常的社会里,镇压式的制裁,照德萨米看来,将会不再需要了。自由将成为个人利益以及社会利益的最高保证。

如我们所看到的,虽然德萨米否定法律的强制力量,但他仍然承认指导性的、建议性的社会组织的必要性。不过这种社会组织的性质将使社会上不可能出现独裁与专横。执行政治职能的期限会是很短的,而且这种职能也被认为是次要的。执行这种职能的人受双重的约束,即服从根本大法和服从有教养的人民的社会理性。德萨米承认,政治制度可以影响社会制度趋于完善。虽然有时他也流露出这样一种思想,即认为在人人平等的社会中,即使在严格遵守社会的根本法——平等法和公有法的条件下,也可能有各种管理形式,②然而他认为最好的形式是民主制,这一点显然是无可争辩的。将来的民主制是以共同劳动和共同富裕为基础,以知识普及和社会教育为基础,德萨米认为,这绝不会像古代的民主制。在这种民主制下根本不会有不安分的少数人压迫或奴役任何人的问题。在建立起公有制的条件下,在充分和谐

① 《圣西门选集》,1859年巴黎版,第3卷,第277—296页。

② 《公有法典》,第205页。

的条件下，照德萨米看来，也不可能有专政，如果不谈自然、理性和科学的专政的话。德萨米说，反对公有制的人责备共产主义制度是专制和暴政。对于一个以引导人们无限自由地走向幸福为自己唯一目的的制度提出这样的指责，是荒谬的。①

德萨米认为人民自主的原则只具有相对的意义：除自然规律以外不可能再有任何绝对的东西。但是在公有制条件下，每个人的智慧、情感和利益，乃至于共同的意志必然都将归之于自然，因此也就成为绝对的东西。在公有制确立以后，由于进步规律起作用，统一的社会组织很快就会完善起来，到那时，在现存制度下不可能实现的“纯粹民主制”自然就会确立起来。在德萨米看来，从科学上证明一条法律符合共同的利益，要比多数人对法律表示赞同更有意义。人民的决定和共同的意志不是一回事，这一点，德萨米表示同意卢梭的意见。

在共产主义社会的“议会”中将有各门科学、各种艺术和一切工业部门的代表。妇女与男子平等，在议会中也有代表。“议会”将同时执行政治机构的职能以及研究院和学校的职能。“议会”作为一个政治机构将以表扬和发表对社会有意义的一切成就与发明作为自己的任务。社会管理机关（它与“议会”的关系，德萨米谈得不十分明确）一方面在所有的人之间分配社会产品，另一方面，则号召所有的好心人参加这种或别种工作。每个公社都有自己的政治会议，会议的使命是指导公社的活动。每个国家都有负责指导本国活动的会议——国民代表大会。最后，还将召开伟大的全人类代表大会，指导全世界各国人民的共同行动。代表大会不是代议机关，它不是由各公社选派代表。代表大会的职能由若干公社来执行。执行代表大会职能的公社每年由上年执行此种职能的各公社推定。德萨米提出这种独特的论点，其出发点是认为在理想的社会里每个公社的公民都能做出共同的决定，都能制定为一切公社共同遵守的“法律”。凡是一致同意的建议就被认作是法律。政治机器宛如在自行运转着；由于教育的普及，政治真理都将是非分明而无可争辩，也许只有在疯人院里才会找到反对它的人。

应当指出，关于公有制条件下的政治结构，在《法典》中是阐述得不很清

① 《公有法典》，第214—215页。

楚的。[①]

德萨米确信,公有制的确立将引起家庭关系方面的巨大变化。他严厉地批评卡贝在"伊加利亚"中把宗法家庭及其所持有的家长制、父权、妇女的从属地位等加以美化。德萨米说,卡贝在伊加利亚里还保留着"小经济的烂摊子",大手大脚地不仅让各家有个人的饭厅和客厅,而且还让各家有个人的谷仓和作坊。[②] 德萨米认为,所有这些都是多余的,有害的,因为在共产主义条件下家庭不应当有任何经济职能。另一方面,德萨米也反对自柏拉图那里传下来的那种为了有益于社会和人类而限定两性关系的传统。他说,这种做法会破坏"甜蜜的爱情"的危险。在这些问题上,在德萨米看来,重要的不是立法,而是教育、知识和榜样。德萨米认为"公妻"的说法是不能容忍的。"公有"一词,只能用之于物,绝不能用之于人。德萨米虽然十分敬仰傅立叶,但显然认为傅立叶所说的那种婚姻形式没有多大价值。

德萨米的理想是,男女自由结合,两性完全平等,离婚自由。他引证莱喀古士、莫尔、康帕内拉、摩莱里、卢梭、爱尔维修等权威的话,强调离婚自由的必要。[③] 在现代社会中使爱情变得丑恶不堪的原因,是私有制和强制。在这方面,财产公有和自由正是对症下药。所有的人都愿意成为幸福的人;在共产主义制度下,在利害共同时,谁还愿意去违背符合于人的需要和欲望的公共道德呢?谁还愿意干扰别人的欢乐呢?如果一旦有违反常规的现象发生,文化和劳动会帮助社会来与这种现象作斗争。但是,对家庭观念的主要打击还是"统一的社会生活单位"。在现存制度下,家庭这个生活单位作为友谊和爱情的唯一中心还有着一定的作用。但只有很少的家庭合乎这个宗旨。在公有制条件下,随着细小的家庭单位的消失,与此相联系的稳固的一夫一妻制也必将消失。[④]

家长制的家庭单位不能保证儿童受到全面教育。要知道,教育乃是整个社会大厦的一块基石。我们在《公有杂志》中读到,教育应当以社会科学原理

① 1843年《公有文集》,第37—46页中刊载的纳维尔所写《法典》摘要一文中,关于未来社会的政治制度写得比德萨米本人还要清楚一些。

② 《公有法典》,第167—168页。

③ 同上书,第113—115页。

④ 同上书,第120—121页。

为基础，教育应当是和社会科学一样包罗万象的，应把人的一切都包括无遗。德萨米重复爱尔维修的话说，善行、信仰、风俗、习惯，一切都来自教育。良好的教育是与私有制不相容的：社会制度会在教育方面留下它的烙印。一切杰出的思想家都主张实行社会的、平等的免费教育。在人人平等的共和国内就应当实行这种教育，而且它将是巩固共和国的可靠的手段。德萨米着重指出，巴贝夫主义者对教育也持有这样的观点。德萨米说，巴贝夫主义者认为祖国应当从每一个人一出生就开始教化他，而且一直到他死都不抛弃他。①

在公有制条件下的教育组织，所述大都与傅立叶的教育学说相同。社会教育是理论研究与实践相结合的、劳动的和综合技术的教育。在公社中没有学者等级，理论家同时也是某个体力劳动部门的实际工作者。相应地，社会在施教期间，不仅要注意未来公民的智力发展，也将注意其职业教育。设有重点不同但都与某种职业相联系的各种学校。因为在人人平等的社会中，每个公民都应当掌握几种专业，所以在学习期间，学生都要学完一个专业再学另一个专业。教育系统没有强制性。从一个教育阶段升入另一个较高的教育阶段，是由学生的能力和才智来决定的。教育是直观的，这种教育大部分在作坊、果园、厨房、马厩等处进行。教育已组织得能使儿童逐步地愈来愈热爱严肃的工农业劳动。教育是男女分开的，而且姑娘们都参加较轻的劳动。教育也是"互相的"：在公有制的学校里，大家都是先生，大家都是学生。公社中这种普遍的、平等的、渊博的、生产的教育，其目的是发展体力、智力和心力，巩固友谊的结合，激发对公有制的热爱，使所有的心灵和所有的智慧都在互相友爱的感情中结合在一起，以驱除内心的统治欲和特权欲。② 教育将发现每个人的天才和爱好，并且为了社会的利益使其得到充分的发展。教育的平等将保证公社中力量的均衡，保证对真理有一致的、明确的认识。③

四

德萨米参加过七月王朝最后十年间的一些秘密社团，并在 1848 年参加布

① 《公有法典》，第 125—129 页。

② 同上书，第 131—137、232 页。

③ 同上书，第 221 页。

朗基的俱乐部,毫无疑问,他属于当时空想共产主义的革命派。他所参加的几个秘密社团都完全肯定"社会革命"的必要。他本人也自认为是巴贝夫与邦纳罗蒂事业的继承者。[①] 我们已经知道,在社会改革事业中,他十分重视"公有"这一科学理论的作用和这个理论在群众中的传播。他在《公有法典》一书中正是想提出这样的理论。但是制定社会革命的科学理论的任务,这个在若干年后由马克思天才地解决了的任务,是德萨米所不能胜任的。德萨米对社会改革道路的看法自相矛盾,而且失去了真正科学的、唯物主义的基础。

德萨米对社会发展过程的观点,也与他的师辈——十八世纪的唯物主义者的观点一样,是以对社会关系作唯理论的理解为基础的。我们已经知道,按照他的学说,现存的邪恶制度是错误观点、迷信、宗教偏见的产物。他确信,这座偏见的大厦已经腐朽了。为了彻底摧垮它,为了引导人们走向博爱,照德萨米看来,就需要用教育来反对宗教和愚昧,就需要把知识武器交给人民。[②]

但是,德萨米不仅是唯物理论者的忠实学生,同时还是一个现实主义的、思想敏锐的观察家。他认识到社会已被划分为阶级。他毫无保留地引用《新百科全书》中雷诺的文章中的话:"我认为,人民是由两个生活条件和利益各不相同的阶级:无产阶级和资产阶级组成的。"[③]德萨米看到对不平等现象的不满情绪日益增长。他感到暴风雨即将来临,感到有必要及早解决社会改造的问题。他也不可能不了解到,对现存不平等现象的不满正在引起的,并不是在当权者之中,而是在人民群众中的"精神的沸腾",[④]平等的真正朋友是穷人,是无产者。[⑤] 因此,他谈到广泛宣传真理的必要性时,号召人们正应当向无产者宣传真理。[⑥] 他首先是把自己对未来的希望与无产阶级结合起来。但是德萨米既没有唯物主义的历史观,就不可能坚持这种阶级立场,有时竟离开了这种立场而堕入纯粹唯心主义的立场。例如,他宣称,为了解决社会

---

① 参阅《平均》杂志,1840 年法文版,第 1 期。

② 《公有法典》,第 185 页。

③ 《公有文集》,1843 年法文版,第 69 页。

④ 《公有法典》,第 3 页。

⑤ 同上书,第 209—210 页。

⑥ 《公有法典》,第 92 页。"要畅谈真理,要把真理灌输到无产者头脑里去。"

问题，必须有一切“好心人”的赞助；于是，他号召人们向富人和穷人宣传他们的利益是一致的。[①] 可见，他似乎认为有必要让资产阶级也参加实现公有原则的事业。他显然是针对七月王朝“发财吧！”的口号而提出说，不是人民应当成为资产阶级，而是资产阶级应当成为人民。

德萨米也和十九世纪上半叶的其他空想主义者(如布朗基)一样，他所用的“无产阶级”这个概念和“人民”、“穷人”等概念十分相近。他引用雷诺的话说：“我称之为无产者的，是这样的人，他们生产全国的一切财富，而所有的只是自己劳动所得的日薪，他们从自己的劳动产品中只能得到很小的份额，而且这部分还由于竞争而不断减少……我称之为无产者的，是耕种我们的田地，培植我们的葡萄园，而不能享有其收获物的无数农村居民。”

我们看到，德萨米在给无产阶级一词下定义时没有能够提高一步指出基本的、生产的标准。一般说来，他对社会的阶级划分的认识，不是从这个或那个阶级在生产中所占的地位着眼，而是从他们的收入着眼的。他说：“1. 我们所说的无产者是没有任何收入的公民，或是其收入甚至不足保证得到必需品的公民。2. 我们所说的小私有者是其收入可以保证得到必需品的公民。3. 我们所说的大私有者，资本家、富人、资产者，乃是其收入超过合理需要的公民。”[②]德萨米又说，无产者占一国的绝大多数。这是两千二百万无文化的、孤苦伶仃的、每天只有六个苏来维持生活的不幸的人。[③] 德萨米说，这些为贫困和绝望所激怒的不幸的人们暴怒地挥起自己身上沉重的锁链并高呼“或工作而生，或战斗而死”，这是毫不足怪的。

德萨米说，现在掌握着权力和财富的人，只有在“人民的社会组织”的压力下才会把权力和财富让出来。[④] 显然，德萨米所说的“人民的社会组织”是指“无产阶级”的组织。他说，必须要有一个能使无产阶级联合起来的共同纲领，必须造成无产阶级自己的统一，以便使它能在适当的时机作为一支力量

---

① 《公有法典》，第1—4页。

② 《公有文集》，1843年法文版，第79页。

③ 同上书，第69—71页。值得注意的是，德萨米在这里加了一个注，除上述的无产阶级的两个组成部分外，又加了第三个部分——收入极为菲薄(17—18法郎)的小私有者。

④ 同上书，第217页。

而突起。德萨米大声疾呼:无产者!各国人民为了自身的解放有时会碰到一个百年难遇的时机。当这个时机到来时,切切注意不要因自相争吵而错过了它。[①] 我们已经知道,德萨米极其重视哲学的社会意义,并认为最重要的是哲学在人民群众中的普及。在他看来,哲学原理的统一是"无产阶级"组织统一的必要条件。因此他认为任何违背原理统一的行为都是对人民事业有害的。

这样,德萨米就使他的读者想到(虽然他表达得不十分明显)必须有一个"无产阶级的"独立政党。如果无产者只是参加某一个现存的政治"核心组织",即使这个组织是激进的,也只能证明无产者还很不了解自己的真正的利益。德萨米称这种应将无产者联合在自己周围的党为"人民党"。用这种名称来代表的,看来不是某一个政治组织,而是三十至四十年代间此起彼伏的许多政治社团。德萨米说,人民党本来是动摇不定,人数极少,备受迫害,零落涣散,并被认为已被消灭了,现在,这个人民党已奋发起来,已是精力充沛、生气勃勃的了。它只要一接触到真正平等的土地,就能恢复自己的力量,它今天比任何时候都更有力。它掌握着未来的命运,因为它能真正消除人类的苦难。[②]

德萨米说,为了根除现存社会关系中的罪恶,为了"使压迫者变得博爱",必须用顽强的反抗来对付不公平;要使人民前进,就必须冲破现存特权制度。[③] 这样一些说法恐怕不能把它理解为和平改造的思想。《公有法典》一书也和德萨米的其他著作一样,其基本精神是革命的。德萨米避免(需要从应付检查制度考虑)直接和详细地谈到暴力革命的必要性。有时他甚至好像还指出一些防止这种"危险"的措施。他说,我们的呼声**警告**那些在悬崖边缘上睡着了的人。[④] 他主张宣传富人和穷人利益一致,认为这是"保全世界,避免流血革命"的最好的方法。[⑤] 他建议富人们作一些让步,在生活的宴席上给穷人一席之地,以封住革命的深渊。他声称,实现他的体系不需要"流血牺牲"[⑥]。但是,所

① 《公有法典》,第 219 页。

② 同上书,第 109—110 页。

③ 同上书,第 196—197、217 页。

④ 同上书,第 240 页。

⑤ 同上书,第 12 页。

⑥ 《公有文集》,法文版,第 7 页。

有这一切警告显然都只具有纯粹修辞的性质。革命是社会改革的必经之路的思想，在德萨米的体系中有着巩固的地位。他把公有原则叫做是**革命的**箴言；那些往往成为革命策源地的大城市中有时发生的革命发动，照德萨米看来，可为自由事业加以利用，如果这种运动能为有理智的人们（大概就是前面所谈到的那个"人民党"）所掌握的话。他谈到向新秩序过渡的时期时，就像谈到革命时期一样，在这期间，青年将习惯于军营中的生活。十分明显，这里指的也就是青年参加国内战争。① 像这样的论点，在德萨米的《公有法典》和其他著作中可以找到不少。我们看到，德萨米一般都以人民作为搞革命的力量；但是，也常常给这种力量以更明确的名称：无产阶级进行革命。② 然而，最重要的还不是这些个别的词句，而是革命在德萨米所描写的改造事业的前景中所占的地位：没有革命，则他所拟就的改革计划就根本不可能实现。

德萨米十分敬仰1793年的活动家。他们造成了全国的政治统一。但是他们没有解决未来的基本问题——未能保证社会的统一。为此需要公开地高举起共产主义的旗帜。但是，这些革命家竟然没有明确地了解公有制作为对敌斗争的可靠工具的意义。因此他们没有能挖去封建制度和垄断制这棵大树的最危险的毒根，没有能依靠真正的民主。在1793年的宪法中，平等的信条并没有得到应有的反映。结果，无产阶级和国民公会中一部分"规规矩矩"的人麻痹地停止了一切努力。革命就被"热月政变的利斧"结果了。如果当时的革命家按照公有制的精神采取了应有的措施（人民已本能地这样做了），则革命当会有另外一种结局③。

如果人民现在因被奴役而沉睡不醒，那也不应绝望：人民是沉睡中的狮子。他一朝醒来，就会威风凛凛，凶猛异常，谁想拦阻它，谁就会倒霉。④ 德萨米毫不怀疑，起义人民必将获得胜利。在德萨米看来，人民群众的自发运动是新生力量成长的证明，新生力量要想和法律效力相抗衡，法律无论如何是对付不了它的。他认为"无产阶级"的实际解放就要来到了。⑤ 值得注意

① 《公有法典》，第7、29、143—144页。

② 同上书，第217页。

③ 同上书，第187、202页。

④ 同上书，第186—187页。

⑤ 《平均》杂志，1840年法文版第1期。

的是,德萨米在对社会革命准备过程的描述中,几乎丝毫没有谈到秘密社团的作用和通过密谋实现变革的可能性。大概是1839年起义[①]的经验使他对密谋家的斗争方法抱有怀疑的态度。

德萨米清楚地看到革命后人民将要遇到的危险。革命家在为实现平等博爱原则的斗争中,既要行动迅速,勇往直前,又要小心谨慎。他们的口号应当是:机会难得,当机立断。我们看到,虽然德萨米认为在公有制彻底胜利以后根本无所谓专政,但对于过渡时期来说,他却赞成雅各宾党人的精神和同意巴贝夫主义者的观点,承认革命的专政是不可避免的[②]。但是我们要强调指出,德萨米完全没有阶级专政的思想。

德萨米反对卡贝在《伊加利亚旅行记》一书中提出的不彻底的办法:在五十年内保留私有者的财产权,放弃义务劳动等等。特权的最后余迹一天不消灭,人民就一天要担心它会复辟,而要想改革成功,必须人民有信心。另一方面,贵族必然是心怀不满的,而行动迟缓只会使他们继续保持对新制度的仇恨。让他们保留私有财产,必然会放纵他们使尽各种阴谋诡计和投机取巧的手法利用财产来反对人民。恐怖方法这种反对革命敌人的手段,照德萨米看来,不仅无益,而且有害。这种方法只会造成更多的敌人,何况还让他们保留着最危险的武器——财产和金钱。

必须同时剥夺财产和金钱——这是暴政的神经。如果人民胜利了,已使绝望的敌人缴了械,却马上又把凶恶的武器还给敌人,这不能称之为人道主义和宽大。这不是人道主义,而是愚蠢。绝不能说剥夺就是暴力和压迫。我们绝不应容许枷锁再落到人民身上。一旦公有制最后建成,它就会比任何别的制度都更宽宏大量。共产主义社会将没有任何的暴力。但是人民也不会让任何人保留有害的财产垄断权。[③]

在社会革命的"次日",临时革命政府应当颁布一系列的过渡性措施,这些措施应能直接满足人民的迫切需要。这样的措施包括:将一切财富集中于

① 1839年5月12日布朗基在巴黎组织的一次武装起义,这是一次密谋性质的起义,第二天就被镇压下去。——译者

② 《平均》杂志,1840年法文版;参阅作者所著《法国秘密社团的社会主义和共产主义思想》一文,载苏联《历史问题》杂志1949年第3期。

③ 《公有法典》,第255—256页。

公共商店，平等博爱地分配产品，利用家具和衣着的储备(德萨米确信这种储备够用十年)，重新分配住宅。德萨米大声疾呼道，不幸的无产者，高兴吧，丢掉你们的茅棚小屋吧！就要有十分清洁而舒适的住宅了，问题仅在于正确地加以利用。[1]

在德萨米看来，这些措施能使一切小土地所有者、一切小私有者一心归向革命政府。对公有制事业的热情将会鼓舞不幸的人们，而这些人占全体居民的十分之九。他们宁死也不愿放弃这个事业。在公有制建立后培育起来的下一代，也将完全忠于这个事业。甚至被剥夺了财产的人也将放弃其自绝于人民的情绪，以求在“博爱的宴会”上占有一席。

德萨米说，在公有制条件下，“人们不分肤色、种族和国别，都将像兄弟一样地生活”。[2] 各族人民的友好不应有界限；共产主义是把各国人民联合起来的最好的手段，是克服狭隘民族主义的最好的手段。[3] 德萨米认为人类发展的最终目的是共产主义在世界一切国家的胜利。他幻想那时各国之间的一切屏障都将拆除，各民族将会融合成一个统一的民族。他设想，这个统一的民族将有统一的语言，这种语言的基础将是拉丁语。共产主义在一个国家里的胜利，这只是开端。德萨米相信，有了这个最初的胜利以后，在若干年内各民族就会全部解放。

德萨米认为，第一个共产主义社会丝毫不必害怕专制君主们结成“神圣同盟”来反对它。在它有了巨大资源的时候，它不难击破这个反动的同盟。德萨米认为，在这个可能要与专制国家进行斗争的时期，革命的国家保留武装力量是必要的。他和邦纳罗蒂一样，认为这支军队对公有制的彻底胜利可能起很大的作用。他说，在万不得已时，共产主义国家将派遣三十万至四十万战士到国外去，要不了十年工夫的战争，这支军队就会取得各族人民的共同解放。[4]

随着共产主义的完全胜利，将出现许多大规模的共同的经济工作，这些工作将由劳动军来实现。共产主义的完全胜利不仅会导致科学的发展和艺

---

① 《公有法典》，第 247—248 页。

② 同上书，第 229 页。

③ 同上书，第 250—252 页。

④ 同上书，第 257 页。

术的繁荣，而且将使气候大为改善。社会制度的改革不可能不影响到人，也不可能不影响到外部世界。毫无疑义，德萨米的这个改变气候的思想，以及劳动军的思想，都是从傅立叶那里承袭来的。

公有制最终确立以后，照德萨米看来，“生产大军”就要完全代替破坏大军。德萨米认为劳动军是实现公有制的一个极好产物。劳动军将使自己的活动遍布于全世界，耕地，肥田，美化大地，像变戏法一样地进行一些现在连想也想不到的巨大工程。他们将排干沼地，灌溉荒地，开凿水渠，改造河流。

组织劳动军，在德萨米的想象中，不仅有很大的经济意义，其活动的精神效果也同样重要。德萨米说，青年总是想做一番大事。在十八世纪时，新大陆使青年心向往之；现在新大陆已失去了其诱惑力。在公有制条件下，青年的这种愿望部分地可以通过旅行来满足，旅行起着很大的文化作用，就像是能使公有制大厦巩固起来的水泥。旅行将促进各国人们的交往，消除一国与他国隔绝的屏障，促使公有原则遍及全世界。但是，在这个联合的过程中，各国派代表参加由劳动军进行的许多共同的大工程，无疑地也有着无比重大的意义。[①] 劳动军中的工作将比公社中的一般工作更能够吸引青年。在那里，劳动将同庆祝会、戏剧表演交替进行。使青年向往的是由一国往另一国的旅行，与一个个新地区的居民联欢，为文明而不断开发我们这个行星上的各洲。劳动军的活动和科学与艺术随之在各处的普及，将在短期内引导六亿野蛮人走向文明，从而将完成全人类在平等博爱原则上的大联合。

* * *

《共产党宣言》在谈到十九世纪的伟大空想主义者时指出，他们的体系是在“无产阶级和资产阶级之间的斗争还不发展的最初时期出现的”。在这个时期，“工人们还是分散在全国各地并为互相竞争所分裂的群众”。因此，空想体系的创立者看到了阶级矛盾，却“看不到无产阶级方面的任何历史主动性”。[②]

德萨米的革命活动和写作活动却是在不同的社会条件下进行的。资本主义机器工业的发展，由于历史的必然性，不仅使无产者人数增多，而且也使

---

① 《公有法典》，第 142—143 页。

② 马克思恩格斯：《共产党宣言》，中译本第 32、54 页。

他们的阶级觉悟提高。在三十至四十年代的法国，这个过程进行的速度是很快的；这一过程的社会和政治后果引起了一切思想敏锐的人的注意。

到1830年革命时，资本主义工业在法国已占领了许多主要阵地。作为工业的天生伴侣的罢工运动还带有分散的性质：在各个企业中此起彼伏的罢工，其目的是要求在某一企业内或为某种工人改善劳动条件，缩短工作日，提高工资。但是在这个罢工斗争中养成了组织纪律性，提高了工人阶级对阶级利益一致的认识。法国的无产阶级日益坚定地走上了阶级斗争的道路。

阶级斗争和革命的教训，正与空想主义者的学说相反，必然推动无产阶级积极参加国家的政治生活，利用政治手段来保护自己的阶级利益。工人在七月王朝的最初几年还不能提高到具有成立阶级政党的思想。由于他们在政治上积极起来，他们就参加了共和派社团的队伍，这些社团就其社会意识来看基本上是小资产阶级的。当然，小资产阶级思想对工人的影响在一定程度上阻碍了无产阶级思想体系的发展。但是，另一方面，工人参加三十年代的共和派社团也不能不对这些社团的纲领有所影响。我们在共和派社团的一些纲领中常常发现有平均主义理论和社会主义理论的反映。

阶级矛盾的进一步加深(这是资本主义发展的必然后果)不能不影响到共和派社团的命运。三十年代的革命尝试表明，革命运动只是在有广大无产者群众积极参加的地方才能蓬勃开展。革命尝试还表明，无产阶级正在成长为一支威胁着资产阶级秩序的强大力量。资产阶级共和派和共和派工人分道扬镳了。资产阶级共和派日益脱离革命运动。工人阶级则已深深地认识到它有自己的政治任务，它必须有自己的政治组织。一些秘密社团就其成分来说是工人愈来愈多，就其纲领来看是愈来愈有革命性了。

七月王朝最后八年的特点是共产主义宣传的大大开展。当时工人阶级显然已倾向于共产主义。原始的平均主义的思想和空想社会主义体系已在工人阶级中失去了影响。伟大空想主义者的信徒们在这个时期都站在工人运动以外冷眼旁观。恩格斯写道："在1847年间，社会主义是资产阶级的运动，而共产主义则是工人的运动。"[①]德萨米的学说就是在这个运动的基础上产生的，而且是想给这个运动以理论上的论证。

① 《马克思恩格斯文选》(两卷集)，人民出版社1961年版，第1卷，第6页。

德萨米的体系始终没有能广为普及;1848 年以后,他的体系长期被人完全遗忘。然而德萨米的著作,特别是《公有法典》一书,虽然有许多显然是文字上的缺点,但却有极其丰富的独特的见解,这是他的同时代人和对头——卡贝所万万不能企及的。德萨米无疑地应被认作是十九世纪上半叶空想共产主义的一位极伟大的代表人物。

德萨米不同于当时大多数空想主义者,值得我们注意的一点是他一贯捍卫对世界和对人的本性的唯物主义观点。这就使某些社会主义史学家有理由称他为"唯物主义的共产主义者"。[1] 但是,德萨米据以作为其理论的根据的唯物主义,是十八世纪的"形而上学的唯物主义"。在对社会发展的看法上,他没有能够超出唯心主义。我们看到,在《法典》中朴素的唯理论的道理虽然很多,但德萨米却远未能用唯物主义的观点来理解"社会万恶"的起源以及将来按公有原则进行的社会改革。

曾亲身参加革命运动的德萨米,他的理论无疑也是有革命立场的,虽然他的某些说法是不恰当的(对理解他的真实思想来说)。他等待人民起义来"医治"社会。他认为强有力的革命政权是确立新制度所必需的,革命政权应当采取坚决的革命措施:剥夺富人并镇压他们的反抗。但是德萨米全然忽略了使社会革命可能发生和必然发生的物质条件,而仅限于从纯粹唯理论的观点指出革命的思想前提——指出公有思想在舆论方面的胜利。

德萨米既是无产阶级阶级觉悟提高过程的目击者和观察家,他把无产阶级看作是未来的革命的主要力量,有时甚至把这种革命叫做"无产阶级革命",那是很自然的。他并不是看不到城市工人在革命中的特殊作用。但是在这个极其重要的问题上,德萨米的理论也不很明确。他没有唯物辩证法这个工具,因而既不能说明无产阶级产生的原因,也不能说明无产阶级社会作用加强的原因,从而也不能说明无产阶级将来胜利的必然性。何况,如我们所看到的那样,德萨米说的"无产阶级"这个概念本身还不很明确,这反映了工人阶级在那个发展阶段上还远没有清楚地意识到自己区别于城乡贫民的界限。

---

① 马朗:《社会主义史》,1882—1884 年巴黎版,第 2 卷,第 153 页;加罗迪:《科学社会主义在法国的起源》,1948 年巴黎版,第 190 页。

四十年代秘密社团的共产主义，用恩格斯的话来说，是一种“尚少加工的，只是出于本能的，颇为粗糙的共产主义……”[①]无产阶级阶级斗争的进一步发展，要求有新的革命理论。德萨米认识到，为使革命运动成功，就需要“体系”，需要“原则”。但是要想从十八世纪的唯理论和形而上学的唯物主义出发，创立一种能够科学地理解无产阶级斗争的历史作用的理论，是不可能的。德萨米的体系，也和他那个时期的其他空想主义者的体系一样，同样是空想的，同样无法解决历史向工人运动提出的任务。

我们认为德萨米的学说无疑地具有空想的性质，但也不应当就此抹杀他的功绩。在十九世纪的空想主义者中，在德萨米以前没有一个人曾这样明确地提出社会革命问题(虽然他也没有能科学地解决这个问题)。德萨米以前的空想主义者中，没有一个人能像他这样地看到无产阶级的积极性对社会改革事业的意义(虽然他也没能充分估计到无产阶级在革命中的作用)。德萨米把共产主义与唯物主义结合起来的尝试也是值得重视的，虽然由于以显然不合乎这个目的的十八世纪唯物主义为基础，这个尝试未能取得预期的效果。最后，在德萨米的著作中将革命的巴贝夫主义的传统与傅立叶的空想社会主义的传统相互结合起来，这对社会主义史是很有意义的。

马克思十分熟悉德萨米的著作。马克思收藏有德萨米的几本著作，上面有马克思所做的许多标注。在《神圣家族》中，马克思对德萨米作了很高的评价。马克思写道：德萨米“……把唯物主义学说当做现实的人道主义学说和共产主义的逻辑基础”加以发展。[②] 马克思把德萨米的学说与其他空想共产主义者的学说相比较，认为德萨米是属于当时“比较有科学根据的”共产主义者之列。

(译自德萨米《公有法典》，苏联科学院出版社 1956 年俄文版，第 5—66 页)

---

① 《马克思恩格斯文选》(两卷集)，人民出版社 1961 年版，第 1 卷，第 6 页。

② 《马克思恩格斯全集》，人民出版社 1957 年版，第 2 卷，第 167—168 页。

泰奥多尔·德萨米传略

〔苏联〕B.C.阿列克谢耶夫·波波夫　著　冀甫　译

德萨米是十九世纪三十至四十年代法国革命的秘密团体的积极参加者，空想共产主义的孜孜不倦的宣传者，1848年革命的杰出活动家。他的生活道路的特点，决定了我们不能充分地、全面地搜集到关于这位杰出人物的传记材料。

在《公有法典》作者的短促而又紧张的一生中，一般说来，是无法把他的个人生活的编年史同他的革命活动史分开的。我们所知道的德萨米的传记，就是他的政治活动的传记。在他的"传记"中，关于他的世界观形成的材料、思想斗争和革命斗争的事实，完全压倒了狭隘传记性的因素。这点便表现出了他那种"完全抛开自己"的精神。依照德萨米同时代的一位革命家的说法，这句话被他们理解为"对事业的忠诚"。

泰奥多尔·德萨米1803年生于吕松(旺代省)。他曾学过医学、哲学和法律，后来在外省当过教师。在三十年代(看来，是在他移居到巴黎之后)，曾经深深地被卷入到当时法国所特有的共和运动的浪潮中。而在这几年中，工人阶级开始在这一运动中起着愈来愈重要的作用。德萨米也正是把自己的命运同这种自觉的、已经在思想上和组织上提高到独立地位的工人运动联系起来。

德萨米参加这个运动的第一阶段，是他加入密谋的社团，这个社团的思想家和领导者是奥古斯特·布朗基。在三十年代末，德萨米加入了一个这类的社团——"四季社"。

四十年代阶级斗争的尖锐化，在法国为在先进的工人中间传播共产主义思想创造了有利的条件。

德萨米于1838年底，当他出版了根据道德和政治科学院提出的题目所写成的一本著作时，初步试图有系统地叙述共产主义思想。这本著作的题目是:《各族人民在文化教育方面的进展超过实用道德方面的进展。探讨这种差别的原因并提出对策》。德萨米在这本著作中已勾画出他的理论的许多基本原理,这些基本原理后来在《公有法典》中曾得到极为详尽的发挥。这里面包含有对资本主义制度社会秩序和政治秩序的尖锐批评:"无产者的悲惨状况便是资本主义制度的丑恶的痈疽"、"他们被宣布是自由人,……可是他们的双手已被镣铐弄得满是伤痕,他们陷于赤贫的绝境。他们有 habeas corpus(人身保护法),可是他们没有面包,他们的子女也在他们的主人的鞭笞下从事 18 小时的工作"。

就在当时,德萨米已经认识到,只有消灭私有制才能把社会从一切社会罪恶中拯救出来。他曾竭力在工人中间广泛地宣传自己的观点。

1840 年(7 月 1 日),德萨米曾和皮佑一起在别列维尔区举办了一次共产主义聚餐会,当时有一千二百人参加。德萨米在这次会上发表了关于平等的纲领性演说。四十年代初,他在一个社会团体的机关杂志《平等主义者》(*Egalitaire, journal de l'organisation Sociale*)上面进行文字宣传(这几期杂志是在 1840 年 5 月和 6 月间出版的);他还参加了《公有主义者》(*Communautaire*)和《人道主义者》(*L'Humanitaire*)这两家杂志的工作。德萨米的许多辩论性的小册子和论文都是在这个时期写成的。这种口头上和文字上的共产主义的宣传,无疑地对于四十年代许多工人团体共产主义纲领的形成是有帮助的。看来,德萨米曾是"平等主义工人社"的组织者之一。这个社的社员,就其纲领和策略的观点来说,是接近巴贝夫和"平等派"的传统的。稍后,在"平等主义工人社"瓦解后,便产生了"唯物主义的共产主义者社"。这个社于 1847 年被警察当局所解散。在搜查该社社员时,曾发现德萨米的著作。这时,他本人似乎已经不直接对革命团体进行领导了。

德萨米在四十年代进行的宣传鼓动工作,其目的在于反对路易·勃朗的小资产阶级社会主义,反对在工人运动中充当资产阶级影响的传达者的前圣西门主义者毕舍一批人,反对"基督教社会主义"的宣传者——拉麦涅。德萨米曾于 1841 年出版了一本题为《自己反驳自己的拉麦涅》的小册子,以此来对拉麦涅的观点进行批判。

同时,德萨米还同样坚决地反对当时空想共产主义中的"和平"倾向,强调指出这一点是特别重要的。这种倾向的主要理论家是埃蒂耶纳·卡贝。

卡贝的《伊加利亚旅行记》于1840年问世，并于1842年再版。

德萨米为了力求把一切“共产主义”力量都联合起来，曾于1839年同刚刚亡命归来的卡贝接近，在编辑《平民报》方面任卡贝的秘书和助编。但是，他们之间不久就发生了破裂。德萨米离开了《平民报》编辑部，并于1842年发表一本带有尖锐批判措辞的小册子来反对卡贝。卡贝与德萨米之间破裂的原因，是由于在策略问题上的意见根本不一致，在关于理论的意义，以及在关于资产阶级代表在共产主义运动中的作用问题上发生意见分歧。德萨米谴责卡贝对1840年7月1日聚餐会——这个共产主义工人运动第一次公开宣言所持的否定态度，“您拒绝出席聚餐会……您对于无产阶级不在任何有产者和任何名人的领导下，竟敢单独举起共产主义旗帜，表示极端不满”。德萨米还做出了在当时工人运动与小资产阶级“社会主义”分离的条件下一个特别重要的结论：“认为为了公有制（亦即共产主义）的胜利，必须要有资产阶级的合作，那就是大错而特错。”

德萨米在自己一生的主要著作——1843年出版的《公有法典》中阐述了自己的思想。照他自己的说法，德萨米曾为这本著作花了四年的劳动。

德萨米为使自己著作中的基本原理和结论深入浅出，曾于1843年着手出版一种供工人们阅读的刊物《公有文库》（*Almanach de la communauté*）。他这样做，显然是为了与卡贝的通俗化的宣传丛书相对抗，因为卡贝当时也出版了《伊加利亚文库》。德萨米为自己的文库撰写了许多短文和短评，其他论文的作者是盖伊和纳维尔。德萨米曾因为出版这本文库被控为渎神而受法庭审判，并被判处监禁和罚款；当局搜去的一部分书被销毁了。值得注意的是，资产阶级左翼反对派报纸曾拒绝为共产主义者德萨米辩护。我们在当时常与德萨米会面的卢格的回忆录中，发现了这一点和别的一些有关德萨米的宝贵材料。卢格曾拿德萨米与卡贝作过比较。照他的说法，卡贝，作为一个被过早变革的尝试碰得焦头烂额的人，已经老迈年高而日薄西山了；德萨米则“年轻有为。他醉心于自己的事业，他相信真理，并大声疾呼地宣传真理”。卢格曾断言，“德萨米很少谈到我们要用起义的方法达到目的。但是德萨米所说的话，本身就是违反法国人的思想方式的一种起义。”不久以后（1845—1846年），他又出版了既是纲领性又是理论性的两种著作：《被社会主义所战败和消灭了的耶稣会教义》（*Le jesuitisme vaincu et anéanti par le socialisme*）和《自由和普遍幸福的组织》(*Organisation de la liberté et du bienêtre universel*)。

德萨米于 1840 年出版的一本旨在反对梯也尔内阁在巴黎周围建筑许多堡垒的计划的小册子，其内容十分清楚地表明了德萨米的政治观点及其对七月王朝和当时政治问题的态度。在这里，德萨米揭发了“政府的背叛行为”。政府的背叛行为虽然在于它提出了“不惜任何代价争取和平”的口号，而实际上，却“要求法国不仅拿出它最后一个人，并且还拿出它最后一枚银币来”。德萨米在指出了梯也尔计划用夸大外部危险来加以掩盖的真正反动意义之后，曾以所有民主主义者的名义宣布：“不，法国不希望这类的防御工事。不，巴黎不需要用巴士底狱来环绕。”

德萨米对法国人民的革命爱国主义传统给予很高的评价，同时又以世界各国人民的博爱和友谊的宣传者的身份出现，对各国人民、特别是对丧失了自己民族独立的人民，例如对“高尚而遭受苦难的波兰”，毫不含糊地表达了自己热烈的同情。

法国 1848 年革命前夜，“……共产主义者无疑已成为革命无产阶级的最强大的一派”①——在这里，德萨米和他的同道者们当然有不少的功绩的。路易·菲力浦政府凭借警察的挑衅和法院的审判来破坏空想共产主义思想在工人心目中的威信的一切企图，是注定遭到彻底的破产的。

到 1848 年二月革命开始时，德萨米已经是法国共产主义运动极有威望的代表之一。这里没有必要把有德萨米积极参与准备和进行的一切革命事件、巴黎工人的一切发动都一一加以列举。德萨米曾在他所发行的从 1848 年 3 月初开始出版的报纸《人权·无产者论坛》(*Les droits d'homme. Tribune des prolétaires*)上，在他自己所创办并由他所领导的“新巴贝夫主义者”俱乐部(“戈比林派俱乐部”)的演说中，曾从工人阶级利益的观点出发，来阐明自己对革命的政治任务和社会任务的认识。德萨米还加入了布朗基所领导的“中央共和社”，1848 年 3 月 25 日曾支持布朗基所提出的组织革命工人俱乐部的政治中心(“中央选举委员会”)的倡议。德萨米曾同其他某些

① 《〈新莱茵报。政治经济评论〉第四期上发表的书评》。《马克思恩格斯全集》第 7 卷，人民出版社 1959 年版，第 323 页。

过去参加过秘密社团的人一道坚决为布朗基辩护(1848 年 4 月 3 日和 18 日),并揭穿反动报纸诬蔑布朗基有叛变行为的挑衅性的指控(所谓“塔色罗证件”)。

德萨米作为他取名为《无产者论坛》的报纸的政论家,作为工人俱乐部的演说家,作为工人群众示威(例如 1848 年 2 月 28 日及 3 月 17 日)的组织者之一,在革命的日子里用语言和行动所争取的“人权”,不仅包括着要求最广泛的政治权利和民主自由,而且还包括着要求解决社会根本问题:“组织劳动”及消灭人剥削人的现象。德萨米赞同布朗基的策略,把争取共和自由的斗争看作是有助于以后为实现工人阶级社会要求而进行的斗争的一种手段。德萨米并不认为共产主义原则马上就能够实现。他在拥护“结社自由”及号召同特权和垄断进行斗争时,曾断言,“工人必须推翻那不让他们自由地支配自己,而是把他们束缚在业主的影响之下的任何组织体系”。他曾力图用自己在工人群众中间所进行的宣传和组织活动,使在革命进程中所完成的民主改革加速“新的社会秩序的到来”。德萨米在告工人书中写道:“你们努力的目标就是要把平等原则贯彻到风俗和社会法则中去。”

德萨米曾积极参加 1848 年 2 月 28 日在要求成立“劳动和进步内阁”的口号下所举行的示威游行。后来对于资产阶级临时政府在这次示威游行的压力下所创设的以路易·勃朗为首的卢森堡委员会的活动,则抱了批判的态度。德萨米在批判卢森堡委员会的告工人书时,号召为消灭工资制度本身而斗争。然而,德萨米的一些具体的实际建议,明显地表现出自己曾受到当时各种小资产阶级草案(组织“劳动银行”等)的作者们的影响。

德萨米是巴黎无产阶级革命的领导者中间最有声望的人物之一。4 月 3 日在国民议会的选举中,他曾被提名为候选人(为此,他曾在专门告工人书中陈述了自己的观点)。自然,正因为如此,德萨米才受到资产阶级的仇恨,它的代表们千方百计不让他当选。

革命失败之后,也就是在巴黎工人六月起义遭到血腥镇压之后,德萨米便回到了故乡。1850 年,他在故乡去世。

德萨米的著作

1.《政治道德科学院提出的问题。各族人民在知识文化方面的进展超过实用道德方面的进展。探讨这种进展差别的原因并提出对策》,巴黎 1839 年版。

Question proposée par l'Académie des sciences morales et politique. Les nations avancent plus en connaissance en lumières qu'en morale pratique. Rechercher la cause de cette différence dans leurs progrès et indiquer le remède. Paris. 1839.

2.《建筑堡垒和不惜任何代价争取和平的结果。首都人口的减少。当局的叛变行为》,巴黎 1840 年版。

Conséquences de l'embastillement et de la paix à tout prix. Dépopulation de la capitale. Trahison du pouvoir. Paris. 1840.

3.《关于平等的演讲。第一次共产主义聚餐会》,巴黎 1840 年版。

Discours sur l'égalité. Premier banquet communiste. Paris. 1840.

4.《自己批驳自己的拉麦涅或对〈人民的过去和未来〉一书的批判分析》,巴黎 1841 年版。

M. Lammenais réfuté par lui-même ou examen critique du livre intitulé: Du passé et de l'avenir du peuple. Paris. 1841.

5.《卡贝先生的诽谤和政策》,巴黎 1842 年版。

Calomnies et politiques de M. Cabet. Paris. 1842.

6.《把全部真理告诉人民》,巴黎 1842 年版。

Toute la vérité au peuple. Paris. 1842.

7.《公有法典》,巴黎 1842 年版。

Code de la Communauté. Paris. 1842.

8.《共产主义的进展》,见《各派共产主义者作家的公有文库》,出版者泰·德萨米,巴黎 1843 年版。

《手工工场里童工劳动法》(见上书)。

《保护阿尔及尔吗?》(见上书)。

《自私自利者的形象》(见上书)。

《无产者与资产者两个名词的定义》(见上书)。

Almanach de la Communauté, par divers écrivains communiste.

Paris. 1843. Th. Dezamy, editeur. Progrès du communisme

(Almanach de la Communauté).

Loi sur le travail des enfants dans les manufactures. ibidem.

Gardera-t-on Alger? ibidem.

Portrait de l'égoiste. ibidem.

Définition des mots prolétaire et bourgeois. ibidem.

9.《被社会主义战败和消灭的耶稣会教义或耶稣会组织及其与劳动组织草案相符合的秘密指示》,巴黎 1845 年版。

Le jésuitisme vaincu et anéanti par le socialisme ou les constitutions des jésuites et leurs instructions secrètes en parallèle avec un projet d'organisation du travail. Paris. 1845.

10.《自由和普遍幸福的组织》,巴黎 1845 年版。

Organisation de liberté et du bien-être universel. Paris. 1845.

有关德萨米的参考书

1. 马克思恩格斯:《神圣家族》,《马克思恩格斯全集》第 2 卷,人民出版社 1957 年版,第 167 页。

2. 沃尔金:《1835—1847 年法国秘密社团中的社会主义和共产主义思想》,载苏联《历史问题》杂志,1949 年第 3 期。

Волгин В.П. Идеи социализма и каммунизма во французских тайных обществах 1835—1847 годов.《Вопросы истории》,1949, No. 3.

3. 蒙让:《爱尔维修的哲学》,商务印书馆 1962 年版。

Момджян Ф. Н. Философия Гельвеция. М. 1955.

4. 普列汉诺夫:《十九世纪的法国空想社会主义》,《普列汉诺夫哲学著作选集》,三联书店 1962 年版。

Плеханов Г.В. Французский утопический социализм. Соч; т. XVIII, М.—Л. 1925.

5.《1848—1849 年革命》,莫斯科 1952 年版,第 1、2 卷。

Революции 1848—1849. М. 1952. т. 1—11.

6. 加罗蒂:《科学社会主义的法国的来源》,巴黎 1949 年版。

Garaudy R. “Les sources françaises du socialisme scientifique”, p.1949.

7. 加罗蒂:《泰奥多·德萨米》,载《思想》杂志 1948 年,第 3 期。

Garaudy R. Théodore Dezamy.《Le Pensée》. 1948. No 3.

8. 卡海涅:《泰奥多·德萨米生平与学说》,基森 1922 年版(打字稿)。

Kahane A. Théodore Dezamy. Leben und Theorie. Giessen, 1922.

9. 马隆:《社会主义史》第 2 卷,巴黎 1882—1884 年版。

Malon B. Histoire du Socialisme. V. 11, p. 1882—1884.

10. 莫朗热:《七月王朝时期秘密社团中和出版物中的共产主义思想》,巴黎 1905 年版。

Morange G. Les idées communistes dans les sociétés secrètes et dans la

presse sous la monarchie du Juillet. p. 1905.

11. 路德:《德萨米与出版自由》,莱比锡 1846 年版。

A. Ruge. Dezamy und die Pressfreiheit. In: Zwei Yahre in Paris. Erster Theil, Leipzig. 1846.

12. 辛西叶:《巴贝夫以后的巴贝夫主义》,巴黎 1912 年版。

Sencier G. Le Babouvisme après Babeuf. p. 1912.

13. 斯泰因:《目前法国的社会主义和共产主义》,莱比锡 1848 年版。

Stein L. Der Socialismus und Kommunismus des heutigen Frankreichs. Leipzig 1848.

14. 瓦西尔曼:《1848 年巴贝斯和布朗基的俱乐部》,巴黎 1913 年版。

Wassermann S. Les club de Barbes et de Blanqui en 1848. p. 1913.

主要人名对照表

三画

马基雅弗里　Machiavel
马布利　Mably
马雷夏尔　Maréchal

四画

丹塔尔　Tantale
丹瑙的女儿　Danaïdes
巴鲁　Barrot
巴贝夫　Babeuf
巴乌　Bavoux
巴尔特　Barthe
贝兰热　Béranger
比洛-瓦雷纳　Billaud-Varennes
比歇　Buche

五画

汉尼拔　Annibal
卡西　Cassius
卡贝　Cabet
卡斯丹　Castaing
冯德涅尔　Fontenelle
加纳尔　Gannal
布瓦耶　Boyer
布鲁图　Brutus
弗列利　Fleury
弗罗奈塞　Veronèse

六画

芝诺　Zénon
西哀士　Sivyès
达尔特　Darthe
达朗贝　Dalembert
米诺斯　Minos
米拉波　Mirabeu
安东涅尔　Antonelle
列尔米尼　Lherminier
伊壁鸠鲁　Epicure
吉尔贝　Gilbert
邦纳罗蒂　Buonarroti

七画

狄德罗　Diderot
肖梅特　Chaumette
谷登堡　Guttemberg
希波克拉第　Hippocrate
沃康松　Vaucanson
阿别略　Apelles
阿革西拉乌斯　Agésilas
阿斯克列皮亚德　Asclépiade

八画

帕斯卡　Pascal
帕奥里　Paoli
图辛　Toussaint
拉马丁　Lamartine
拉伯雷　Rabelais
拉法热夫人　Lafarge
拉普拉斯　Laplace
拉瓦锡　Lavoisier
拉斐特　Raphaït
拉麦涅　Lamennais
居维叶　Cuvier

耶利米　Jérôme
迪凯尔　Dicéarque

九画

查理大帝　Charlemagne
哈伦　Gallien
哈林顿　Harrington
柯莱芝　Corrège
施瓦尔茨　Schwartz
贺拉斯　Horace
费尼隆　Fénelon

十画

格利谢尔　Grisel
热尔曼　Germain
荷马　Homère
莫甘　Mauguin
莱布尼茨　Leibnitz
莱喀古士　Lycurgue
诺艾尔，亚梅　Noël, Ame

十一画

琐罗亚斯德　Zoroastre
培卡里亚　Becaria
基佐　Guizot
梅里鲁　Merilhou
勒鲁，皮埃尔　Leroux, Pierre
梯也尔　Thiers
萨图宁　Saturne
维尔梅尔　Villermé

十二画

蒙田　Montaigne
博胥埃　Bossuet
普拉克谢伊　Praxéas
普森　Poussin
普卢塔克　Plutarque
普罗塔哥拉　Protagore
提威安纳　Titien
塔西佗　Tacite

十三画

雷诺　Reynaud
赖得律-罗兰　Ledru-Rollin

十五画

摩莱里　Morelly
摩西　Moïse
德谟克利特　Démocrite
德穆兰　Desmoulins
德尔图良　Tertullien

十六画

霍尔巴赫　d'Holbac
霍布斯　Hobbes

图书在版编目(CIP)数据

公有法典/(法)泰·德萨米著;黄建华,姜亚洲译.—北京:商务印书馆,2024
(汉译世界学术名著丛书:120年纪念版:珍藏本:增订本)
ISBN 978-7-100-23739-0

Ⅰ.①公… Ⅱ.①泰…②黄…③姜… Ⅲ.①公有制—法典 Ⅳ.①D905

中国国家版本馆 CIP 数据核字(2024)第 077601 号

汉译世界学术名著丛书
(120 年纪念版·珍藏本·增订本)
公有法典
〔法〕泰·德萨米 著
黄建华 姜亚洲 译

商 务 印 书 馆 出 版
(北京王府井大街 36 号 邮政编码 100710)
商 务 印 书 馆 发 行
北京市十月印刷有限公司印刷
ISBN 978-7-100-23739-0

2024 年 5 月第 1 版 开本 710×1000 1/16
2024 年 5 月北京第 1 次印刷 印张 21¾
定价:115.00 元